本教材得到苏州大学文正学院"货币银行学"精品课程的资助

货币银行学
HUOBI YINHANGXUE

孙文基　主编

苏州大学出版社
Soochow University Press

图书在版编目(CIP)数据

货币银行学 / 孙文基主编. —苏州：苏州大学出版社，2020.1
ISBN 978-7-5672-2406-3

Ⅰ.①货… Ⅱ.①孙… Ⅲ.①货币银行学-高等学校-教材 Ⅳ.①F820

中国版本图书馆 CIP 数据核字(2020)第 006838 号

货币银行学

孙文基　主编

责任编辑　薛华强

苏 州 大 学 出 版 社 出 版 发 行
(地址：苏州市十梓街1号　邮编：215006)
常州市武进第三印刷有限公司印装
(地址：常州市湟里镇村前街　邮编：213154)

开本 787mm×1 092mm　1/16　印张 15.25　字数 341 千
2020 年 1 月第 1 版　2020 年 1 月第 1 次印刷
ISBN 978-7-5672-2406-3　定价：48.00 元

若有印装错误，本社负责调换
苏州大学出版社营销部　电话：0512-67481020
苏州大学出版社网址　http：//www.sudapress.com
苏州大学出版社邮箱　sdcbs@suda.edu.cn

目 录

第一章　货币与货币制度 ·· 1
　　学习目标 ··· 1
　　本章导读 ··· 1
　　第一节　货币概述 ·· 1
　　第二节　货币形式的演变 ·· 4
　　第三节　货币的职能 ·· 9
　　第四节　货币制度 ·· 15
　　本章小结 ··· 24
　　复习思考题 ·· 25

第二章　信用 ··· 26
　　学习目标 ··· 26
　　本章导读 ··· 26
　　第一节　信用概述 ·· 26
　　第二节　信用形式 ·· 31
　　本章小结 ··· 39
　　复习思考题 ·· 40

第三章　利息与利率 ··· 41
　　学习目标 ··· 41
　　本章导读 ··· 41
　　第一节　利息与利率概述 ·· 41
　　第二节　利息的计算与运用 ·· 47
　　第三节　利率决定理论 ··· 52
　　第四节　利率的作用 ·· 62
　　本章小结 ··· 67
　　复习思考题 ·· 67

第四章　金融机构 ··· 69
　　学习目标 ··· 69
　　本章导读 ··· 69

第一节　金融机构概述 …………………………………………… 69
　　第二节　金融机构存在的理论基础 ……………………………… 71
　　第三节　金融机构的构成 ………………………………………… 76
　　本章小结 …………………………………………………………… 88
　　复习思考题 ………………………………………………………… 89

第五章　商业银行 …………………………………………………… 90
　　学习目标 …………………………………………………………… 90
　　本章导读 …………………………………………………………… 90
　　第一节　商业银行概述 …………………………………………… 90
　　第二节　商业银行的业务构成 …………………………………… 98
　　第三节　商业银行经营管理 ……………………………………… 110
　　本章小结 …………………………………………………………… 117
　　复习思考题 ………………………………………………………… 118

第六章　中央银行 …………………………………………………… 119
　　学习目标 …………………………………………………………… 119
　　本章导读 …………………………………………………………… 119
　　第一节　中央银行概述 …………………………………………… 119
　　第二节　中央银行制度 …………………………………………… 124
　　第三节　中央银行的性质和职能 ………………………………… 126
　　第四节　中央银行的主要业务 …………………………………… 129
　　本章小结 …………………………………………………………… 133
　　复习思考题 ………………………………………………………… 133

第七章　银行业监管 ………………………………………………… 134
　　学习目标 …………………………………………………………… 134
　　本章导读 …………………………………………………………… 134
　　第一节　银行业监管概述 ………………………………………… 134
　　第二节　银行业监管的理论基础 ………………………………… 136
　　第三节　银行业监管的主要内容 ………………………………… 139
　　第四节　银行业监管的国际合作 ………………………………… 147
　　本章小结 …………………………………………………………… 151
　　复习思考题 ………………………………………………………… 151

第八章　金融市场 …………………………………………………… 152
　　学习目标 …………………………………………………………… 152
　　本章导读 …………………………………………………………… 152
　　第一节　金融市场概述 …………………………………………… 152
　　第二节　货币市场 ………………………………………………… 160
　　第三节　资本市场 ………………………………………………… 164

本章小结 ·· 168
　　复习思考题 ·· 169

第九章　货币供求 ·· 170
　　学习目标 ·· 170
　　本章导读 ·· 170
　　第一节　货币需求 ······································ 170
　　第二节　货币供给 ······································ 177
　　本章小结 ·· 184
　　复习思考题 ·· 184

第十章　货币政策 ·· 185
　　学习目标 ·· 185
　　本章导读 ·· 185
　　第一节　货币政策目标 ·································· 185
　　第二节　货币政策中间指标 ······························ 188
　　第三节　货币政策工具及传导机制 ························ 191
　　第四节　货币政策的效果 ································ 198
　　本章小结 ·· 200
　　复习思考题 ·· 200

第十一章　通货膨胀和通货紧缩 ······························ 201
　　学习目标 ·· 201
　　本章导读 ·· 201
　　第一节　通货膨胀 ······································ 201
　　第二节　通货紧缩 ······································ 213
　　本章小结 ·· 217
　　复习思考题 ·· 217

第十二章　金融风险与金融危机 ······························ 218
　　学习目标 ·· 218
　　本章导读 ·· 218
　　第一节　金融风险 ······································ 218
　　第二节　金融危机 ······································ 223
　　本章小结 ·· 231
　　复习思考题 ·· 231

参考文献 ·· 232
后　记 ·· 235

第一章 货币与货币制度

学习目标

1. 认识货币在社会经济中的重要性。
2. 理解货币的概念与本质。
3. 认识货币形式的演变与发展过程。
4. 理解货币的职能。
5. 认识货币制度的内涵、外延与演变过程。

本章导读

自从货币产生以后,虽然货币制度在不断变化、货币形式在不断演变,但货币在经济社会中的重要性始终不变。为了深刻理解货币在社会经济中的重要作用,必须深刻认识货币的概念与本质、货币的职能、货币的形式、货币制度等方面内容。

第一节 货币概述

在现代社会中,货币与经济运行、日常社会生活密切相关,现代社会中的每个人都需要正确认识与理解货币。

一、货币的定义

虽然货币与人们的经济生活联系非常紧密,但给货币下一个精确的定义却是非常困难的。对货币的定义,主要有以下两种观点:

马克思在《资本论》中将货币定义为从商品中分离出来固定充当一般等价物的特殊

商品。这是马克思在分析了货币的起源与本质之后,对货币概念的一个高度概括。但这个定义是建立在金属货币流通的基础之上的,随着货币的信用化、与贵金属脱离关系之后,这一定义已不能完全解释货币这一现象。

大多数西方经济学家根据货币的功能定义货币。他们认为货币是在购买商品和劳务或清偿债务时被普遍接受的任何物体或东西。根据这一定义,纸币、硬币、支票、储蓄存款等信用工具都是货币。

二、货币的本质

关于货币的本质,即货币是什么的问题,有以下三种不同的观点。

（一）货币是一般等价物

马克思在《资本论》中认为货币的本质是一般等价物,即货币可以与任何商品和劳务相交换。货币为何能充当一般等价物呢？因为在马克思的时代,货币是可以与金银交换的,是有真实价值保障的。在现代信用货币条件下,需要重新理解货币的本质。

（二）货币是债务

有学者认为货币是债务,即货币债务论。货币债务论认为货币本质上是持有者对发行者的一种债权,持有货币者无一例外地成为债权人,而发行货币者是债务人。这一观点解决了无商品价值的纸币和商品交换的问题,即回答了为何纸币可以购买商品的问题。在信用货币条件下,货币本身已不具有价值,而是作为一种反映债权债务关系的凭证,这与借条有一定的相似性。但货币与借条具有本质的区别,作为借条,借出方总是希望借入方尽快偿还物品;如果纸币是借条,那么纸币的持有者应该尽快从市场购入实物,即将钱花掉。这与经济学中的流动性偏好相矛盾,即在市场稳定的情况下,人们通常喜欢持有货币而不是实物商品。

（三）货币是契约

有学者认为货币是一种契约,即货币契约论。这种观点认为货币本质上是一种所有者与市场关于交换权的契约,体现的是人们在经济中的一种合作关系。货币是人类在长期的物物交换过程中为解决供给与需求的不匹配而产生的约定,即约定某一种特定物品作为共同的交换媒介。由于社会分工不同,人们的需求与自己生产的物品并不一致,人们需要相互交换物品来满足自己的需求。在以物易物时代,由于每个人持有的物品不一、每个人的需求不一,更重要的是对各物品的评价不一,其交易费用很高。人们发现用一种大家都认同的物品作为一般等价物时极大地方便了交易,交易费用也大大减少。由此可见,货币可以看作是人们的一种合作安排以及人们在经济活动中的一种隐性契约,体现了一种人类发展过程中的合作关系,一种社会秩序和习惯。

货币所体现的这种契约性质不同于经济活动中的其他契约,如各种买卖合同。后者需要规定具体的条款,且只用于特定的任务之间,其实施需要很大的成本,如寻找签订契约的人、拟定具体条款并执行等,契约涉及成员的有限性限制了市场的范围。而奇妙的货币是一种存在于所有成员间的契约,它极大地减少了交易费用,能使所有的市场连为一体。有了这个契约,交换就从自然状态进入市场状态,从割裂和无序状态进入统一和规范状态。卖家由于交换而丧失的是对商品的所有权或某项权利,而他所获得的是市场普遍接受的货币。故货币本身是一种关于交换权的契约,金属货币与纸币都是这种契约的具体形式。

三、货币的起源

货币在人类经济生活中已经有几千年的历史,其产生与商品交换的发展具有紧密的联系。

在人类社会产生初期的原始社会中,人们结合为一个共同体,在共同体内共同劳动、共同分享劳动成果。在当时的情况下,既不存在商品,也不存在货币。随着社会生产力的发展,出现了社会分工和私有制。在社会分工的情况下,每个人都是从事单一生产的劳动者,其劳动是社会总劳动的组成部分,具有社会性质。与此同时,由于生产资源和劳动产品的私有,每个劳动者生产什么、生产多少,都由自己决定,劳动产品归自己所有与支配。从这个意义上讲,他们的劳动又是私人劳动,还不能直接成为社会劳动的一部分,因为谁也不愿意将自己的劳动产品无偿送给他人,谁也不能无偿地取得别人的劳动产品,他们之间只能以己之有易己之无,采取商品交换的形式相互交换劳动产品,以满足彼此的需要。于是,生产商品的私人劳动转化为社会劳动,劳动产品转化成了可用于交换的商品。

商品交换的出现和发展为货币的产生和发展奠定了基础。在货币出现以前,商品交换采用的是物物交换形式,这种形式给商品交换带来极大的不便。因为它要求参加商品交换的双方在时间、地点、需求上保持一致,否则,交换便难以成立。因此,在直接的物物交换的条件下,交换效率是极为低下的。随着商品交换的日益频繁,逐渐出现了这样一种情况,交换者先用自己的商品和第三种商品相交换,再用换来的"第三种商品"交换自己想要的商品,这种"第三种商品"多次进入交换过程,且使用价值为大家所共同需要,这种"第三种商品"的身份最终固定于某一种商品,于是货币便产生了。

从货币的产生看,其演化规律如下:货币是从一般商品交换中产生的,社会分工和市场交换的发展是货币形成的基本推动力,货币的出现减少了交易费用,又促进了商品交换和社会生产力的发展。

四、货币与其他相关概念的区别

为了更清楚地理解货币的概念,有必要将经济学中所说的货币与人们生活中所说的一些相似概念加以区别。

(一)货币与通货

通货是指处于流通中的现实货币,包括纸币与硬币,俗称"现钞"。显然,它符合经济学家给出的货币定义,是货币的一种。没有受过严格经济学训练的人在谈及货币时,所说的货币就是通货。但是,如果将货币仅仅定义为"通货",就将经济学定义的货币范围缩小了。经济学中所讲的货币,不仅指通货,还包括支票、储蓄存款等信用工具。

(二) 货币与财富

财富是由各种资产所构成的,包括实物资产和金融资产,金融资产又包括货币性金融资产和非货币性金融资产,前者如通货、支票存款等,后者如国库券、股票等。因此,货币仅是财富的一部分。在日常生活中,当我们说某人很有钱时,通常是指某人不仅有通货,还有其他大量资产。很显然,人们将货币(钱)与财富视为同义语。

因此,财富不仅包括货币,还包括债券、股票、艺术品、土地、房屋等有价资产。

(三) 货币与收入

人们通常将货币与收入视为同义词。常常听到这样的话:"他有一份很好的工作,能挣很多钱。"这里的"钱"其实是指收入。

收入与货币是有区别的。首先,人们的收入大多表现为货币,但收入不仅限于货币,也存在其他形式的收入,如股份制企业发放股权对员工进行激励,发放的股权也是一种收入。其次,收入是某一时间单位的货币额,是一个流量概念,如月薪、年薪等;而货币是一个存量概念,也称为货币供应量,是指一个国家或地区在某一个时点上为社会经济运转服务的货币存量。

(四) 货币与流动性

所谓"流动性",是指一种资产在不损失价值的前提下转换为现实购买力的能力,它是由变现的便利程度和交易成本所决定的。变现越便利且交易成本越小,则流动性越强;反之,则流动性越弱。由于货币不需要转换为别的资产就可以直接用于支付或清偿,因此,货币被认为是流动性最强的资产。所以,在一般的宏观经济分析中,流动性常用来分析货币现象。例如,"流动性过剩",就是指货币当局货币发行过多,货币量增长过快,银行机构资金来源充裕;反之,则是流动性不足。

尤其需要指出的是,流动性工具不仅指货币,还包括银行存款、股票等各种金融资产,在金融机构和金融工具不断创新的大背景下,流动性的含义远大于货币的含义。[①]

第二节 货币形式的演变

货币形式的演变经历了数千年曲折而漫长的过程,它与商品经济的发展、生产力的发

---

① 蒋先玲.货币金融学[M].2版.北京:机械工业出版社,2017:5-6.

展和生产方式的变化有着密切联系。任何一种制度下的商品经济发展都要求有与之相适应的货币形态。在不同的历史时期、不同的国家、不同的地域,由于不同的经济状况、技术水平和文化条件的影响,出现过许多不同形态的货币。从总体上看,货币形式的演变经历了实物货币、金属货币、代用货币、信用货币和电子货币几个阶段。

一、实物货币

实物货币又称商品货币,是人类历史上最古老的一种货币形式,它以某种自然物品充当一般等价物。最先成为货币的材料除了牲畜之外,还有贝壳、珠玉、五谷、布匹和农具等。

实物货币具有以下两个特点:

一是实物货币具有商品和货币的双重属性,它们除了充当交换媒介外,还可以用于消费和使用,所以实物货币既是货币又是商品。

二是实物货币是足值货币,即实物货币作为货币与实物价值相等,如果不相等,则会由供求关系自动调节,使两者趋于相等。

实物货币的出现使商品交换大为便利,但随着商品交换的发展,实物货币也出现了如下缺点:

一是质量不一,不易分割成较小的单位。

二是体积笨重、价小量大,不易携带与运输。

三是容易磨损与变质,不能作为价值储藏手段。

四是供给极不稳定,导致价值不稳定。

上述缺点决定实物货币无法充当理想的交换媒介。随着经济的发展和时代的演变,实物货币逐渐退出历史舞台。

二、金属货币

金属货币是指以金属,尤其是贵金属为币材的货币形式。和上述实物货币相比,金属货币能更有效地发挥货币的功能。所以马克思说:"金银天然不是货币,但货币天然是金银。"

金属货币经历了称量货币与铸币两个过程。

(一)称量货币

称量货币也称重量货币,是指以金属条块形式出现,按金属的实际价值充当货币价值的货币形式。金属材料充当货币流通的初期,没有铸造成一定的形状与重量,必须通过鉴定成色和称重量以定价额,故称作"称量货币",如我国古时金银锭、金银锞以及商周时期的铜块、铜饼等。这种自然形态的金属货币在流通中需要称重量、鉴定成色,极不方便。

(二)铸币

铸币是指由国家铸造,具有一定形状并标明成色、重量和面值的金属货币。用金、银、铜等贵金属或它们的合金作为材料,经熔炼成为液态,再倒入做好的模具中,冷却成型后,即成为"铸币"。由于它使用的材料是金银等贵金属,具有实际价值,因此,不易随通货膨胀而贬值。现代的机器冲压硬币虽然也是金属货币,并经常被称为"铸币",但多采用铝、钢等便宜的材料制成,其原材料的价值一般远低于其面值,因此不是严格意义上的"铸币",故被称为"辅币"。

随着经济的发展,金属货币也显现出如下缺点:当需要进行大量交易时,必须携带大量铸币,既过分沉重,又很不安全;铸币在流通中因磨损而造成重量减少,使铸币的表面价值与实际价值不一致;早期的铸币面值较大,当交易商品的价值小于铸币面值时,交易会遇到困难;更为重要的是,随着商品经济的飞速发展,作为币材的金银贵金属的产量跟不上经济的发展,阻碍了商品经济的发展。

战俘营里的货币

第二次世界大战期间,在纳粹的战俘集中营里流通着一种特殊的货币:香烟。当时的红十字会向战俘营提供各种人道主义物品,如食物、衣服、香烟等。由于数量有限,这些物品只能根据平均主义的原则进行分配,而无法顾及每个战俘的特定偏好。但是,人与人之间的偏好显然是有区别的。有人喜欢巧克力,有人喜欢奶酪,还有人则更喜欢得到香烟,因此这种分配显然是缺乏效率的,战俘们有进行交换的需要。

但是,即便在战俘营这样一个狭小的范围内,物物交换也显得非常不方便,因为它要求交易双方恰巧都想要对方的东西,也就是所谓的需求双重巧合。为了使交换更加顺利地进行,需要一种充当交易媒介的商品,即货币。那么在战俘营中,究竟哪一种商品适合做交易媒介呢?许多战俘营不约而同地选择香烟扮演这一角色。战俘们用香烟来进行计价和交易,如一根香肠值10根香烟,一件衬衣值80根香烟,替别人洗一件衣服则可以挣得2根香烟。有了这样一种记账单位和交易媒介后,战俘之间的交换就方便多了。

香烟之所以会成为战俘营中流行的货币,是和它本身的特点分不开的。它容易标准化,而且具有可分性,同时也不易变质。这些正与作为"货币"的要求相一致。当然并不是所有的战俘都吸烟,但是,只要香烟成了一种通用的交易媒介,用它可以交换自己想要的东西,自己吸不吸烟又有什么关系呢?现在人们愿意接受别人付给的钞票也并不是因为对钞票有什么偏好,而仅仅因为人们相信,当用它来买东西时,别人更愿意接受。

资料来源:曾红燕,李绍昆.货币银行学[M].北京:中国人民大学出版社,2013:5.

三、代用货币

代用货币是指用纸制造的代表一定成色和重量的金属货币的凭证,它可以代替金属货币进行流通并可随时兑换为金属货币,在商品流通中可以代表与其面值相等的金属货币,凭代用货币可以随时向其发行机关兑现等值金属货币。

代用货币之所以能产生,是因为这种货币与金属货币相比具有一定的优越性:一是印刷代用货币的成本大大低于铸造金属货币的成本,代用货币本身的价值很低,却可以代表任意数量的金属货币;二是避免了铸币在流通中的日常磨损,以及可能遇到的被有意磨削等损失;三是与金属货币相比,代用货币更容易携带和运输,可减少运输的风险与费用。

代用货币的特点是以贵金属准备为基础,这使它从诞生之日起,就存在着不可克服的两大缺陷:一是代用货币的发行量必须有十足的贵金属准备,即代用货币发行受贵金属准备数量的限制;二是大量的贵金属作为准备被储存起来,未能运用于生产,也会造成社会财富的浪费。

四、信用货币

信用货币是代用货币进一步发展的产物,而且是世界上几乎所有国家都采用的货币形态。信用货币又称不兑现的信用货币,是以信用作为担保,通过信用程序发行和创造的货币。其特征是本身已与贵金属脱钩,成为纯粹的价值符号。

信用货币之所以能够产生,主要有以下几个方面的原因:

一是金属货币的崩溃。由于世界性的经济危机和金融危机,加之第一次世界大战后贵金属在各国的分配极不平衡,各主要国家于20世纪30年代后先后脱离金属货币制,所发行的代用货币不能再兑换金属商品货币,信用货币便应运而生。

二是货币的性质为信用货币的产生提供了可能性。货币在执行交易媒介职能时,只起着价值符号的作用,商品的卖者用商品交换货币的目的在于用货币去购买自己所需的商品。在这个过程中,货币只是转瞬即逝的媒介物,只要能购买到等价的商品,货币为何物,它的实际价值是多少,商品交易者一般是不会去深究的。这就使得货币本身没有多少价值,只要其能在商品或劳务的支付中被人们普遍接受即可,这为信用货币的产生提供了可能性。

三是资源的有限性。金属货币和代用货币均受金属商品数量的限制,不能充分满足日益增长的交易需要,而信用货币的发行数量则不受资源约束,这就使得一个国家的货币量可以根据经济需要而投放。正因如此,信用货币逐渐取代金属商品货币和代用货币,成为主要的货币形态。

五、电子货币

(一) 电子货币的定义

电子货币是指在零售支付机制中,通过销售终端、不同的电子设备之间以及在公开网络上执行支付的"储值"和预付支付机制。所谓"储值",是指保存在物理介质(硬件或卡介质)中可用来支付的价值。这种介质也称为"电子钱包",当其存储的价值被使用后,可以通过特定设备向其持续充值。而"预付支付机制"则是指存在于特定网络中的一组可以传输并用于支付的电子数据,通常被称为"数字现金"。作为支付手段,大多数电子货币不能脱离现金或存款,只是用电子化的方法传递、转移,以清偿债务、实现结算。

(二) 电子货币的种类

根据上述定义,目前可被划为电子货币的支付工具很多。为了更好地认识这些工具,可以按不同的标准进行分类。

1. 卡基式电子货币和数基式电子货币

依据载体不同,电子货币可分为"卡基式"电子货币和"数基式"电子货币。卡基式电子货币的载体是各种物理卡片,包括智能卡、电话卡、礼金卡等。消费者在使用这种电子货币时,必须携带特定的卡介质,其金额需要预先储存在卡片中。发行卡基式电子货币的机构包括银行、信用卡公司、电信公司、大型商户等。数基式电子货币完全基于数字的特殊编排,依赖软件的识别与传递,不需要特殊的物理介质,只要能连接上网,电子货币的持有者就可以随时随地通过特定的数字指令完成支付。

2. 单一用途电子货币与多用途电子货币

按照可接受的程度,电子货币可分为"单一用途"电子货币与"多用途"电子货币。单一用途电子货币往往由特定的发行者发行,只能用于购买特定的单一产品或服务或被某一商家接受,其典型代表是电话卡。多用途电子货币可以购买的产品或服务不限于一种,其接受的商家较多。

电子货币与纸币的不同之处在于:电子货币的流通不需要借助于任何实实在在的货币材料,而是依靠数据终端、光波、电波进行信息传递与处理。随着卫星和大规模集成电路电子计算机的发展,电子货币将造就全球一体化的金融市场,未来的货币将是以技术为特征的无形货币。

尤其需要指出的是,电子货币是一种新型的信用货币,无现金社会完全不等于没有货币的社会,无论是花花绿绿的纸币、存款账户上的阿拉伯数字,还是互联网上的数字化信号,都是信用货币不同的存在形态。

我们正在走向无现金社会吗?

早在数十年前,有关无现金社会的预测就已经出现,但时至今日,这个预测仍然没有变成现实。1975 年,《商业周刊》曾经预言,电子支付方式"不久将改变货币的定义",并将在数年后颠覆货币本身。近年来,通过智能卡培养消费者使用电子货币习惯的试验项目仍然没有成功。1995 年诞生于英国的 Mondex 作为最早的储值卡,虽然经过大力推销,但使用范围仍然局限在为数不多的英国大学校园中。在德国和比利时,虽然数以百万的人们携带着有计算机芯片的银行卡,可以使用电子货币,但只有很少数人用这种东西来支付。为什么我们向无现金社会行进的速度如此之慢呢?

虽然电子货币比纸质货币更为方便和高效,但多种原因阻碍了纸质货币体系的消亡。首先,要使电子货币成为主要的方式,需要花费较高的成本购置所需的计算机、读卡器、通信网络等。其次,电子支付方式带来安全性和私密性的问题。我们常常从媒体上听到,未经授权的某个黑客闯入了某个计算机数据库,并更改了其中存储的信息。这种现象并不罕见,不法之徒很可能通过电子支付体系进入银行账户,将其他人的账户资金据为己有。要防止这种犯罪行为并非易事,需要开发一个全新的对付安全问题的计算机科学领域。利用电子支付方式还有另一个后果,就是会留下有关购买习惯的大量个人信息。人们担心政府、雇主和商户会得到这些数据,从而侵入自己的私人领域。

这些讨论的结论就是,虽然未来电子货币的使用会更加广泛,但正如马克·吐温所言:"对现金消亡的判断是夸大其词了。"

资料来源:米什金.货币金融学[M].9版.北京:中国人民大学出版社,2011:58.

第三节 货币的职能

货币的职能是由货币的本质决定的,是货币本质的具体体现。货币在交换过程中逐渐具备了价值尺度、流通手段、支付手段、储藏手段和世界货币这五项职能。价值尺度和流通手段是货币的基本职能,也是货币本质的最基本体现,支付手段、储藏手段和世界货币是在基本职能的基础上派生出来的。

一、价值尺度职能

(一)价值尺度职能的含义与产生

货币的价值尺度职能指货币是衡量和表现其他一切商品和劳务价值大小的工具,是货币最基本、最重要的职能。在货币出现以后,人们用货币测量商品和劳务的价值,就如同用秤来称重量一样。

货币之所以执行价值尺度的职能,是由以下两个因素决定的:一是各种商品和劳务本身包含价值,客观上能进行价值比较;二是在货币产生之时,实物货币和金属货币本身有自己的价值。这正如尺子之所以能作为衡量布和绳子的长度单位,是因为布和绳子具有长度,尺子本身也具有长度一样。

(二)货币执行价值尺度职能的特点

1. 货币执行价值尺度职能时不需要现实的货币

人们在给商品或劳务标价的过程就是货币执行价值尺度职能的过程,因此,价值尺度表现为价格标签。这意味着货币执行价值尺度这一职能只需要观念上的货币就可以了。

2. 货币执行价值尺度职能时需要规定价格标准

为了用货币来衡量和比较各种商品与劳务的价值,货币自身必须能够计量。为此,人们在技术上就需要规定一个固定的货币计量单位,即价格标准。所谓价格标准,是指人为规定的货币单位名称及所包含的价值量。

(三) 价值尺度的作用

1. 减少了商品交换中的价格数量,提高了交易的效率

如果没有货币,一种商品的价值只能通过它所交换的另一种商品的数量相对地表示出来,即用这两种商品之间的交换比率或交换价格来表示。随着参加交易的商品种类的增多,所需要讨价还价确定的相对价格会增加更多。设有 n 种商品,在物物交换下,交换价格的数量就为组合数 $C_n^2 = \dfrac{n(n-1)}{2}$,假如有一万种商品要交易,为了使商品之间能够彼此交换,就需要标出 $C_{10\,000}^2 = \dfrac{10\,000(10\,000-1)}{2} \approx 5\,000$ 万个交换价格。这样的交换何等不易。想要判断两种商品哪一种商品更便宜,是相当困难的。

引入货币后,各种商品的价值都可以通过货币的尺度来衡量。上面的价格数目变成 n 个,这意味着一万种商品只有 1 万个以货币为单位的价格,而不再有 5 000 万个。由此大大降低了交易成本,提高了交换效率。

2. 使商品内在价值外在地表现为价格,从而出现了购买力这一概念

商品价值,本来是由凝结在该商品中的社会必要劳动时间来衡量的,商品中包含的社会必要劳动时间越多,它的价值就越大。但是,由于商品价值是内在的,只有生产商品的企业才能判定其价值的大小,所以,必须通过某一工具将其外在地表现出来,才能顺利地实现交换,这一工具就是货币。因此,劳动时间是商品的内在价值尺度,而货币则是商品的外在价值尺度,商品价值的货币表现就是价格。

有了商品交换,就引入了另一个非常重要的概念,即货币的购买力,它是指一般物价指数的倒数。在货币价值不变的条件下,物价越高,货币的购买力越低;反之,货币的购买力越高。但是必须注意的是,货币购买力是对所有商品而言的,它不是某一种商品价格指数的倒数,而是所有商品价格指数的倒数。

二、流通手段职能

(一) 流通手段职能的含义

流通手段,也称交易媒介,是指货币充当商品交换的中介或媒介的职能,即在商品交易中,人们首先将自己的产品转换成货币,再用货币购买自己所需要的产品,货币成为商品交易的桥梁或中介。

（二）货币执行流通手段职能的特点

1. 必须是现实的货币

在几乎所有的商品和劳务交易中,货币都以通货或支票的形式充当交易的媒介,用来对商品和劳务进行支付。可见,作为交易媒介的不能是观念上的货币,而必须是实实在在的货币。任何一个商家都不会允许有人购买商品而不付钱。

2. 不需要足值的货币

货币作为流通手段是用来购买商品或劳务的。这里的货币只是人们手中一个转瞬即逝的东西,它马上又被别的商品所取代。人们所关心的是货币的购买力是否稳定,而不关心货币的制作材料和是否足值。因此,现实流通中的货币不一定是贵金属货币,而是可以由包括纸币在内的其他资产所替代。也正是由于这一原因促使了纸币的产生与发展,并出现了支票存款货币、电子货币等更多的货币形式。

（三）货币作为流通手段所产生的积极作用与消极作用

1. 克服了物物交换下"需求的双重巧合"

在货币没有出现以前,产品的交换是直接的物物交易,即某个产品所有者将自己的产品拿到市场上交换自己所需要的产品。要使这一交易顺利进行,需要产品交换双方需求的双重巧合,需要花费大量时间去寻找交易的对象,交易成本很高。

货币作为交易媒介,是"用商品交换货币,用货币交换商品",商品所有者先将自己的商品换成货币,然后再用货币换回自己所需要的商品。它解决了物物交换的双重困难,突破了交换双重巧合的限制。

2. 隐含了经济危机的可能性

由物物交换过渡到商品交换,意味着商品经济的内在矛盾有了进一步发展,这是因为在货币出现以后,"买"与"卖"被分成两个独立的过程。如果卖出商品的人不立刻去购买商品,就会使另一些人的商品卖不出去,从而出现库存积压。也就是说,货币作为流通手段职能就已经包含着出现经济危机的可能性。

三、储藏手段职能

（一）什么是储藏手段职能

储藏手段职能是指货币暂时退出流通领域处于相对静止状态,而被人们用作财富或购买力储藏的工具。这一职能是从货币的流通手段职能延伸而来的。弗里德曼说过,货币是"能够使购买行为从售卖行为中分离出来的购买力的暂栖所"。也就是说,当人们取得货币后不进行支出时,货币就发挥着价值储藏的功能。货币具有这一职能是因为在人们的售卖行为和购买行为之间,或者说在人们获得收入与发生支出之间,一般总是存在时间间隔的。在这段时间内,货币就作为价值储藏的工具而存在。

（二）货币成为价值储藏形式的理由

货币并不是唯一的价值储藏工具,其他资产如股票、债券、土地、房屋、艺术品、珠宝等,都可以作为储藏价值的手段。用上述资产作为价值储藏工具的优点在于:①它们能以利息、利润和租金等形式给持有者带来一定的收入。②在货币贬值时,这些非货币资产的价格一般会上升,从而比持有货币更为合算。③实物(如房地产)还可以提供一定的服务(如邮票可供欣赏、房屋可以居住等)。但是,另一方面,它们作为价值储藏工具也有一定的缺陷:①储藏时需要支付一定的保管费用。②它们以货币计算的价值可能下跌。③它们存在不同程度的流动性缺陷,将它们换成其他商品或变换成货币时都要花费一定的成本。综上,从收益角度看,货币并不是最好的价值储藏手段,但人们仍然会选择货币作为价值储藏手段之一。

(三) 执行储藏手段职能的货币必须是现实、足值的货币

执行价值尺度职能的货币可以是观念上的货币,执行流通手段职能的货币可以是价值符号,但执行储藏手段职能的货币必须是现实的,而且是足值的。这是因为人们储藏货币的目的是储藏财富,是为了保值,这就决定了作为财富代表的货币不能是虚幻的和无价值的。

(四) 金属货币流通条件下货币具有自发调节的作用

在以黄金等作为本位币的金属货币流通条件下,货币执行储藏手段职能时,可起到自发调节货币流通量的作用。当流通中的货币供给量超过货币实际需求量时,货币便退出流通领域,被储藏或熔化;相反,当货币供给量小于需求量时,则被储藏的货币重新返回流通领域。储藏手段职能自发调节货币流通量,使商品的价格相对稳定,不会出现当今的通货膨胀现象,为商品经济的发展提供了良好、稳定的货币制度环境。正是因为如此,金本位制盛行时期被一些西方学者誉为资本主义发展的黄金期。

(五) 不兑现信用货币制度下的价值储藏手段

在现代不兑现信用货币制度下,纸币只是一种货币符号,本身没有价值,它只有作为流通手段时才具有价值,一旦退出流通就一文不值,储藏货币已毫无经济意义,既没有收益又不安全。所以,这种货币储藏所占比例已不是很大。一般情况下是货币所有人将暂时不用的货币以存款形式存入银行,从而保有银行存款。这种保存价值的形式同金属货币流通条件下的货币储藏是不同的。从所有人的角度看,这部分货币暂时退出了流通领域,但银行会在吸收存款之后,提取必要的准备金,其余部分用于发放贷款或投资,这样大部分资金又重新回到流通领域。因此,从全社会来看,这部分货币只不过以银行为中介,通过银行的行为继续在流通领域里流通,并没有真正退出流通。[①]

四、支付手段职能

(一) 什么是支付手段职能

支付手段,是指在以延期付款形式买卖商品时,货币作为独立的价值形式单方面运动

[①] 曾红燕.货币银行学[M].北京:中国人民大学出版社,2017:11.

时所执行的职能。货币作为支付手段,开始是由商品的赊购、预付引起的,后来才慢慢扩展到商品流通领域之外。在商品交换和信用发达的经济社会里,货币充当交换价值的独立存在形式,日益成为普遍的交易方式,如财政收支、银行信贷、工资、佣金、房租、地租、水电费等。

(二) 货币作为支付手段的特点

与流通手段相比,货币执行支付手段职能时具有以下特点。

1. 货币的支付手段职能一般发生在赊买赊卖的商品交易中

由于一些商品生产过程存在季节性和地域上的差别,客观上要求商品的出售与商品价值的实现在时间上分离,从而出现延期付款或预付款等商业信用现象。当货币用来偿还赊买商品的货款时,它不再是交易媒介,而是充当支付手段发挥作用。此时,货币作为价值形式的独立存在,单方面发生转移。而货币作为交易媒介一般发生在一手交钱、一手交货的即期交易中。

2. 货币作为支付手段,使买卖双方的关系从简单的买卖关系发展为复杂的信用关系

货币作为支付手段不是简单的交换媒介,它虽然仍反映交易双方的买卖关系,但更多地反映了交易双方之间的债权债务关系,即信用关系。所谓信用,是指以偿还和付息为条件的特殊的价值运动形式。信用关系涉及债权人和债务人。提供资金或赊销商品的一方是信用的提供者,即债权人;借用资金或赊买商品的一方是信用的接受者,即债务人。授信过程是债权人提供一定的有价物给债务人,并在约定时间债务人将有价物归还并支付一定利息的过程。

(三) 货币作为支付手段的作用

1. 货币作为支付手段,使商品交换的时空范围扩大

在货币执行流通手段职能时,出卖自己的商品先于购买别人的商品。当货币执行支付手段职能时,购买别人的商品先于出卖自己的商品。这突破了交换的时空限制,商品交换可以在不同时间、地点进行,为商品生产和商品交换的进一步发展创造了条件。

2. 节约现金流通

货币通过执行支付手段职能,使信用关系得以形成,债权债务到期经相互抵消和清算,债务人只需支付债务余额,这样可以大大减少货币需要量。

3. 潜藏着使社会再生产过程发生中断的可能性

如上所述,在赊买赊卖的情况下,许多商品生产者之间都发生了债权债务关系,如果其中有人到期不能支付,就会引起一系列的连锁反应,牵一发而动全身,使整个信用关系遭到破坏。例如,其中某个人在规定期限内若没有卖掉自己的商品,他就不能按时偿债,支付链条上某一环节的中断,就可能引起信用危机甚至货币危机。货币作为支付手段以后,经济危机发生的可能性也进一步增大了。

(四) 货币作为支付手段发挥作用的领域

1. 大宗交易

大宗交易的交易量很大,所需的货币交易金额也很大,因而大宗交易很难和零星交易一样当面银货两讫,大宗交易中的交货地点与付款地点、交货时间与付款时间往往不一致,因此,大宗交易相当部分的货款采用延期付款等信用买卖方式进行。

2. 国家财政和银行信用领域

例如,国家财政的收入和支出、银行吸收存款和发放贷款,都是以货币作为价值的独立存在形态而进行的。这里的货币是作为支付手段在起作用。

3. 工资和各种劳动报酬的支付

在工资和各种劳动报酬的支付中,货币只能作为价值的独立存在形态进行单方面转移,因而货币也执行着支付手段的职能。这是因为劳动力是赊购的,劳动力被购入时,并不实时支付现款,而是在劳动力被使用之后才定期支付酬劳。

4. 房租、水电费等其他预付费收费项目

(五) 货币支付手段职能发挥作用的条件

1. 货币的购买力不降低

在货币贬值从而购买力降低的情况下,商品的卖者出于对自己利益的关心,常常不愿赊销商品,这样,货币作为支付手段发挥作用的程度就会受到限制。

2. 买者应付一定数量的利息

在无利或低利的情况下,卖者往往不愿赊销商品、贷者往往不愿发放贷款,货币的支付手段职能难以充分发挥作用。在现实生活中,同一种商品的信用买卖价格和现货买卖价格之间的差额就是买者向卖者支付的利息。

3. 确保到期偿还债务

在感到买者缺乏偿还债务能力或到期难以收回款项时,卖方一般也不愿赊销商品,货币也就难以执行支付手段职能。

五、世界货币职能

(一) 世界货币职能的含义

当货币超越了国界,在国际市场上发挥着价值尺度、流通手段、支付手段等作用时,货币就具有了世界货币的职能。世界货币职能并不是一种独立的职能,它以货币在国内执行前四种职能为前提。

(二) 世界货币的作用

(1) 作为国际支付手段,用以平衡国际贸易的差额。这是指两国间的贸易往来到一定时期结算时,其差额用货币支付。

(2) 作为国际购买手段,用来购买外国商品。

(3) 作为社会财富的代表,从一个国家转移到另一个国家。如用黄金、白银支付战争赔款,向国外贷款和存款,等等。

（三）执行世界货币职能的货币形式

货币在世界市场上一般是以具有一定纯度的金银等贵金属按实际重量来执行其职能的。目前,黄金、白银等贵金属已退出历史舞台,各国流通的货币大多是不兑现的信用货币。信用货币要执行世界货币的职能,就必须在世界范围内被认可并具有普遍的接受性。这种接受性是指要被世界各国普遍用于国际支付和国际结算并能自由地兑换。现代一些发达国家和地区的信用货币,如美元、英镑、日元、欧元等,已成为世界上普遍接受的硬通货,许多国家都把这些硬通货作为本国储备的一部分,并用来作为国际结算和支付的手段。这一方面是因为经济发达国家国力强大,在国际上的政治地位较高,其货币币值比较稳定;另一方面是因为欧洲美元市场、离岸金融市场的发展促进了这些信用货币的全球化。

第四节 货币制度

一、货币制度的概念

货币制度,也称货币本位制度,是一国政府为了适应经济发展的需要,以法律或法令形式对货币的发行与流通所做的一系列规定的总称。

二、货币制度的内容

货币制度是货币运动的规范和准则。货币制度的内容主要包括规定本位货币材料与货币单位,货币的铸造、发行和流通程序,以及规定货币发行准备制度,等等。

（一）规定本位货币材料

规定本位货币材料,是指规定一国本位货币用什么材料制成。不同的本位货币材料形成了不同的货币制度。例如,以黄金作为本位货币材料,就是金本位制度;以白银作为本位货币材料,就是银本位制度;同时以黄金和白银作为本位货币材料,则为复本位制度;而以纸张印制不兑现的货币,就是纸币本位制度。

当然,使用哪种物品作为本位币材料不是国家随心所欲指定的,而是由客观经济条件所决定的。比如,在2008年美国金融危机发生时,一些人士建议各国恢复金本位制,以保证货币的稳定。但是,现代商品经济已经得到空前发展,世界商品交易规模已远远超过世界黄金存量规模,如果再坚持用黄金作为货币材料,必然会阻碍商品经济的发展。所以,纸币本位仍是现代最适用的货币制度。

（二）规定货币单位

货币单位是货币本身的计量单位，是货币执行价值尺度的技术规定。规定货币单位包括两个方面：一是规定货币单位的名称；二是规定货币单位的值。在金属货币制度条件下，货币单位的值是每个货币单位包含的金属重量和成色；在纸币制度下，各国流通的是信用货币，货币单位的值是由本国货币的购买力所决定的。

（三）规定通货的铸造、发行和流通程序

1. 本位货币

本位货币，亦称本位币或主币，是一国基本的货币单位，也是一国法定的计价、结算货币。在金属货币制度下，本位币是指可以自由铸造的铸币；在纸币制度下，本位币是指由国家垄断发行的纸币。

本位币的重要特点是具有无限法偿能力，即国家规定本位币有无限的支付能力，不论支付额多大，出售者和债权人都不得拒绝接受。因此，本位币主要用于大宗商品交易和劳务供应的需要，在一国经济生活中起主导作用。例如，我国规定以人民币元为记账本位币，意思是说国内企业所有的财务报表都要用人民币元来进行反映，既方便统计、计划等宏观分析，也方便横向、纵向对比。

2. 辅币

辅币是本位币货币单位以下的小面额货币。它是本位币的等分，供日常零星交易与找零之用，其面值多为本位币的 1/10 或 1/100。

辅币在铸造、发行与流通程序上具有以下特点：第一，辅币用贱金属铸造。因为辅币的面额较小，因此使用贱金属铸造辅币，可以节省流通费用。所以，辅币都是不足值铸币。当流通中全部都是信用货币时，主币和辅币已不存在足值与不足值的区别。第二，辅币可以与本位币自由兑换。法律规定辅币可以按固定比例与本位币自由兑换。这样，就保证了辅币可以按币面价值流通。第三，在金属货币制度下，辅币实行限制铸造，即只能由国家来铸造。由于辅币的实际价值低于其币面价值，铸造辅币就会得到一部分铸造收入，所以铸造权由国家垄断，其收入归国家所有。同时，因为辅币是不足值的，限制铸造也可以防止辅币排挤本位币。第四，辅币是有限法偿货币，即在每一次支付行为中使用辅币的数量受到限制，超过限额的部分，收款人可以拒绝接受。如美国规定，10 分以上的银辅币每次支付限额为 10 美元；铜镍所铸造的分币，每次支付限额为 25 美分。但向国家纳税或向银行兑换时，辅币不受数量限制。

（四）规定货币发行准备制度

货币发行准备制度，是指为约束货币发行规模、维护货币信用而制定的，要求货币发行者在发行货币时必须以某种金属或资产作为发行准备的制度规定。货币发行准备一般包括现金准备和保证准备两大类。

现金准备,是指集中于中央银行或国库的贵金属,它是一国货币稳定的坚实基础。在金本位制度下,现金准备的用途有三个:(1)作为国际支付的准备金,如黄金准备。(2)作为扩大或紧缩国内金属货币流通的准备金。(3)作为支付存款和兑换银行券的准备金。在当代信用货币流通条件下,只有第一项用途被保存,后两项用途已不复存在,但现金准备对核定国内货币流通仍很重要。当今各国中央银行为了保证有充足的国际支付手段,除了持有黄金之外,还可以选择储备外汇资产。

保证准备,又称信用准备或证券准备,即以政府债券、财政短期票据、短期商业票据及其他有快速变现能力的资产作为发行担保。

现代纸币本位制的货币发行主要以保证准备及外汇储备作为货币发行的保证。1976年黄金非货币化后,黄金实际上已经成为一种普通商品在市场上流通。世界各国货币发行制度的趋势是:由现金准备向保证准备、由保证准备向货币供应量的管理与控制逐渐过渡。[①]

三、货币制度的演变

货币制度同其他经济制度一样,经历了一个不断发展和演变的历史过程。概括地讲,货币制度可分为两类:一是金属本位制,即以贵金属作为本位币;二是不兑现的信用货币,即不以有价值的商品作为本位币的货币制度。从历史上看,世界各国的货币制度曾先后经历了银本位制、金银复本位制、金本位制和纸币本位制四个阶段。

(一)银本位制

1. 什么是银本位制

大约在500多年前,欧洲最早出现了银本位制,它是历史上最早出现的金属本位制度,它以一定重量和成色的白银作为本位币币材,官方对于货币材料和货币铸造流通做出统一的规定。

2. 银本位制的基本内容

(1)规定以一定重量与成色的白银作为本位币;

(2)银币可以无限制自由铸造,政府与金融机构可以固定价格无限制购买白银;

(3)公众可以自由无限制地熔化银币,政府与金融机构可以固定价格无限制出售白银;

(4)银币与其他货币可以市场平价自由兑换;

(5)白银及银币可以自由输出及输入;

(6)银币为统一的无限清偿货币,具有强制流通能力。

3. 银本位制消失的原因

银本位制从16世纪中期以后开始在西欧各国盛行。当时,白银是占支配地位的贵金

---

① 蒋先玲. 货币金融学[M]. 2版. 北京:机械工业出版社,2017:17-18.

属,最适合作为货币材料。但到 19 世纪后期,各国先后都放弃了银本位制改行金银复本位制度并最终形成金本位制度。

各国放弃银本位制的原因主要有以下几个方面:

(1) 白银价格不稳定。尤其是在发现储量丰富的大银矿后,白银产量逐年增加,银价的大幅波动导致它不适合充当本位币来衡量和表现商品价值。

(2) 与黄金相比,不便于大宗交易。随着经济的发展,交易额增大,体大值轻的白银给计量、运输等带来了很多不便,逐渐不能满足需要。

(3) 影响国际收支。在一国以金为本位币材料、另一国以银为本位币材料的条件下,两国汇率的基础是金银比价。自 19 世纪以来,金银比价大幅度波动。其总的趋势是:金的需求量大增,供给却不足;银的需求量减少,供给却大增,结果金银比价常常波动,这必然使汇率随之波动,实际上造成实行银本位制国家的货币对外贬值。

(二) 金银复本位制

1. 什么是金银复本位制

金银复本位制是以金币和银币同时作为本位币的货币制度。它于 1663 年由英国开始实行,随后欧洲各主要国家纷纷采用。其特征是:金币和银币被同时确定为主币;金币和银币均可以自由铸造,并且都具有无限法偿能力;辅币和银行券都可以自由兑换为金币或银币;金银都可以自由输出输入国境。

2. 金银复本位制的形态

金银复本位制在历史的发展过程中先后经历了平行本位制、双本位制和跛行本位制三种形态。

(1) 平行本位制。平行本位制,是指金银各按其所含金属的实际价值任意流通的一种复本位货币制度。

平行本位制的特点是:①金币和银币都是一国的本位货币。②二者均具有无限法偿能力。③二者都可以自由铸造和熔化。④金币与银币之间的交换比率完全由金银的市场价格决定。

平行本位制的以上特点也决定了其存在的致命缺点,即金币与银币之间的交换比率随着金银市场价格的变化而频繁变动,导致这种货币制度极不稳定。如果两国之间的金银币比价不同,那么金币就会流向金价较高的国家,而使该国逐渐变为金本位制度;白银则流向银价较高的国家,而使该国逐渐变为银本位制。这种交替进行的过程最终导致了平行本位制的解体。

(2) 双本位制与劣币驱逐良币现象。双本位制是为了矫正平行本位制的缺陷而出现的,是典型的金银复本位制。双本位制是指金银两种货币按法定比价流通的一种复本位货币制度。双本位货币制度的特点可归纳如下:①金币与银币都是一国的本位货币。②二者都具有无限法偿能力。③二者均可自由铸造和熔化。④金币与银币之间的交换比率以法律形式予以规定。如美国1792年货币条例规定,金币、银币的法定比价为1:15,1834年改为1:16。这就避免了在平行本位制下,金币与银币的交换比率随金银市场价格变化而变化所导致的价值尺度不稳定性问题。因此,双本位制的重要作用在于对平行本位制的矫正。

但是,这一货币制度也隐含着缺陷。当金币与银币的法定比价与金银的市场价格不一致时,市场价格高于法定比价的金属货币会被人们熔化,从而退出流通领域,而市场价格低于法定比价的金属货币则充斥市场,继续充当货币,这就是劣币驱逐良币现象,称为"格雷欣法则"。它是指两种实际价值不同而法定价值相同的货币同时流通时,实际价值高于法定价值的货币(良币)被熔化收藏退出流通,实际价值低于法定价值的货币(劣币)则充斥市场的现象。

所以,在双本位制下,虽然国家规定金银同时充当货币材料,金币和银币同时都是本位币,但在流通过程中,实际上只有一种货币发挥本位币的作用,而另一种货币则变成了普通商品。因此,双本位制也是一种不稳定的货币制度。

(3)跛行本位制。跛行本位制,是指金币可以自由铸造,而银币不能自由铸造,金币与银币的比价固定的货币制度。

跛行本位制的特点是:①金币和银币都是一国的本位货币。②二者均具有无限法偿能力。③金币可以自由铸造,银币不得自由铸造,银币的铸造权完全收归政府。④金币与银币之间的比价由政府以法律形式加以规定。

跛行本位制的出现,主要是由于19世纪70年代世界银价的暴跌。为了维持银本位货币的地位和金银之间的法定比价,法国和美国决定停止银币的自由铸造,由双本位制改为跛行本位制。这是一种残缺不全的金银复本位制。形象地说,金银的自由铸造特性好比人的两条腿,银这条腿不健全了(不能自由铸造)。因此,这种货币制度运转起来就像瘸腿的人走路。实际上,银币已降为金币的附属。所以,跛行本位制只是复本位制向金本位制的过渡形式。

(三)金本位制

1. 什么是金本位制

金本位制是一种以黄金为本位币币材的货币制度,包括金币本位制、金块本位制和金汇兑本位制。其中金币本位制是典型的金本位制,而金块本位制和金汇兑本位制则是残缺不全的金本位制。

2. 金本位制的形态

(1)金币本位制。金币本位制又称完全金本位制,是金本位制度的早期形式。

金币本位制有以下特点:①以黄金为币材,金币为本位币。②金币自由铸造,参加流通,具有无限法偿能力。③银行券可以自由兑换金币。④黄金可以自由输出输入国境。在金币本位制下,由于金币可以自由铸造,金币的面值与其所含黄金的价值就可保持一致,金币数量就能自发地满足流通中的需要;由于金币可以自由兑换,各种代用货币就能稳定地代表一定数量的黄金进行流通,从而保证币值的稳定;由于黄金可在各国之间自由转移,这就保证了本国货币与外国货币兑换比价的相对稳定。所以,金币本位制是一种相对比较稳定、比较健全的货币制度。

(2) 金块本位制。金块本位制是国内不铸造金币,也不流通金币,只发行代表一定重量黄金的银行券,并且银行券不能自由兑换成黄金或金币,只能按照一定条件向发行银行兑换金块的一种货币制度。

其特点是:①黄金只是名义上的价格标准,国家不铸造金币,流通中没有金币。②国内流通的是银行券,它规定有含金量,但不能自由兑换成黄金;黄金集中存储于本国中央银行作为准备金,居民只能按规定的含金量在一定数额以上、一定用途内将持有的银行券兑换成金块。这种有限制兑换黄金的做法有效地节省了国内的黄金,使货币在一定程度上摆脱了黄金量的限制,在一定时期满足了经济发展的要求。

(3) 金汇兑本位制。金汇兑本位制也称虚金本位制,是指没有金币的铸造与流通,而以中央银行发行的纸币或银行券作为流通货币,银行券或纸币通过外汇间接兑换黄金的一种金本位制度。

其主要特点是:①金币名义上仍为本位币,并规定含金量,但国内流通银行券,无铸币流通,银行券不能直接兑换成金币和金块。②本国中央银行将黄金和外汇移存于另一个实行金本位制的国家的中央银行,并规定本国货币与该国货币的法定兑换比率,同时维持本国货币与挂钩国家货币的法定比价。③居民可按这一比率用本国银行券兑换该国货币(外汇),再向该国兑换黄金。这是一种间接使货币与黄金联系的本位制度,它既节省了一国国内的黄金,也节省了国际上的黄金,从而大大缓解了黄金量对货币量的制约。

第二次世界大战之后建立起来的以美元为中心的国际货币体系基本上属于金汇兑本位制,这一制度结束于20世纪70年代。1973年布雷顿森林体系解体,标志着金汇兑本位制的彻底崩溃。

金块本位制和金汇兑本位制都是残缺不全的金本位制,都是不稳定的货币制度,它们都没有黄金流通,也就丧失了自发调节货币流通量和保持币值相对稳定的机制,它们虽然规定了银行券的法定含金量,但兑换能力大为降低,这就使银行券的稳定性大大削弱;实行金汇兑本位制,还加剧了国际金融市场的动荡。这种残缺不全的金本位制很快就崩溃了,资本主义各国先后实行了不兑现的信用货币制度。

布雷顿森林体系

布雷顿森林体系(Bretton Woods System)是指"二战"后以美元为中心的国际货币体系。1944年7月,西方主要国家的代表在联合国国际货币金融会议上确立了该体系,因为此次会议是在美国新罕布什尔州布雷顿森林举行的,所以称为"布雷顿森林体系"。布雷顿森林体系的建立,促进了战后资本主义世界经济的恢复和发展。

布雷顿森林体系是以美元和黄金为基础的金汇兑本位制,其实质是建立一种以美元为中心的国际货币体系,基本内容包括美元与黄金挂钩、国际货币基金组织成员国的货币与美元保持固定汇率(实行固定汇率制度)。布雷顿森林体系的运转与美元的信誉和地位密切相关。

布雷顿森林体系建立了国际货币基金组织和世界银行两大国际金融机构。前者负责向成员国提供短期资金借贷,目的是保障国际货币体系的稳定;后者提供中长期信贷来促进成员国经济的复苏。

1971年7月第七次美元危机爆发,尼克松政府于8月15日宣布实行"新经济政策",停止履行外国政府或中央银行可用美元向美国兑换黄金的义务。1973年3月,西欧出现抛售美元、抢购黄金和马克的风潮。3月16日,欧洲共同市场九国在巴黎举行会议并达成协议,联邦德国、法国等国家对美元实行"联合浮动",彼此之间实行固定汇率。英国、意大利、爱尔兰实行单独浮动,暂不参加共同浮动。其他主要西方国家的货币实行了对美元的浮动汇率。美元停止兑换黄金和固定汇率制的垮台,标志着战后以美元为中心的货币体系瓦解。布雷顿森林体系崩溃以后,国际货币基金组织和世界银行作为重要的国际组织仍得以存在并发挥作用。

资料来源:百度百科。

(四)纸币本位制

1. 什么是纸币本位制

纸币本位制,是指以不兑换黄金的纸币或银行券为本位币的货币制度。不兑现的纸币一般由中央银行发行,国家法律赋予其无限法偿能力。

2. 纸币本位制的主要内容

(1)纸币发行权由国家垄断,在中央银行制度建立后,一般由国家授权中央银行发行,以保证发行纸币的收入归国家所有。

(2)中央银行发行的纸币是法定货币,由国家法律规定在一国范围内强制流通,成为无限法偿货币和最后支付手段。

(3)纸币不能兑现黄金。黄金退出流通,切断了纸币与黄金的联系。1973年以前,西方国家的纸币都规定有含金量;1973年以后,各国都不再规定纸币的含金量,纸币已不能兑换黄金。

(4)在纸币本位制度下,纸币通过银行信贷渠道投入流通,通过存款货币进行转账结算,非现金流通成为货币流通的主体。

3. 纸币本位制的基本特征

(1)纸币具有无限法偿能力,依法强制流通。

（2）货币的供应量不受金银数量的约束，货币的发行量视经济形势而定。

（3）纸币对内价值的稳定、对外汇率的稳定均有赖于对货币供应体系的有效管理与调节控制。

纸币本位制取代金本位制，是货币现代化的重大变革，是货币制度的历史进步，它是经济发展的必然要求。

4. 采用纸币本位制的主要优点

（1）货币供应量不受金银数量的限制，具有较大的伸缩性，它可以根据经济发展和流通的需要，做适当的调节，对于稳定与促进经济增长具有积极的意义。

（2）纸币本位制不与一定量贵金属相联系，其对外汇率也不受国际市场贵金属价格变动的影响，货币供应量的调节，也就更为灵活，它可以对国内经济发展和国际收支状况进行有效的调节。

（3）采用纸币本位制，更便于人们日常的流通携带，还可以节省贵金属及其铸造费用。

5. 纸币本位制的缺点

（1）货币供应量不受发行准备限制，供给弹性很大。有些国家在财政出现赤字时，往往超量发行货币，甚至毫无节制地滥发纸币，导致恶性通货膨胀，从而危及经济与社会的稳定，超发和滥发纸币必然影响到货币制度的根基和经济的稳定。

（2）在纸币本位制下，货币与贵金属脱钩，各国的汇率已脱离金平价而可以相对自由地调整，这使得各国货币的对外汇率变化无常，从而影响到国际贸易的发展与国际资金的流动。不断变化的汇率，也会影响到整个国际经济秩序的稳定。

（3）纸币本位制的管理操作，依赖于有效的管理控制，成败与否与管理者的知识、经验和判断决策能力直接相关，过多的人为干预因素往往使纸币本位制产生不稳定性。

在纸币强制流通的条件下，纸币发行权集中于中央银行，对内与对外均不兑现，因此也就没有发行准备的要求，但许多国家为了保证货币体系的稳定与增强公众的信心，仍然以一定的黄金、外汇或其他证券资产作为发行准备，以求得对内稳定经济、对外稳定汇率的效果。

四、我国的货币制度

（一）人民币制度的建立

我国人民币制度的建立开始于解放战争即将胜利之时。1948年12月1日，中国人民银行在河北省石家庄市正式成立，并同时在华北、华东和西北地区发行了银行券——人民币。中华人民共和国成立以后，为了统一人民币发行，巩固和健全人民币制度，国家采取了一系列措施：对国民党发行的货币，采取收兑与排挤相结合的方法，坚决、迅速、彻底地加以肃清；加强金融管理，严禁金银计价流通和私相买卖；禁止外国货币流通，集中管理和统一经营外汇业务；逐步收兑各解放区发行的货币。于是一个独立、统一的人民币市场逐步建立起来，从而为建立新的金融秩序以及国民经济的恢复和发展创造了有利条件。

1948年12月开始发行的第一套人民币，面额大（最大为5万元），票种多，防假能力低，流通使用不便。为了进一步健全和完善人民币制度，适应大规模社会主义建设的需要，我国于1955年3月换发了第二套人民币。1962年4月发行的第三套人民币在第二套人民币的基础上对版别进行了全面调整、更换，取消了第二套人民币中的3元纸币，增加了1角、2角、5角和1元四种金属币。随着党的十一届三中全会以来改革开放政策的实施，我国国民经济迅速发展，城乡商品经济日益活跃，社会商品零售额大幅度增长。为了适应经济发展的需要，进一步健全我国的货币制度，方便流通使用和交易核算，1987年4月我国发行了第四套人民币。第四套人民币囿于当时的条件，本身存在一些不足之处，如防伪措施简单，不利于人民币反假；缺少机读性能，不利于钞票自动化处理。1999年10月在中华人民共和国成立50周年之际发行了第五套人民币。第五套人民币根据市场流通中低面额主币实际上大量承担找零角色的状况，增加了20元面额，取消了2元面额，使面额结构更加合理。

2019年4月29日，央行宣布于2019年8月30日起发行2019年版第五套人民币50元、20元、10元、1元纸币和1元、5角、1角硬币。

（二）人民币制度的基本内容

现行的人民币制度是一种比较稳定和健全的货币制度。主要内容包括：

（1）我国的货币名称是人民币，人民币是代表一定价值的货币符号，是一种不兑现的货币，它没有含金量的规定，也不能兑换成贵金属。人民币的符号为"￥"，主币单位是"元"，辅币单位是"角"和"分"。人民币的票券、铸币种类由国务院统一规定。人民币的主币和辅币都具有无限法偿的能力，以人民币支付中华人民共和国境内的一切公共和私人债务，任何单位和个人不得拒收。

（2）人民币是我国唯一合法的通货。国家规定在国内严禁一切国外货币和金银的流通，禁止人民币自由输出国境，经批准可以限量携带出入国境用于规定的用途。国家法令规定严禁伪造、变造人民币，严禁变相货币流通以及破坏人民币声誉的行为。

（3）人民币的发行权属于国家。中国人民银行是唯一的货币发行机关，它由国家授权掌管货币发行并集中管理货币发行基金。未经国家批准，任何地区、单位和个人都无权动用发行基金、增加货币发行。除中国人民银行发行人民币外，不准任何地区和单位发行任何货币。人民币的发行数额须报经国务院批准。

（4）国家的金银储备和外汇储备是国际支付的准备金。它们主要用于平衡国际收支，对人民币发行也起某种程度的保证作用。金银、外汇储备由中国人民银行统一掌管、统一调度。中国人民银行负有保持人民币对内价值和对外价值稳定的艰巨任务。

（三）港、澳、台地区的货币制度

香港、澳门、台湾都是中国领土的一部分。按照"一国两制"的方针，1997年和1999

年香港和澳门分别回归祖国以后,继续维持原有的货币金融制度。"一国两制"的方针同样适用于台湾。因此,我国现行的货币制度是"一国多币"的特殊制度。

1. 香港的货币制度

按照《中华人民共和国香港特别行政区基本法》的规定,港币是香港特别行政区的法定货币,港币的发行权属于香港特别行政区政府。特别行政区政府在确保港币的发行基础健全和发行安排符合保持港币稳定的目的的条件下,授权汇丰银行、渣打银行和中国银行发行港币。香港实行联系汇率制,发钞银行必须事先以1美元兑换7.8港元的比价,向外汇基金缴纳美元,换取等值的港元"负债证明书"后,才能增发港元现钞。香港的外汇基金由香港特别行政区政府管理,主要用于调节港元汇价。港元为自由兑换货币,在港币的发行中,纸币占90%以上。香港政府也发行硬币,硬币的铸造由政府财政司负责,铸造者均须按照政府授权的设计、面额、成分、标准重量及允许的公差进行铸造。

2. 澳门的货币制度

根据《中华人民共和国澳门特别行政区基本法》的规定,澳门元是澳门特别行政区的法定货币,澳门货币的发行权属于澳门特别行政区政府。目前,大西洋银行和中国银行受澳门金融管理局授权代理发行澳门元纸币。澳门货币发行必须有百分之百的港元准备金,也就是发行澳门元须以与发行额等值的港元为发行准备。澳门元可自由兑换。

3. 台湾的货币制度

按照台湾地区的有关规定,新台币为台湾地区的法定货币。新台币的实质发行权保留在"中央银行",但实际发行由"中央银行"委托商业银行进行。新台币的发行须有百分之百的准备金。新台币的发行受"新台币发行准备监理委员会"的监督,如对于超过发行准备金的发行,该"委员会"会通知主管银行停止发行,并立即收回其超额发行部分。

综上所述,由于历史和政治上的原因,在中国事实上存在着四个相对独立的货币区。而且,人民币与港元、澳门元、新台币在发行主体、流通地域、发行准备和可兑换性上均存在着差别。[①]

本章小结

1. 虽然人们对货币有不同的理解,但是一般认为货币是指在购买商品和劳务或清偿债务时被普遍接受的任何物体或东西。

2. 对货币的本质有三种不同的理解,马克思认为货币是一般等价物,有些学者认为货币是债务,有些学者认为货币是契约。

3. 货币形式是不断变化的,经历了实物货币、金属货币、代用货币、信用货币和电子货币等几个阶段。

---

① 曾红燕.货币银行学[M].北京:中国人民大学出版社,2017:23-24.

4. 货币具有价值尺度、流通手段、支付手段、储藏手段、世界货币等职能,价值尺度和流通手段是货币的基本职能。

5. 货币制度,也称货币本位制度,是一国政府为了适应经济发展的需要,以法律或法令形式对货币的发行与流通所做的一系列规定的总称。货币制度的内容主要包括规定本位货币材料与货币单位,货币的铸造、发行和流通程序,以及规定货币发行准备金制度等。

6. 货币制度同其他经济制度一样,经历了一个不断发展和演变的历史过程。概括地讲,货币制度可分为两类:一是金属本位制,即以贵金属作为本位币;二是不兑现的信用货币,即不以有价值的商品作为本位币的货币制度。从历史上看,世界各国的货币制度曾先后经历了银本位制、金银复本位制、金本位制和纸币本位制四个阶段。

复习思考题

1. 解释下列概念:货币、实物货币、金属货币、铸币、代用货币、信用货币、电子货币、价值尺度、流通手段、储藏手段、支付手段、世界货币、货币制度、本位币、辅币、有限法偿、无限法偿、格雷欣法则。
2. 简述货币的起源。
3. 简述货币的本质。
4. 货币与通货、收入、财富、流动性有何不同?
5. 简述货币形式演变的过程。
6. 简述货币的职能。
7. 什么是货币制度?其构成要素是什么?
8. 简述货币制度的演变过程。
9. 如何理解我国的货币制度。

第二章 信 用

> **学习目标**

1. 掌握信用的概念与本质。
2. 了解信用的产生、发展与作用。
3. 掌握信用形式的分类及主要信用形式的特点与作用。

> **本章导读**

信用是以偿还和付息为条件的借贷行为,是伴随着货币的出现而产生的一种经济活动方式,是货币融通的形式,对集中和积累资金、分配和再分配社会资源等方面有重要作用。为了深入认识信用,我们将探讨信用的概念与本质、信用产生规律、信用形式等内容。

第一节 信用概述

一、信用的概念

信用一词是从西方引进的,在中国传统概念中,与之相对应的词是借贷、债等。

在西方国家的不同文字中,信用一词均源于拉丁文 Credo,原意是相信、信任、声誉等。这些意思与作为经济范畴的信用有联系,但并不能说明信用作为经济范畴的特征。

信用是一种具有商业意义的借贷行为,这种经济行为的基本特征是借出资金要以归还为条件,并且要支付利息。无利息的借贷是非商业行为的社会活动,并非真正的信用。因此,信用是指以偿还本金和支付利息为条件的借贷行为。信用活动的发生具有三个基本的构成要素。

(一) 债权人与债务人

信用活动的发生,形成债权债务关系,债权人为授信人,债务人为受信人。信用的发生要以授信人对受信人的偿还承诺的信任为前提。在现代经济活动中,对债务人的信用评价用5个C来概括,即品德(Character)、能力(Capacity)、资本(Capital)、担保(Collateral)、环境条件(Condition)。其中品德主要反映借款人的道德、名誉与行为标准;能力主要反映借款人使用资金经营事业的才干与能力,包括其受教育程度、商业活动经验、经营能力及过去的信用状况等;资本则主要反映借款人的资产负债状况、资产价值的稳定性与流动能力等。

(二) 时间间隔

信用活动的发生,必然具有资金转移的时间间隔,这种时间间隔是构成货币单方面让渡与还本付息的基本条件,当然,其间隔的时间是可长可短的。

(三) 信用工具

信用交易活动的展开需要依靠相应的信用工具,信用工具是以书面形式发行和流通,用以证明债权债务等信用关系的书面凭证。

二、信用的本质

信用的本质是一种债权债务关系,理解信用的本质,需要把握以下三点。

(一) 信用不是一般的借贷行为,而是以还本付息为条件的借贷行为

人们之间无条件的物质融通不是这里所讲的信用。早在原始社会内部就存在借贷行为,但是人们之间相互借贷是不计利息的,贷者并没有从借者那里获得什么利益或报酬,因此,这是一种纯粹的借贷关系而不是信用。在商品货币经济条件下,人们从等价交换原则出发,考虑自身利益,发生了有条件的借贷行为即必须还本付息,这种借贷行为才是信用。

(二) 信用关系是债权债务关系

这种债权债务关系最初是由于商品的赊销和货币的预付而产生的,但随着融资行为和信用制度的广泛建立与发展,债权债务关系渗透到了经济生活的各个角落。无论是企业的生产经营活动,还是个人的消费行为或政府的社会、经济管理活动都依赖债权债务关系。因此,从本质上说,信用关系就是债权债务关系。

(三) 信用是价值运动的特殊形式

在单纯的商品流通中,价值运动是通过一系列买卖过程实现的。首先,这是所有权的转移。卖者放弃了商品所有权,取得了货币所有权,而买者则相反。其次,这是等价交换。卖者虽放弃了商品,但是并没有放弃商品的价值,只是改变了价值的形式,即从原来的商品形态变为货币形态,而买者放弃了货币,但取得了与货币等价的商品。双方都获得了相应的等价。然而,信用方式所引起的价值运动是通过一系列借贷、偿还、支付活动实现的。

这里的货币或商品不是被卖出,而是被贷出,所有权并没有发生转移,只是使用权发生了变化。这就是说借者只有暂时使用商品或货币的权利,一定时期后必须偿还。在发生借贷时没有进行等价的交换,而是价值单方面的转移。贷者在贷出货币或商品时,没有取得任何相应的等价。而借者在一定时期后不仅偿还本金,还要付出利息。贷者不仅获得与贷时等价的货币或商品,还得到附加,即贷出的货币与商品增值了。

三、信用的产生

信用的产生具有一定的必然性,它是伴随着货币的产生而出现的,信用是人类社会最为古老的一种经济活动方式。

一般来说,信用的产生是与货币的出现以及财产私有制度的形成直接相关的,信用作为一种借贷行为与货币形式直接相连,货币作为财富形式具有支付和延期支付的功能,可以为借贷及其归还提供条件。信用的出现也与财产的私有制度关联,财产私有制度的形成带来了财富的私有权,要求借贷本金的归还和支付利息。

从历史上看,信用借贷早在有文字记载初期就已经出现了,中国的春秋战国时期已经有大量文献记载了民间和官方的各种信用借贷活动,并制定了一些法律法规来加以规范,在《管子》一书中就有大量的关于借贷问题的论述,可以看出信用活动在当时已经具有很大的影响。

在西方国家,有关借贷活动的记载出现更早,大约在 5 000 多年前的古巴比伦,出现了人类文明史上最早的《汉谟拉比法典》,其中对于借贷活动以及借贷如何归还、利率如何决定、抵押如何处理等做出了清晰的规定,显示出借贷活动已经是当时经济活动中普遍的现象,一些借贷的规定非常详细具体,从今天的角度看仍然有现实意义。

四、信用的发展

信用产生于商品流通,但并非局限于商品流通。因为随着商品货币关系的进一步发展,一些人手中积累了货币,但自己并不需要购买商品,而另一些人则又亟须购买商品或偿还债务,从而产生了后者向前者借入货币的要求。在按期归还和付息的条件下,两者之间发生了货币的借贷关系,货币成为契约上的一般商品。这就使信用关系超出了直接的商品流通范围,得到了普遍的发展。

信用的发展经历了从古老的高利贷信用形式到现代信用形式的演变过程。

(一) 高利贷信用

高利贷信用属于高利贷性质。它始于原始社会后期,第一次社会分工的出现使得生产力水平有了迅速提高且商品经济加速发展,并且出现了贫富分化与私有制。穷人由于缺乏生产和生活资料,为了生活而向富人借贷,并被迫支付高额利息,高利贷便产生了。高利贷在原始社会产生以后,在奴隶社会和封建社会得到了广泛发展。

高利贷的特点之一是利率极高且不统一,年利率通常达 30%~40%,有些高达 200%~300%。在自然经济占统治地位的条件下,剩余产品有限,可以贷放的资产极少,而需求量相对很大。这种供求不平衡就决定了高利贷的高利率水平。

高利贷的另一个特点是具有非生产性,即小生产者借贷主要是用于满足生活需要,而奴隶主和封建主借贷主要是用于满足其奢靡的生活需要或某种政治目的,因而都不具有生产性。由于高利贷的借款者不是为了扩大再生产而获得追加资本,而是为了获得购买手段和支付手段,所以只能忍受高利盘剥,明知债务难偿也不得不借。

高利贷的这两个特点决定了其主要作用必然是消极的。高利贷信用在前资本主义社会既有促使自然经济解体和促进商品货币关系发展的一面,又有破坏和阻碍生产力发展的一面。其中,破坏和阻碍生产力发展是高利贷信用的主要方面。

在封建社会向资本主义社会过渡的时期,一方面,高利贷剥削促进了资本主义社会前期条件的形成,即通过高利贷剥削为资本主义聚集了大量的货币资金,同时通过残酷地剥削小生产者,迫使小生产者破产从而失去生产资料,只能以出卖劳动力为生,形成雇佣工人阶级的前身;另一方面,高利贷赖以存在的基础是自然经济,因此,它又会阻碍高利贷向近代资本主义产业资本、借贷资本的转化,阻碍资本主义生产方式的产生与发展。

(二) 现代信用

现代信用是在同高利贷信用的斗争中产生和发展起来的。在资本主义经济的起步阶段,资本家需要大量的货币资本支持其发展生产,但高利贷给资本家带来了太高的利息成本,使他们无利可图,于是新兴的资产阶级采取各种斗争方式反对高利贷。斗争的焦点并不是反对借贷关系,而是要使利息率降到产业资本的利润率之下。斗争最终使资本主义信用取代了高利贷信用的垄断地位,现代信用产生了。

现代信用是在社会化大生产基础上建立起来的一种与高利贷信用完全不同的信用关系。早期的现代信用是在资本主义再生产过程中产生的。一方面,在资本循环和周转过程中,由于各种原因产生了一些闲置的货币,如固定资产折旧基金、销售收入中尚未用于支付工资和进行购买的部分、尚未作为资本追加投资的利润等;另一方面,在资本循环的过程中,必然会出现部分货币资金的短缺,需要临时性补充,如企业更新固定资本而折旧基金的累积不足、企业集中购买原材料等生产资料、企业要投资某个大型项目等。拥有闲置货币资本的企业将货币贷放给具有货币需求的企业,在一定时期后再收回,并获得额外的利息,这样现代信用就形成了。

随着商品经济的发展,现代信用的发展逐渐呈现出以下特点:

(1) 信用形式多样化。现代信用主要有商业信用、银行信用、国家信用等传统的信用形式,以及消费信用等新型的信用形式。

(2) 信用工具多样化。传统的信用工具既有汇票、本票、支票、信用证等货币市场工具,又有债券、股票等资本市场工具。为了规避风险、投机获利,还出现了很多衍生金融工具。

(3) 信用机构功能多元化。信用机构的职能不断向全能型转变,不仅从事传统的借贷业务,还从事转账结算、理财、发行有价证券等一系列新业务。

五、信用的作用

(一) 集中和积累社会资金

在国民经济运行过程中,客观上会出现资金的暂时闲置和临时需要两种情况。通过信贷活动就可以把社会经济运行中暂时闲置的资金聚集起来,投入需要补充资金的单位,而使国民经济更有效地运行。

(二) 分配和再分配社会资源,促进利润平均化

信用通过特有的资金运动形式把集中和积累起来的社会资金分配出去。其分配职能主要是指生产要素的分配,特别是对社会暂时闲置的生产要素的分配。如果借贷是实物,则是直接对生产要素的分配;如果借贷是货币,则是间接对生产要素进行分配。

除了对生产要素进行分配外,信用还能对生产成果进行分配。这主要是指在信用关系中所产生的利息范畴。由于信用具有有偿性这一特点,因此闲置资金和货币收入的让渡者有权索取利息,而其使用者则有义务支付利息,这种利息的支出就改变了国民收入原有的分配格局,从而也就改变了社会总产品的既定分配结构。

这种分配和再分配是按照经济利益诱导规律进行的,将资金从使用效益差和利润率低的项目、企业、行业、地区调往使用效益好和利润率高的项目、企业、行业、地区,从而使前者资金减少,后者资金大量增加,结果使得前者的资金利润率有所上升,后者的资金利润率有所下降,从而促使全社会资金利润率的平均化,促进国民经济均衡发展。

(三) 加速资金周转,节约流通费用

由于信用能使各种闲置资金集中起来,并投放出去,使大量原本处于相对静止状态的资金运动起来,因而对于加速整个社会资金周转无疑起到了重要作用。并且利用各种信用形式,能节约大量的流通费用。首先,利用信用工具代替现金,节约了与现金流通有关的费用;其次,在发达的信用制度下,资金集中于银行和其他金融机构,可以减少社会的现金保管、现金出纳以及簿记登录等流通费用;最后,信用能加速商品价值的实现,有助于减少商品储存以及与此有关的商品保管费用的支出。

(四) 调节国民经济的运行

信用不仅能够准确、及时地反映国民经济运行状况,还能够对国民经济的运行进行积极的干预,对宏观经济与微观经济进行适时、适度的调节。如在宏观上,通过信用活动调节货币流通,在银根吃紧时放松信用,在通货膨胀时则收缩信用;通过信用活动调整产业结构,对国民经济发展中的瓶颈部门、短线行业和紧俏产品多供给资金,对长线部门、衰退产业和滞销产品则减少资金供应甚至收回原已供应的资金,迫使其压缩生产或转产。在

微观上,通过信用的供或不供、供多或供少、供长或供短、早供或晚供、急供或缓供等来鼓励或限制某些企业或某些产品的生产与销售,扶持或限制某些企业的发展。

第二节　信用形式

信用形式是信用关系的具体表现。随着商品经济的发展,现代信用得到了极大发展,不仅信用活动日益频繁和深化,信用形式也日益多样化。

一、按借贷时间划分

按借贷时间不同,把信用划分为短期、中期和长期信用。各国区分其标准的时间不一,我国的规定如下:

短期信用——1年以内;

中期信用——1年以上5年以内;

长期信用——5年以上。

二、按信用基础划分

按信用基础不同,把信用分为对人的信用与对物的信用。

对人的信用就是以债务人个人或连带第三者(保证人)为基础形成的借贷关系。如果授信者(贷款人)认为债务人偿债的保证已符合要求,则信用纯粹为对债务人个人的信用。如果授信者认为,除债务人以外,尚需提供一人或数人为保证人,则信用以债务人和保证人为基础。

对物的信用,就是以债务人所提供的物品为基础发生的借贷关系。对物的信用又可进一步细分为:

(1)动产信用,即以债务人提供的动产,如股票、债券为担保取得贷款,此项贷款谓之质押贷款。

(2)不动产信用,即以债务人提供的不动产,如厂房、土地等为担保取得贷款,这种贷款称为抵押贷款。

三、按信用工具发展状况划分

按信用工具发展状况划分,把信用分为尚不存在信用工具的信用、尚未流动化的信用、流动化的信用。

(一)尚不存在信用工具的信用

在商品货币经济不甚发达阶段,虽然已经出现信用关系,但是并不存在信用工具,只以口头承诺为依据。

（二）尚未流动化的信用

这是指在信用发生后,同时形成了债权债务的书面凭证,但是,这种信用工具不能在市场上转让、流通。

（三）流动化的信用

此种信用发生后,不但形成了信用工具,而且这些信用工具可以流通转让。

四、按借贷双方的经济面貌划分

按照借贷双方的经济面貌,把信用划分为商业信用、银行信用、国家信用、个人信用、消费信用、国际信用、公司信用、租赁信用等。

（一）商业信用

1. 什么是商业信用

商业信用是企业与企业之间相互以赊销或预付货款的形式提供的信用。商业信用是一种古老的信用形式,在简单商品经济条件下就已出现,它是信用制度的基础。

2. 商业信用的特点

（1）商业信用的主体是生产或经营商品的企业。在商业信用中,债权人即信用的贷出者是商品的卖方,债务人即信用的借入者是商品的买方。授信的债权人和受信的债务人都是直接参加生产和流通并掌握商品的企业。

（2）商业信用的客体是商品资本。在商业信用中,卖方是以商品形态向买方提供信用的。贷出的资本是处于产业资本循环过程最后一个阶段的商品资本,而不是处于暂时闲置状态的货币资本。商业信用实际上包括两个同时发生的经济行为,即买卖行为和借贷行为。就买卖行为来说,在发生商业信用之际就已完结,即该商品从卖方所有变成买方所有,与通常现款买卖一样;而在此之后,它们之间只存在一定货币金额的债权债务关系,卖方是债权人,买方是债务人。

（3）在生产周期的各个阶段上,商业信用的运动与产业资本的动态是一致的。比如,在繁荣时期,生产扩大,生产的商品增加,商业信用的需求和供应都随之增加;在经济危机时期,生产缩减,商业信用的需求和供应也随之减少。

（4）商业信用主要依靠商业票据建立信用关系。商业票据作为债权债务的书面规定,是结清信用关系的凭证,具有法律效力。商业票据可在背书后转让流通,也可在背书后向银行贴现以取得货币资金。

（5）商业信用是一种直接信用。信用交易的达成无须经过金融机构的撮合,只要赊销方和赊购方直接达成协议就行,手续极为简便。

（6）商业信用是集融资和融物于一体的信用形式。由于商业信用的借贷物是商品资本,这决定了它的买卖行为和借贷行为是同时进行的。所以,商业信用绕过了先落实货币资金、后购买商品物资的时间差,是一种集融资和融物于一体的信用。

(7) 商业信用一般不计付利息。在经济生活中,往往赊销赊购或预付的借贷双方都不计付利息。不过在西方国家,现货买卖一般享受价格优惠,在某种意义上也可以说信用买卖和现货买卖的价格差就是一种变相利息。

商业信用的这几个特点是其他任何一种信用形式所不能完全替代的,缘于此,在商品货币经济中,商业信用有它存在和发挥作用的基础。

3. 商业信用的作用

商业信用在宏观经济活动中发挥了扩大生产和促进流通的作用;对微观经济活动中的工商企业而言,商业信用则是面向市场、联系用户不可缺少的纽带。

(1) 从宏观来看,它润滑着整个生产流通过程,促进了经济的发展。首先,它满足了产业资本循环的需要。在发达的商品经济中,各生产部门和各企业之间存在着密切的联系,而它们在生产时间和流通时间上又往往不一致。经常出现有些企业的商品亟待销售,而需要这些商品的企业却因为自己的商品尚未生产出来或未销售而缺乏支付能力。如果商品交易只限于现款支付,势必出现"卖不出"与"买不进"并存的矛盾,影响生产的正常进行。商业信用的出现解决了这些矛盾,连接了社会再生产的各个环节,保证了经济活动的顺利进行。其次,满足了商业资本循环的要求。在产业资本和商业资本分离的情况下,如果要求商业企业全部用现款购进商品,则会发生商业资本缺乏的问题;因为商业企业实际上不可能有那么多的货币资本来购买全部商品,因此需要工业企业向它们提供商业信用。

(2) 从微观来看,商业信用对于信用双方都有利,解决了双方的问题。首先,对授信的企业来说,通过商业信用的媒介作用,可顺利地实现商品的销售,完成从商品到货币的"惊险的跳跃";其次,对受信的企业来说,通过商业信用方式解决了资金不足的困难,买到了原材料或商品,保证了企业生产和运行的正常进行。

商业信用的润滑作用促进了生产和流通,是其他信用形式无法替代的。在银行信用迅速发展的当今社会,商业信用仍然发挥着极其重要的作用,始终是信用体系的基础。

4. 商业信用的局限性

(1) 商业信用在规模和数量上有限制。由于商业信用是在企业之间进行的,因此其规模要受企业所掌握的资本数量的限制,尤其是要受其商品资本数量的限制。因为能够用来提供商业信用的只是企业全部资本中的一部分,即商品资本。况且,一个企业绝不会把全部商品资本都用于提供商业信用,所以,商业信用在数量上就受到了较大限制。

(2) 商业信用在范围上有限制。由于商业信用的客体是商品资本,因此它只适用于有商品交易关系的企业,并且一般都是在信用能力较强、经常来往、相互信任的企业之间进行。在商品买卖上没有关系或者相互不甚了解信用能力的企业之间则不可能提供商业信用。

(3) 商业信用在方向上有限制。由于商业信用的借贷物是商品资本,因此它的授信方向要受到商品流转方向的限制,即这种信用只能是商品的生产者或经营者提供给该商品的需要者,反过来则不行。

(4) 商业信用在期限上有限制。由于商业信用提供的是尚未退出企业再生产过程并属于资金循环周转过程中的商品资本,如果不能很快地以货币形态收回,就会影响该企业产业资本的正常循环和周转,因此商业信用只能是短期信用。

(二) 银行信用

1. 什么是银行信用

银行信用是银行以及各类金融机构以货币形式提供的信用。这种信用是指银行通过信用方式,将再生产过程中游离出来的暂时闲置的货币资金以及社会上的其他游离资金集中起来,以货币形式贷给需要补充资金的企业,以保证社会再生产过程的顺利进行。银行信用是在商业信用的基础上发展起来的一种更高层次的信用形式,在现代信用制度中占据核心地位,发挥主导作用,它和商业信用一起成为经济社会信用体系的基本组成部分。

2. 银行信用的特点

(1) 银行信用是以银行等金融机构为中介的间接信用方式。在银行信用中,银行等金融机构一方面以债务人的身份从社会上广泛地吸收暂时闲置的货币资金,另一方面又以债权人的身份向以企业为主的资金需求者提供货币资金。银行信用是银行等金融机构通过各种资产负债业务提供的一种间接信用形式。

(2) 银行信用的客体是货币资金。银行信用贷出的不是处于产业资本循环周转过程中任何阶段上的资本,而是从产业资本循环周转中暂时游离出来的货币资本以及居民的储蓄。

(3) 银行信用在资金规模、使用范围、期限和方向上都具有很大的灵活性。由于银行信用的基础是从产业资本循环周转中暂时游离出来的货币资本以及居民的储蓄,因此它既不受个别资本拥有者资本数量的限制,也不受个别资本循环周转时间的限制。同时,因为它是以货币形态提供的信用,适用于任何一个生产部门,可以提供给任何一个企业,所以,在流通规模、范围、方向、期限上都有很大的灵活性,可以根据工商企业的不同需要,提供不同类型的信用。银行信用在灵活性上大大超过了商业信用,可以在更大程度上满足经济发展的需要。

3. 银行信用在现代经济生活中的地位

银行信用的产生对商品经济的发展起到了巨大的推动作用,它是现代经济社会中占核心地位的信用形式。

(1) 银行信用是一种间接信用。银行信用可以克服商业信用等一切直接信用的缺点,为经济发展提供经常的、大量的、全方位的货币资金,是任何一个国家集中和再分配资金的一种重要形式。

（2）银行信用具有综合性。社会再生产过程中的生产、分配、交换和消费四个环节，国民经济的各个部门、各个地区，无一不和银行信用有密切的联系。银行信用可以综合反映经济的运行情况，促进国民经济的协调发展。

（3）银行信用的可控性强。中央银行可以通过经济手段、行政手段和法律手段对银行信用的规模、数量和方向加以调节控制。

（4）银行信用可影响其他信用形式的发展。银行可通过办理商业票据的承兑和贴现促进商业信用的发展，银行还可以通过公债的承销与买卖促进国家信用的发展。

（三）国家信用

1. 什么是国家信用

国家信用是指以国家为一方的借贷活动，即国家作为债权人或债务人的信用。在现代社会中，国家信用主要表现为国家作为债务人而形成的负债。

国家信用可以分为国内信用和国际信用。国内信用是国家以债务人身份向国内居民、企业、社会团体取得的信用，它形成了国家的内债。国际信用是国家以债务人身份向国外居民、企业和社会团体取得的信用，它形成了国家的外债。

国家信用的形式主要是发行政府债券，其次是向中央银行短期借款。国债多用于弥补政府预算赤字，所筹措的资金大多用于基础设施、公用事业建设等生产性支出，以及军费开支和社会福利支出等。

2. 国家信用的特点

（1）国家信用的主体是国家或政府。

（2）国家信用可以动员银行信用难以动员的资金。银行信用动员社会资金时，只能根据自愿原则来组织，不能强迫；同时，银行要考虑资金成本，不可能通过无限提高利率来筹集资金。而国家信用在动员社会资金时，尤其是在战争、社会动乱、恶性通货膨胀等特殊条件下具有特殊的作用。这是因为，一方面，国家信用可靠、安全性高；另一方面，必要时国家还可以采取强制手段或较高利率来筹集资金。

（3）国家信用筹集的资金一般偿还期较长。国家信用筹集的长期资金偿还期较长，又不能提前支取，所以是比较稳定的资金来源，可以解决国家长期资金不足问题或用于投资期较长的经济建设项目。

3. 国家信用的作用

（1）国家信用是弥补财政赤字的重要工具。国家财政出现赤字以后，弥补的方法有三种：一是增加税收；二是发行货币；三是举债。增税不仅需要经过立法程序，且容易引起公众的不满；货币超量发行，会导致通货膨胀；唯有举债是较为主动的、直接的办法。因为通过举债的办法来筹集资金，既容易为公众所接受，又可以避免由于银行透支而引起货币非经济发行所带来的不良后果。

(2) 国家信用是调剂财政收支不平衡的手段。在国家预算执行的过程中,财政收入和实际支出之间经常出现暂时脱节的现象。比如,在整个财政年度内,财政收支是平衡的,但可能出现上半个财政年度支大于收、下半个财政年度收大于支的情况,为了解决财政年度内的收支不平衡问题,国家往往采取发行国债的方式加以调节。

(3) 国家信用是实施宏观调控的重要杠杆。国家发行的债券,其信誉远高于其他信用工具,在金融市场上被普遍接受,具有较强的流动性,所以,中央银行可以通过在金融市场上买卖国债,特别是短期国债,来调节货币供应量,以稳定币值,促进经济增长。

(四) 消费信用

1. 什么是消费信用

消费信用是工商企业和金融机构对消费者提供的以消费资料为对象的信用。现代经济中的消费信用是与商品和劳务,特别是与住房和耐用消费品的销售联系在一起的。其实质是通过分期付款、消费贷款和信用卡透支等方式,为消费者提供超前消费的条件,促进商品销售和生产的发展。

消费信用主要有分期付款、消费贷款和信用卡等形式。分期付款是工商企业向消费者提供的一种信用,多用于购买耐用消费品,如汽车、房屋等;消费贷款是商业银行或其他金融机构以货币形式向消费者提供的、以消费为目的的贷款,期限以中长期为主;信用卡是由发卡机构和零售商联合起来对消费者提供的一种延期付款的消费信用。

2. 消费信用的特点

(1) 单笔信贷的授信额度小。消费信用由于是直接面向消费者的,所以向消费者个人发放的贷款自然比向工商企业及其他经济组织发放的贷款的金额要小得多。

(2) 非生产性。商业信用是与再生产过程直接联系的,其生产性显而易见;银行信用提供的贷款绝大多数也是用于生产和流通的;而消费信用提供的贷款是用于消费的。

(3) 期限较长,风险较大。一般来说,消费信用的主要形式是分期付款及消费贷款,因此,与其他信用形式相比,期限普遍较长,而且消费贷款完全是消费性的,它只能以还款人的未来收入作为保障,因此,风险性也较大。

3. 消费信用的作用

消费信用对经济发展有一定的促进作用。

(1) 消费信用的发展可以提高人们的消费水平。如果不考虑社会生产的发展、技术水平的提高等因素,则人们的消费就受其收入的直接影响。在一般情况下,人们对耐用消费品的消费需要较长时间的货币积累;而引入消费信用后,人们可以先消费,再支付贷款,或者说人们可动用一部分未来的收入去消费当前尚无力购买的商品,从而提高人们的消费水平。

(2) 消费信用在一定条件下可以促进消费商品的生产与销售,甚至在某种条件下可以促进经济增长。由于消费信用的存在,消费者可以在取得货币收入以前提前购买消费品,这样的消费信用暂时人为地扩大了一定时期内商品与劳务的总需求规模,从而在一定程度上刺激了生产的发展。另外,由于消费信用直接扩大了对消费品的需求,加速了消费品的价值实现,从而可以加速资金周转和促进再生产的发展。

(3) 消费信用可以引导消费,调节消费结构。从宏观经济的角度来看,一国的消费结构和生产结构有一个相互适应的过程,这个过程不是一个纯自然的过程,而必须运用经济手段加以调节。利用消费信用可以调节各种消费支出占消费支出总额的比重,引导消费结构朝着适应生产结构的方向发展。

(4) 消费信用对于促进新技术的应用、新产品的推销以及产品的更新换代等也具有一定的作用。

消费信用除具有上述积极作用外,在一定情况下也会对经济发展产生消极作用。消费信用的过度发展会增加经济的不稳定性,造成通货膨胀和债务危机。对于供给不足特别是消费品不足的国家,这种信用会加剧供求的紧张状态,容易引发需求拉动型通货膨胀。即使在生产相对过剩的国家,虽然它可以改善一定的消费不足的情况,但是长此下去,会加深供给和需求脱节的矛盾,在更大程度上造成供给和需求的脱节。这是因为,消费信用是对未来购买力的预支,导致即期购买力的扩大包含有虚假的成分,如果企业把这种眼前的市场虚假繁荣看成扩大生产经营的信息,就会形成生产过剩。所以说提前消费没有从根本上解决生产和消费的矛盾,只是把问题向后推迟。在经济繁荣时期这些问题暂时被掩盖了,一旦经济进入萧条时期,一方面,贷者和借者都会减少这种借贷数额,使商品销售更加困难,从而使经济更加恶化;另一方面,消费信用难以收回,从而加剧信用授予者的支付困难或出现支付危机。[①]

(五) 国际信用

国际信用是指国家之间相互提供的信用。它包括其他国家的政府和银行及国际金融机构提供的信用。

(六) 公司信用

公司信用是以公司为主体而进行的信用活动,具体包括股份信用和公司债券信用。

股份信用是对当代股份制度的概括。股份制度是企业的一种生产组织和管理形式,具体表现为以入股方式筹集资本、创办股份公司。

公司债券信用是公司以债务人身份通过发行公司债券向社会筹措资金的一种信用。

(七) 租赁信用

租赁信用是一种古老的信用形式,是租赁公司(或其他出租者)将其租赁物的使用权出租给承租人,在有限租期内收取租金并到期收回租赁物的一种信用形式。现代租赁种类多种多样,一般分为融资性租赁和经营性租赁。

[①] 曾红燕.货币银行学[M].北京:中国人民大学出版社,2017:39.

1. 融资性租赁

融资性租赁是现代租赁信用的主要形式,其特点是:

(1) 出租人按承租人的要求购买租赁物,然后出租给承租人使用。

(2) 租期一般是出租物使用价值的绝大部分有效寿命期。

(3) 在租期内,出租人以租金的形式收回出租物的全部投资并取得利润。

(4) 承租人用租来的设备创造利润并支付租金。

(5) 租赁期满,承租人可选择续租、退租或购买。

(6) 在租赁期内信用双方不得中止或取消合同。

在上述特点中,最突出的是租赁期满,出租人可以把财产的所有权转让给承租人;换句话说,承租人有购买出租物的权利。它把融资和融物结合在一起,因而称为融资性租赁。

2. 经营性租赁

经营性租赁是一种服务性租赁,其特点是:

(1) 出租人除将出租物出租给承租人外,还要承担租赁物的保养、维修以及提供燃料、原料、配件、人员培训等服务事项。

(2) 经营性租赁的租金包括保养、维修等费用。

(3) 在租赁期内,承租人如有正当理由,可以解约;租赁期满或中止合同后,租赁物退还出租人,承租人没有购买的权利。因此,它被看作是"真正的"租赁。

我国的征信系统

随着经济市场化程度的加深,加快企业和个人征信体系建设已成为社会的共识。

1. 我国的企业信用信息基础数据库

中国人民银行于1997年开始筹建银行信贷登记咨询系统,2002年建成地市、省市和总行三级数据库体系,实现以地市级数据库为基础的省内数据共享。该系统主要从商业银行等金融机构采集企业的基本信息、在金融机构的借款和担保等信贷信息,以及企业主要的财务指标。在该系统多年运行的基础上,2005年中国人民银行启动银行信贷登记咨询系统的升级工作,将原有的三级分布式数据库升级为全国集中统一的企业信用信息基础数据库,扩大了信息采集范围和提升了服务功能。企业信用信息基础数据库已经于2006年7月实现了全国联网查询。

截至2015年年末,企业信用信息基础数据库收录企业及其他组织共计约2 120万户,其中约577万户有信贷记录。全年日均查询量约24万次。

2. 个人信用信息基础数据库

个人信用信息基础数据库建设最早是从1999年7月中国人民银行批准上海资信有

限公司试点开始的。2004年年底,实现了15家国有商业银行和8家城市商业银行在全国7个城市的成功联网试运行。2005年8月底完成与全国所有商业银行和部分有条件的农村信用社的联网运行。经过一年的试运行,2006年1月个人信用信息基础数据库正式运行。

截至2015年年末,个人信用数据库收录自然人数共计约8.8亿人,其中约3.8亿人有信贷记录。全年日均查询173万次。

3. 征信系统的信息采集

目前,企业和个人信用信息数据库的信息主要来源于商业银行等金融机构,收录的信息包括企业和个人的基本信息、在金融机构的借款和担保等信贷信息,以及企业主要财务指标。自企业和个人信用信息基础数据库建设以来,中国人民银行一直都在与相关部门积极协商,扩大数据采集范围,提升系统功能。2005年以来中国人民银行加大了与相关部门开展信息共享协调工作的力度。企业和个人信用信息基础数据库除了收录企业和个人的信贷信息外,还收录企业和个人基本身份信息、企业环保信息、缴纳各类社会保障费用和住房公积金信息、质检信息、企业拖欠工资信息以及电信缴费信息等。

企业和个人信用信息基础数据库采集到上述信息后,按数据主体即企业和个人对数据进行匹配、整理和保存。将属于同一个企业和个人的所有信息整合在其名下,形成该企业或个人的信用档案,并在金融机构查询时生成信用报告。

4. 征信系统的主要功能

企业和个人信用信息基础数据库的功能首先是帮助商业银行核实客户身份,杜绝信贷欺诈,保证信贷交易的合法性;其次是全面反映企业和个人的信用状况,通过获得信贷的难易程度、金额大小、利率高低等因素的不同,奖励守信者,惩戒失信者;再次是利用企业和个人征信系统遍布全国各地的网络及其对企业和个人信贷交易等重大经济活动的影响,提高法院、环保、税务、工商等政府部门的行政执法力度;最后是通过企业和个人信息系统的约束性和影响力,培养和提高企业与个人遵守法律、尊重规则、尊重合同、恪守信用的意识,提高社会的诚信水平,建设和谐美好的社会。

资料来源:中国人民银行征信中心网站。

本章小结

1. 信用是以偿还本金和支付利息为条件的借贷行为,包括债权人和债务人、时间间隔、信用工具三个基本要素。

2. 信用的本质是一种债权债务关系。

3. 信用的产生具有一定的必然性,伴随着货币的产生而出现,是人类社会最古老的经济活动方式之一。

4. 信用的发展经历了高利贷信用与现代信用两个发展阶段。

5. 信用具有集中和积累社会资金、分配和再分配社会资源、加速资金周转、调节国民经济运行等重要作用。

6. 信用形式是信用关系的具体体现，按不同的标准进行分类，信用形式也不同。

复习思考题

1. 解释下列概念：信用、信用形式、信用工具、商业信用、银行信用、国家信用、消费信用、国际信用、公司信用、租赁信用。
2. 如何理解信用的本质？
3. 如何理解信用产生的原因？
4. 信用是如何发展的？现代信用的特点是什么？
5. 信用的作用是什么？
6. 信用形式是如何分类的？
7. 商业信用的特点是什么？其作用是什么？其局限性是什么？
8. 银行信用的特点是什么？在现代经济生活中的地位是什么？
9. 国家信用的特点是什么？其作用是什么？
10. 消费信用的特点是什么？其作用是什么？
11. 租赁信用的形式是什么？

第三章　利息与利率

学习目标

1. 掌握利息与利率的概念。
2. 掌握利息的本质。
3. 掌握利息的计算与应用,特别是掌握现值与到期收益率的计算方法。
4. 掌握利率决定理论。
5. 认识利率的作用。

本章导读

利率是资金融通的价格,是经济中最受关注的变量,对个人和企业的相关决策有着重要影响。对个人而言,利率影响着个人进行储蓄与消费的决策;对企业而言,影响着其投资决策。个人和企业的相关决策对经济的健康运行和高质量发展有着重要意义。为了深入认识利息与利率,本章主要介绍利息与利率的概念、利息的计算与运用、利率决定理论及利率的作用。

第一节　利息与利率概述

一、利息的概念及运用

(一) 利息的概念

利息是借贷关系中债务人支付给债权人的报酬,是在特定时期内使用借贷资本所付出的代价。

根据现代西方经济学的基本观点,利息是投资者让渡资本使用权而索取的补偿。这种补偿由两部分组成:一是对机会成本的补偿,资本供给者将资本贷给借款者使用,即失去了现在投资获益的机会,因此需要得到补偿;二是对违约风险的补偿,如果借款者投资失败将导致其无法偿还本息,由此给资本供给者带来了风险,也需要由借款者给予补偿。因此,利息=机会成本补偿+违约风险补偿。

(二) 利息的本质

利息是一个被争论了几百年且仍在争论的既简单又复杂的概念,说它简单,是因为它的数量表现一目了然,某人在银行存入100元的存款,到期后取出存款时,就会得到相应的利息。说它复杂,是因为它的本质就是一个谜。利息该不该存在?利息是不是货币资本的价格?利息是不是剥削?所有对这些问题争论的根源就在于对利息本质的认识。不同时代的经济学家提出了不同的观点。

1. 马克思对利息本质的看法

马克思认为,在资本主义社会,利息是职能资本家向借贷资本家借入货币后,归还本金时所支付的报酬。借贷资本家为了取得利息把自己的货币资本贷给职能资本家,这时,资本本身并没有增加它的价值。只有当职能资本家运用这部分货币,将其作为资本从事商品生产或商品流通时,才会有价值增殖。马克思分析利息的来源和本质时指出,利息不外乎是一部分利润的一个特殊名称,一个特殊项目;执行职能的资本不能把这部分装进自己的腰包,而必须把它支付给资本的所有者。可见,利息是雇佣工人所创造出来的剩余价值(或利润)的一部分,体现着借贷资本家和职能资本家共同剥削雇佣工人的关系。

2. 其他经济学家对利息本质的观点

其他经济学家关于利息的来源与本质也提出了不同的观点,主要有以下几种:

(1) 利息报酬论,由英国古典政治经济学创始人威廉·配第(1623—1687)提出,是古典经济学中颇有影响的一种理论。他认为利息是所有者暂时放弃货币使用权而获得的报酬,因为这给贷出货币者带来不便。这一理论描述了借贷现象,但是没有真正理解利息的本质。

(2) 利息租金论,又称"资本租金论"。古典经济学家达德利·诺斯(1641—1691)指出,贷出货币所收取的利息可看成是地主收取的租金。他认为资本的余缺产生了利息,有的人拥有资本但不愿或不能从事贸易,而想从事贸易的人手中又缺乏资本。"资本所有者常常出借他们的资金,像出租土地一样。他们从中得到叫作利息的东西,所谓利息不过是资本的租金罢了。"

(3) 节欲论,又称"节欲等待论",由经济学家纳索·威廉·西尼尔(1790—1864)提出。他认为利息是牺牲眼前消费,等待将来消费而获得的报酬,或对节欲的报酬。他还认为资本来自储蓄,要储蓄就必须节制当前的消费和享受;利息来自对未来享受的等待,是为积累资本而牺牲现在消费的一种报酬,是资本家节欲行为的报酬。

(4) 时差利息论,又称"时间偏好论",是奥地利经济学家庞巴维克(1851—1914)提出的关于利息来自价值时差的一种理论。时差利息论将物品分为现在物品和未来物品,认为利息来自人们对现在物品的评价大于对未来物品的评价,利息是价值时差的贴水。

(5) 流动性偏好论,是经济学家约翰·梅纳德·凯恩斯(1883—1946)提出的著名理论。他认为利息是人们在一个特定的时期内放弃货币周转灵活性的报酬,是对人们放弃流动性偏好,即不持有货币而进行储蓄的一种报酬。利息率并不取决于储蓄和投资,而取决于货币存量的供求和人们对流动性偏好的强弱。

(6) 人性不耐论。美国经济学家欧文·费雪(1867—1947)在其《利息理论》中提出了"人性不耐"概念。他在该著作中借鉴了庞巴维克的时间偏好理论,认为即使人们已经有了高度的时间观念以及对未来的估计,还是倾向于"过好"现在而不是同样地为未来着想。利息是人们宁愿现在获得财富,而不愿等将来获得财富的不耐心的结果。

人们一般将利息的本质表述为:第一,货币资本所有权和使用权的分离是利息产生的经济基础;第二,利息是借用货币资本使用权付出的代价;第三,利息是剩余价值的转化形式,实质上是利润的一部分。

(三) 利息概念的应用

利息概念的重要性在于它在现实经济生活中的广泛应用:一是产生了"将利息作为收益的一般形态"现象;二是存在着"收益的资本化"现象。

1. 利息转化为收益的一般形态

根据利息的概念可知,利息是资本所有者贷出资本而取得的报酬,显然,没有借贷便没有利息。但在现实生活中,利息已经被人们看成是收益的一般形态,即无论资本是否贷出,利息都被看作资本所有者理所当然的收入——可能取得的或将会取得的收入。与此相对应,无论是否借入资本,企业主也总是把自己所得的利润分为利润与企业主收入两部分,似乎只有扣除利息所余下的利润才是企业的经营所得,即收益 = 利息 + 企业主利润。于是,利息率就成为判断投资机会的一个尺度;如果投资回报率小于利息率,则认为该投资不可行。

2. 收益的资本化

由于利息已转化为收益的一般形态,对于任何有收益的事物,即使它并不是一笔贷放出去的货币,甚至不是实实在在的资本,也可以通过收益与利率对比倒算出它相当于多大的资本金额,这种现象被称为收益的资本化。收益的资本化主要表现在以下几个方面:

(1) 货币资本的价格。在一般的货币贷放中,贷出的货币金额通常被称为本金,其与利息收益和利息率的关系如下:

$$I = P \times r$$

式中，I 代表收益；P 代表本金；r 代表利率，即货币资金的价格。当我们知道 P 和 r 时，很容易计算出 I；同样，当我们知道 I 和 r 时，P 也不难求得，即 $P = \dfrac{I}{r}$。

例如，假定一笔一年期贷款的年利息收益是 100 元，市场年平均利率为 5%，那么就可以计算出该笔贷款的本金为 2 000 元。

(2) 土地的价格。土地尤其是"生地"，本身不是劳动产品，没有价值，从而也没有决定其价格大小的内在根据；但土地可以为所有者带来收益，因而认为其有价格，从而可以买卖。相应地，地价＝土地年收益/年利率。

例如，一块土地每亩的平均年收益为 1 000 元，假定年利率为 5%，则这块土地就可以每亩 20 000 元的价格买卖。

(3) 劳动力的价格。劳动力本身不是资本，但可以按工资的资本化来计算其价格，即人力资本价格＝年薪/年利率。

例如，某 NBA 球星的年薪为 30 万美元，年利率为 3%，则他的身价为 1 000 万美元，这一价格通常被看作该球星转会的市场价格。

(4) 有价证券的价格。有价证券如股票是虚拟资本，其价格也可以由其年收益和市场平均利率决定。一般公式是，有价证券价格＝年收益/市场利率。

例如，如果某公司股票每股能为投资者带来 0.5 元的年收益，当前市场利率为 2%，则该股票的价格应为 25 元。

二、利率

(一) 利率的概念

利率是货币银行学中一个非常重要的概念，是经济生活中一个备受关注的经济变量。利率是利息率的简称，是指借贷期间所形成的利息额与所贷本金的比率，即一定时期的利息收益(额)与本金之比。用公式表示为：

$$利率 = \dfrac{利息额}{借贷资本金} \times 100\%$$

(二) 利率的表示方法

按计算利息的时间长短，利率可以分为年利率、月利率和日利率，也称年息、月息和日息。年利率以本金的百分之几(分)表示，月利率以本金的千分之几(厘)表示，日利率以本金的万分之几(毫)表示。

在我国，不论是年息、月息还是日息，习惯上都用厘作为单位，虽然都叫厘，但差别很大，年息 7 厘是指年利率 7%，月息 7 厘是指月利率 7‰，日息 7 厘是指日利率 7‱。

年利率、日利率之间的简单换算公式是：

月利率＝年利率÷12

日利率＝月利率÷30

日利率 = 年利率 ÷ 360 或 365

将当前收益率(日收益率、周收益率、月收益率)换算成年收益率的过程通常被称为年化收益率。其计算公式为:

$$年化收益率 = \frac{投资的收益}{本金} \times \frac{365 \text{ 或 } 360}{投资天数} \times 100\%$$

尤其需要注意的是,年化收益率不一定和年收益率相同。年收益率就是一笔投资一年的实际收益率。年化收益率仅是把当前收益率(日收益率、周收益率、月收益率)换算成年收益率来计算,是一种理论收益率,并不是真正取得的收益率。比如,某银行卖的一款理财产品号称 91 天的年化收益率为 3.1%,那么你购买了 10 万元,实际上能收到的利息只是 $100\,000 \times 3.1\% \times \frac{91}{365} = 772.88(元)$,绝对不是 3 100 元。而且还要注意的是,一般银行的理财产品不像银行定期那样当天存款就当天计息,到期返还本金及利息,理财产品都有认购期、清算期等。这期间的本金是不计算利息或只计算活期利息的。比如,某款理财产品的认购期有 5 天,还本清算期又是 5 天,那么你的资金占用实际就达 10 天,实际的资金年化收益率就更小了。[①]

(三) 计息方法

目前,银行一般采用两种计息方法:一是对年、对月、对日计息法,即对一笔存款或贷款,先按整年、整月和整日分别计算利息,然后相加计算出整个存款期或贷款期的全部利息;二是日积数法,即以本金乘以天数算出日积数,再根据日积数乘以日利率得出全部利息。

(四) 结息

结息是指利息的实际给付。银行对一笔存款或贷款,并不是每天支付或收取利息,而是集中在特定的日期,才实际收付利息。对于实际收付的利息,因取息人有了支配权,又可以存入银行或进行其他投资产生新的收益。

我国对存、贷款利率的结息规则也做出了统一规定。主要内容包括:

(1) 城乡居民活期存款每年结息一次,每年的 6 月 30 日为结息日。定期存款到期一次还本付息,不计复利。

(2) 企业单位活期存款按季结息,每季末月的 20 日为结息日。

(3) 金融机构对企业的流动资金贷款和固定资产贷款实行按季结息,每季末月 20 日为结息日。结息日不能支付的利息将转入本金,计收复利。

(五) 利率的种类

按照不同的标准可以对利率做如下分类:

---

① 蒋先玲. 货币金融学[M]. 2 版. 北京:机械工业出版社,2017:55.

1. 名义利率与实际利率

在纸币流通的条件下,由于纸币所代表的价值随纸币数量的变化而变化,当流通中纸币数量超过市场上的货币必要量时,单位纸币实际代表的价值量必然下降,从而产生了纸币的名义价值与实际价值之分,进而也出现了名义利率与实际利率之分。

名义利率是以名义货币表示的利率,即借贷契约或有价证券上载明的利率,这对投资者来说,是应当向债务人收取的利息率,而对被投资者来说,是应当向债权人支付的利息率。

实际利率是指剔除物价上涨因素后的真实利率。名义利率和实际利率之间的关系可用如下公式表示:

(1) 仅考虑物价变动对本金的影响:

$$\text{实际利率} = \text{名义利率} - \text{通货膨胀率}$$

(2) 考虑物价变动对本金和利息的双重影响:

$$\text{本金} \times (1 + \text{名义利率}) = \text{本金} \times (1 + \text{实际利率}) \times (1 + \text{通货膨胀率})$$

经过变换可得:

$$\text{实际利率} = (1 + \text{名义利率}) / (1 + \text{通货膨胀率}) - 1$$

2. 市场利率与基准利率

市场利率是由借贷双方在资金市场上通过相互竞争而形成的利率。在过去相当长的时期内,我国的利息率由国家利率政策确定,几乎不存在由借贷双方竞争而形成的利率。随着我国市场经济体制的建立和完善以及我国金融市场的蓬勃发展,市场利率作为借贷双方协商的价格已广泛存在。

基准利率是带动和影响其他利率的中心利率,一般是指中央银行的再贴现率和再贷款利率。中央银行的再贴现率和再贷款利率影响商业银行和其他金融机构的贴现率和贷款利率,商业银行和其他金融机构的贴现率和贷款利率影响企业债券利率及民间借贷利率。

3. 固定利率与浮动利率

固定利率是指在整个借贷期内利率不随借贷资金供求状况变化而变化的利率。固定利率易于计算借款成本,然而,由于通货膨胀的缘故,实行固定利率对债权人,尤其是对进行长期放款的债权人会造成较大的损失。所以,特别是对于中长期贷款,无论是借款人还是贷款人都可能不愿采用固定利率而宁愿采用浮动利率。

浮动利率,又称可变利率,是指在借贷期内利率随借贷资金市场供求状况的变化而定期调整的利率。虽然实行浮动利率不如实行固定利率那样容易计算利息成本,利息负担也可能加重,但因为利息负担同资金供求状况紧密结合,使得借贷双方承担的利率变化风险减小了。

4. 长期利率与短期利率

长期利率是指融资时间在1年以上的利率,而短期利率是指融资时间在1年以内的利率。一般来说,长期利率比短期利率高,即投资者的收益大小与投资期限的长短成正比。

5. 普通利率与优惠利率

普通利率是指商业银行等金融机构在经营存贷款业务过程中对一般客户所采用的利息率。其水平的高低由决定利率水平的一般因素决定。因此,它是使用最为广泛的利率。

所谓优惠利率是指银行等金融机构发放贷款时对某些客户采用的比普通贷款利率低的利率。

发达国家的商业银行对往来密切、信用好,并且处于有利竞争地位的大客户,在发放贷款时,收取低于其他客户的利率。对其他客户的放款利率,则以优惠利率为基准,逐步提升。

第二节　利息的计算与应用

一、单利和复利

利率的出现使各种金融工具的利息可以计算、量化,但不同的计算方法会得出不同的结果。利息有两种基本的计算方式,即单利和复利。

（一）单利

单利是指以本金为基数计算利息,而借贷期内所生利息不再加入本金计算下期利息的一种利息计算方法,即在当期产生的利息不作为下一期的本金,只是把每一期产生的利息累加到投资期末。其计算公式为:

$$I = P \times r \times n$$
$$S = P + I = P(1 + r \times n)$$

式中,I 为利息额;P 为本金;r 为年利率;n 为借贷期限;S 为本金与利息之和,简称本利和。

（二）复利

复利俗称"利滚利",是指本期产生的利息自动计入下一计息期的本金,连同原来的本金一并计息的一种利息计算方法。其计算公式为:

$$S = P(1 + r)^n$$

复利反映了利息的本质,因为利息在未清偿时也相当于债权人借给债务人的本金,应算为债权人的本金范畴。这样处理对债权人、债务人双方较为公平、合理。

如果一年内计息次数（或复利次数）为 m 次,此时,复利下的本利和为:

$$S = P\left(1 + \frac{r}{m}\right)^{mn}$$

最极端的例子是计算瞬间复利或连续复利,即每一秒钟都在生息。计算连续复利的公式为:

$$S = e^{rn} P$$

式中,e 为自然对数的基,其数值为 2.718 28。

二、现值

(一) 现值的概念

复利公式在经济生活中应用很广,现值就是一例。

准确来讲,现值(Present Value,PV),是指将未来某一时点或某一时期的货币金额(现金流量)折算至基准年的数值,也称为折现值。它是对未来现金流量以恰当的折现率进行折现后的价值。将前述复利公式进行一般化处理,即用 FV 代表未来某一时点的资金,称为终值(Future Value),用 PV 代表现在的一笔资金,即现值,则得到以年为时间单位计算的现值公式为:

$$PV = \frac{FV}{(1+r)^n}$$

以小于年的时间单位计算的现值公式为:

$$PV = \frac{FV}{\left(1+\frac{r}{m}\right)^{mn}}$$

未来系列现金流量的现值公式为:

$$PV = \frac{FV_1}{(1+r)} + \frac{FV_2}{(1+r)^2} + \cdots + \frac{FV_n}{(1+r)^n}$$

通俗地说,通过利率可以计算出现在的一笔资金在未来值多少,也可以计算出未来的一笔资金相当于今天的多少资金,这就是终值与现值的概念。

彩票中奖的价值是多少

现值的概念非常有用。一种有趣的用途是确定彩票中奖金额究竟价值多少。例如,加利福尼亚州政府通过广告宣称,它有一项彩票的奖金为 100 万美元,但那并不是奖金的真正价值。事实上,加利福尼亚州政府承诺在 20 年内每年付款 5 万美元。你当然十分兴奋,可是你真的得到 100 万美元了吗?

从现值的意义来讲不是这样的,你所得到的 100 万美元折算成今天的价值要少得多。如果我们假定利率是 10%,第一次支付的 5 万美元显然等于今天的 5 万美元。但第 2 年支付的 5 万美元用今天的价值来衡量,只有 50 000 美元/(1+0.1) = 45 454.5 美元,远远小于 5 万美元。接下来支付的 5 万美元的现值为 50 000 美元/(1+0.1)² = 41 322.3 美元,依此类推。将所有这些现值相加,结果为 468 246 美元。你仍然会十分兴奋,但由于懂得现值的概念,你清楚地意识到你受到了广告的愚弄。因为你事实上并没有赢得 100 万美元,你所得到的还不到 100 万美元的一半。

资料来源:蒋先玲.货币金融学[M].2 版.北京:机械工业出版社,2017:61.

（二）现值的应用

现值公式是一个非常重要的公式,对我们进行正确的投资决策非常重要。需要注意的是,在计算现值时使用的利率通常被称为贴现率(Discount Rate),即使未来值与现在值相等的利率。

从上述公式可以看出,现值的基本特征是:(1) 终值越大,现值越大。(2) 时间越短,现值越大,这一点很好地体现了货币的时间价值。(3) 贴现率越小,现值越大。

现值的运用非常广泛,我们以下面两个例子加以说明。

1. 评价未来资金与现在资金的价值关系

例如,如果从现在起 2 年后要买 15 000 元的东西,假定利率为 10%,那么现在需要存多少钱呢?

这就是一个求现值(本金)的问题。代入上面现值的公式,可得到:

$$PV = \frac{FV}{(1+r)^n} = \frac{15\ 000}{(1+10\%)^2} = 12\ 396.7(元)$$

即大约要存入 12 396.7 元,你在 2 年后才能取出 15 000 元。换句话说,在利率为 10% 的情况下,现在的 12 396.7 元与 2 年后的 15 000 元价值是相等的。

2. 评价有价证券的理论价格

例如,某国债的面值是 1 000 元,票面利率为 10%,期限 4 年,假定某投资者要求的收益率为 8%,该国债的理论价格应为多少呢?

将该国债的投资收益(包括本金)根据 8% 的收益率折现为现值,此现值之和就是该国债的理论价格。即

$$PV = \frac{100}{1+0.08} + \frac{100}{(1+0.08)^2} + \frac{100}{(1+0.08)^3} + \frac{100+1000}{(1+0.08)^4} = 1\ 130(元)$$

由上面的计算可知,该国债的理论价格为 1 130 元。

三、到期收益率

（一）什么是到期收益率

在计算现值时,我们都假定收益率是多少,再将未来一笔资金折算为现值。即在现值公式中,给定利率和现金流量,计算出来的值就是现值。现在将问题倒过来,给定未来现金流量和现值,要计算利率(收益率),这个利率就是到期收益率。

到期收益率,是指使某种金融工具未来所有收益的现值等于其当前市场价格的利率。

简单地说,到期收益率是这样一种利率,它刚好使得某种金融工具的现值与其现行市场价格相等。

以债券为例,按单利计算的债券到期收益率,是指买入债券后持有至期满得到的收益(包括利息收入和资本损益)与买入债券的市场价格之比。计算公式为:

$$到期收益率 = \frac{票面利息 \pm 本金损益}{市场价格} \times 100\%$$

例如,某种债券的票面金额为100元,10年还本,每年利息为7元,王五以95元买入该债券并持有至到期,那么他每年除了得到7元利息收益外,还获得每年0.5元[(100 − 95)/10]的本金盈利。这样,他每年的实际收益就是7.5元,其到期收益率为7.90% (7.5/95×100%)。

(二) 到期收益率的估算与应用

为了更好地理解到期收益率,我们介绍五种典型的金融工具(息票债券、银行贷款、贴现债券、永久债券和股票)到期收益率的计算。

1. 息票债券的到期收益率

息票债券又称附息债券,是指按期支付定额利息,到期偿还本金的债券。息票债券概念的来源是,早期这种债券的券面上都印有"息票"或"息票附券",作为按期(一般为6个月或1年)支付利息的凭据。债券持有人在持有期内取息时,便从债券上剪下息票附券凭以领取本期的利息。现在息票债券已没有息票附券了,只是规定票面利率而已。息票债券往往适用于期限较长或在持有期限内不能兑现的债券。息票债券一般是固定利率,也是最常见的债券付息方式。

息票债券的到期收益率公式为:

$$P = \frac{C}{1+r} + \frac{C}{(1+r)^2} + \cdots + \frac{C+F}{(1+r)^n}$$

式中,r 为收益率;P 为债券的当前价格;C 为每期利息;F 为面值。

对于面值为1 000元、票面利率为10%的20年期息票债券,某投资者平价购买并持有至到期,该债券的到期收益率是多少呢?根据上面的公式计算,其到期收益率为10%。这一结果与债券的票面利率相等,表明到期收益率等于票面利率有着严格的前提条件,即息票债券的价格等于其面值。如果债券的现行价格不等于其面值,那么到期收益率也就不再等于票面利率了,其可能低于或高于票面利率,这取决于债券价格是高于还是低于其面值。

根据上面的计算公式可知,息票债券的到期收益率与其票面利率之间存在着以下关系:第一,债券价格高于面值(溢价出售)时,到期收益率低于票面利率;第二,债券价格低于面值时,到期收益率高于票面利率;第三,债券价格等于面值时,到期收益率等于票面利率。

从以上到期收益率与票面利率的关系不难看出,息票债券的到期收益率与债券价格是负相关的。也就是说,随着债券价格的上升,到期收益率会下降;反之,随着债券价格的下降,到期收益率会上升。

2. 银行贷款的到期收益率

首先,以简单贷款为例,即贷款人向借款人提供一定数额的资金,借款人在到期日前一次性偿还本金及利息。许多货币市场工具都属于这种类型,如对企业发放的短期商业贷款和对个人发放的小额装修贷款等。根据到期收益率的概念,简单贷款的到期收益率十分易于计算。例如,张三向银行借款10万元,期限1年,1年后偿还银行11万元本利和,问银行发放这笔贷款的到期收益率是多少呢?

根据现值的定义:

$$PV = \frac{FV}{(1+r)^n}$$

式中,PV为贷款金额;FV为1年后的现金流;n为年数。

根据公式计算得r为10%,可以看出,到期收益率与贷款的利率相等。于是可得出如下结论:对于简单贷款来说,利率等于到期收益率。

再来看固定支付贷款,所谓固定支付贷款,也称分期偿还贷款,是指贷款人向借款人提供一定数量的资金,在约定的若干年内借款人每个偿还期(如每年或每月)偿还固定的金额给贷款人,其中既包括本金,也包括利息。例如,如果你向银行借款1 000元,银行要求你在25年内每年偿还120元,那么这笔贷款的到期收益率是多少呢?

根据到期收益率的定义,其计算公式如下:

$$1\,000 = \frac{120}{1+r} + \frac{120}{(1+r)^2} + \cdots + \frac{120}{(1+r)^{25}}$$

式中,r就是这笔贷款的到期收益率。

3. 贴现债券的到期收益率

贴现债券又称贴水债券,是指在票面上不规定利率,发行时按某一折扣率(贴现率),以低于票面金额的价格发行,到期按面额偿还本金的债券。发行价与票面金额之差即为利息。

假设某公司发行的贴现债券面值是1 000元,期限为4年,如果这种债券的销售价格为750元,则其到期收益率为7.5%。其计算公式为:

$$750 = \frac{1\,000}{(1+r)^4}$$

4. 永久债券的到期收益率

永久债券是指定期支付固定利息,没有到期日,不必偿还本金的一种债券。假设永久债券每年年末支付利息额为C,债券市场价格为P,则其到期收益率r的计算公式为:

$$P = \frac{C}{1+r} + \frac{C}{(1+r)^2} + \cdots\cdots$$

根据无穷递减等比数列的求和公式可知,该计算公式可以简化为:

$$r = \frac{C}{P}$$

例如,每年可得到利息收入 100 元、价格 1 000 元的永久债券,其到期收益率为 10%。

在我们了解了到期收益率的含义之后,就不难正确回答容易让人迷惑的问题,永久债券不偿还本金,还有人买吗? 其答案是肯定的,只要它们能够给持有者带来合适的到期收益率,就会有投资者购买。

5. 股票收益率

股票是一种有价证券,它是股份公司签发的证明股东所持股份的凭证。股东凭股票可以获得公司的股息和红利。股票没有到期日,不能赎回本金,但可以在流通市场转让。股票在持有期间的收益率为持有期收益率。假设股东每年年末所获股利为 C,购买时股票价格为 P,出售时股票价格为 F,则其持有期收益率 r 的计算公式为:

$$P = \frac{C_1}{1+r} + \frac{C_2}{(1+r)^2} + \cdots + \frac{C_n + F}{(1+r)^n}$$

例如,某投资者以 50 元每股的价格购入某公司股票,持有两年后以 60 元每股的价格卖出,持有期间于每年年底获得股利 4 元,则持有期的收益率为 17.21%,其计算公式如下:

$$50 = \frac{4}{1+r} + \frac{4+60}{(1+r)^2}$$

第三节 利率决定理论

一、马克思的利率决定理论

马克思认为利息是借贷资本家从职能资本家那里分割到的剩余价值的一部分,剩余价值表现为利润,因此,利息是利润的一部分。利润本身就构成了利息的最高界限,平均利润率是利息率的最高界限。因为若利息率超过平均利润率,职能资本家就不会借入资本,而利息率为零时,借贷资本家无利可图,就不会贷出资本。因此利息率总是在平均利润率和零之间上下波动。

利息率取决于平均利润率,使得利息率具有以下特点:(1)随着技术的发展、资本有机构成的提高,平均利润率有下降的趋势,从而平均利息率也有下降的趋势。但由于存在其他影响利息率的因素,如社会财富及收入相对于社会资金需求的增长速度、信用制度的发达程度等,可能会加强或抵消这种变化趋势。(2)平均利润率虽有下降的趋势,但这是一个非常缓慢的过程,而就某一阶段考察,每个国家的平均利润率则都是一个相对稳定的量,所以平均利息率也是一个相对稳定的量。(3)由于利息率的高低取决于两类资本家对利润分割的结果,因而利息率的决定具有很大的偶然性,无法由任何规律所决定。相反,传统习惯、法律规定、资金供求因素对利息率的决定有着重要作用。

二、其他学者的利率决定理论

(一)古典利率理论

古典利率理论是对19世纪末至20世纪30年代西方国家各种不同利率理论的一种总称。该理论遵循古典经济学重视实物因素的传统,主要从生产消费等实际经济领域探寻影响资本供求进而决定利率的因素,因而它是一种实物利率理论,也被称为储蓄投资利率理论。

1. 主要思想

古典利率理论认为,利率由两种力量决定:一是可供利用的储蓄,即资本供给,主要由家庭提供;二是资本需求,主要来源于工商业部门的投资需求。

(1)资本供给来自社会储蓄,储蓄是利率的增函数。古典利率理论认为,资本供给主要来自社会储蓄,储蓄取决于人们对消费的时间偏好。不同的人对消费的时间偏好不同,有的人偏好当期消费,有的人则偏好未来消费。古典利率理论假定个人对当期消费有着特别的偏好,因此鼓励个人和家庭多储蓄的唯一途径就是对人们牺牲当期消费给予补偿,这种补偿就是利息。也就是说,利息是对等待或者延期消费的报酬。利率越高,意味着对这种等待的补偿也就越多,储蓄也会相应增加。由此得出如下结论:一般情况下,储蓄是利率的增函数。如图3-1所示,沿着储蓄曲线S,储蓄随着利率的上升而增加。

(2)资本需求来自社会投资,投资是利率的减函数。古典利率理论认为,资本需求来自投资。各个企业在做投资决策时,一般会考虑两个因素:一是投资的预期收益,即资本的边际回报率;二是资本市场上的筹资成本,即融资利率。只要资本的边际回报率高于融资利率,投资就有利可图,促使企业通过借贷进行投资。而当利率降低时,预期回报率大于利率的可能性增大,投资需求就会不断增加,即投资是利率的减函数。如图3-1所示,投资随利率的上升而下降。

(3)均衡利率是储蓄与投资相等时的利率。古典利率理论认为,利率由储蓄和投资的相互作用所决定,只有当储蓄者愿意提供的资金与投资者愿意借入的资金相等时,利率才达到均衡水平。如图3-1中的E点所示,此时的均衡利率为r^e。

若现行利率高于均衡利率,则必然发生超额储蓄供给,为使储蓄减少,必然诱使利率下降直至接近均衡利率水平;反之,若现行利率低于均衡利率,则必然发生超额投资需求,拉动利率上升直至接近均衡利率水平。

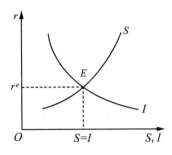

图 3-1 古典利率理论

2. 古典利率理论的主要特点

古典利率理论具有以下几个特点：

(1) 古典利率理论是一种局部均衡理论。古典利率理论认为，储蓄和投资仅是利率的函数，与收入无关。储蓄与投资的均衡决定均衡利率。利率的功能仅仅是促使储蓄与投资达到均衡，而不影响其他变量。因此，古典利率理论是一种局部均衡理论。

(2) 古典利率理论是实物利率理论。古典利率理论认为，储蓄由等待或延期消费等实际因素决定，投资则由资本的预期收益率等实际因素决定。由这些实际因素决定的利率当然与货币因素无关，利率不受任何货币因素影响。因此，古典利率理论又被称为实物利率理论，货币像覆盖在实物经济上的一层面纱，与利率的决定全然无关。

(3) 古典利率理论使用的是流量分析方法。古典利率理论对某一时间段内储蓄流量与投资流量进行分析，因此是一种流量分析方法。

(4) 古典利率理论认为利率具有自动调节资本供求的作用。根据古典利率理论，利率具有自动调节储蓄和投资的功能。因为当储蓄大于投资时，利率将下降，较低的利率会促使人们减少储蓄，扩大投资；当储蓄小于投资时，利率将上升，较高的利率又刺激人们增加储蓄，减少投资。因此，只要利率是灵活变动的，资本的供求就不会出现长期的失衡，供求平衡会自动实现。

古典利率理论的缺陷主要是它忽略了除储蓄和投资以外的其他因素，如货币因素对利率的影响。另外，古典利率理论认为，利率是储蓄的主要决定因素，可是现代经济学家发现，收入是储蓄的主要决定因素。最后，古典利率理论认为对资金的需求主要来自工商业企业的投资，然而，如今消费者和政府都是重要的资金需求者，同样对资金需求有着重要的影响。

古典利率理论支配理论界达 200 年之久，直到 20 世纪 30 年代西方爆发经济大危机，人们发现运用古典利率理论已经不能解释当时的经济现象，于是出现了流动性偏好理论、可贷资金理论和 IS-LM 模型的利率决定理论。

(二) 流动性偏好理论

凯恩斯和他的追随者们在利率决定问题上的观点与古典学派的观点正好相反。凯恩斯学派的利率决定理论是一种货币理论，认为利率是由货币供求关系决定的，并创立了利率决定的流动性偏好理论。

1. 利息是人们牺牲流动性的报酬

凯恩斯主义认为，人们存在一种流动性偏好，即企业和个人为了进行日常交易或者预防将来的不确定性而愿意持有一部分货币，由此产生了货币需求。

凯恩斯假定人们可储藏财富的资产只有货币和债券两种，其中所说的货币包括通货（没有利息收入）和支票账户存款（在凯恩斯生活的年代，不付或支付很少的利息）。由此可见，货币的回报率为零，但它能提供完全的流动性；债券可以取得利息收入，但只有转换成货币之后才具有支付能力。而且，由于未来的不确定性，持有债券资产可能因各种原因而遭受损失。所以，人们在选择其财富持有形式时，大多倾向于选择货币。通常情况下，货币供给是有限的，人们要取得货币，就必须支付一定的报酬作为对方在一定时期内放弃货币、牺牲流动性的补偿。凯恩斯认为，这种为取得货币而支付的报酬就是利息，利息完全是一种货币现象。

2. 利率由货币供给与货币需求所决定

（1）货币供给曲线。凯恩斯认为，在现代经济体系里，货币供给是由一国中央银行所控制的外生变量，而中央银行在决定货币供给量的多寡时考虑的主要因素是社会公众福利，不是利率水平的高低。如图3-2中的 M_0 曲线所示，货币供给曲线是一条不受利率影响的垂线。当中央银行增加货币供给时，货币供给曲线向右移动；反之，货币供给曲线向左移动。即假定所有其他条件不变，利率会随着货币供给的增加而下降。

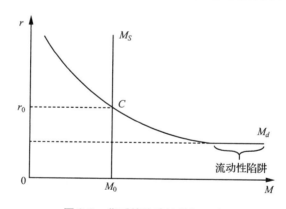

图3-2　货币的流动性偏好理论

（2）货币需求曲线。在凯恩斯的分析中，对于货币而言，唯一的替代性资产即债券。他认为在其他条件不变的情况下，利率上升，相对于债券来说，货币的预期回报率下降，货币需求减少。我们也可以按照机会成本的逻辑来理解货币需求与利率之间的负向关系。这里的机会成本是指由于没有持有替代性资产（这里指债券）而失去的利息收入（预期回报率）。随着债券利率 r 上升，持有货币的机会成本增加，于是，货币的吸引力下降，货币需求相应减少。因此，如图3-2中的 M_d 曲线所示，货币需求曲线是一条向右下方倾斜的曲线，它表明货币需求是利率的减函数。

在凯恩斯的流动性偏好理论中,两个因素会引起货币需求曲线的位移,它们是收入效应和价格效应。

收入效应是指随着收入的增加所引起的货币需求曲线右移。一方面,随着经济的扩张与收入增加,财富增长,人们愿意持有更多的货币来储藏价值;另一方面,随着经济的扩张与收入增加,人们愿意利用货币这一交易媒介进行更多的交易,于是他们就希望持有更多的货币。因此,凯恩斯认为,在经济周期扩张阶段,假定其他经济变量不变,利率随着收入的增加而上升。

价格效应是指随着物价水平上升导致任一利率水平上的货币需求量增加,推动需求曲线向右移动。凯恩斯认为,人们关注的是按照不变价格来衡量的货币持有量,即按照所能购买到的产品和服务的数量来衡量的货币量。当物价水平上升时,相同名义量的货币所能购买到的产品和服务的数量减少了。人们为了将实际货币持有量恢复到原先水平,就希望持有更多名义货币,货币需求便增加,货币需求曲线右移。因此,凯恩斯认为,在货币供给和其他经济变量不变的情况下,利率随着价格水平的上升而上升。

(3) 货币供给与货币需求相等时决定均衡利率水平。当 $M_s = M_d$,即货币供给与货币需求相等时所决定的利率就是均衡利率 r_0,如图 3-2 中的 C 点所示。

当利率处于均衡利率水平之上时,货币需求下降,货币供给超过货币需求,资金盈余部门会用手中多余的货币购买债券,导致债券价格上升,促使利率下降并向均衡利率方向移动;反之,当利率低于均衡利率水平时,投资者会反向操作,利率同样会重新向均衡利率方向移动。

在综合考虑上述凯恩斯的流动性偏好理论之后,可归纳出影响均衡利率的三个因素,即收入、物价水平和货币供给。

3. 流动性陷阱

在凯恩斯的流动性偏好理论中,存在一种特殊的情况,就是"流动性陷阱"。它是凯恩斯提出的一种假说,是指当利率水平降低到不能再低时,人们就会产生利率只有可能上升而不会继续下降的预期,出现货币需求弹性变得无限大的现象,即无论增加多少货币,都会被人们储存起来而不是投入流通。因此,即使货币供给增加,也不会导致利率下降,这就是"流动性陷阱"。

4. 流动性偏好理论的特点

凯恩斯的流动性偏好理论具有如下特点:

(1) 利率纯粹是一种货币现象,与实际因素无关。流动性偏好理论是利率的货币决定理论。该理论认为,利率是由货币市场上货币的供求关系所决定的。货币供给量增加,利率下降,而影响货币需求的收入效应和价格效应则可能导致利率上升。货币供求的均衡决定了利率水平。

(2) 货币供给只有通过利率才能影响经济运行。中央银行的货币政策通过变动货币供给量,可以影响实际经济活动,但只是在它能影响到利率这一限度之内。即货币供给与货币需求的变化必须首先引起利率的变动,再由利率的变动影响投资支出与消费支出,从而影响国民生产水平。如果进入流动性陷阱阶段,则利率不受任何影响,从而货币政策无法影响国民经济。

(3) 它使用的是存量分析方法。凯恩斯的流动性偏好理论是一种存量理论,即认为利率是由某一时点的货币供求量所决定的。

然而,该理论也存在缺陷。流动性偏好理论假定收入不变,因此它属于利率决定的短期理论。从长期看,利率要受收入水平变化和通货膨胀预期的影响。

(三) 可贷资金理论

凯恩斯流动性偏好理论存在的缺陷,导致它一经提出就遭到了许多经济学家的批评。1937年,凯恩斯的学生罗伯逊在古典利率理论的基础上提出了可贷资金理论。这一理论得到了瑞典学派重要代表俄林等人的支持,并成为一种较为流行的利率理论。

1. 可贷资金理论的基本思想

可贷资金理论作为新古典学派的利率决定理论,一方面肯定了古典学派考虑储蓄和投资对于利率的决定作用,但同时指出其忽视货币因素也是不妥当的;另一方面指出凯恩斯完全否定实际因素和忽视流量分析是错误的,但肯定其关于货币因素对利率的影响作用的观点。可贷资金理论的宗旨是将货币因素与实际因素、存量分析与流量分析综合为一种新的理论体系。

(1) 资金供给与可贷资金需求的构成。该理论认为,可贷资金需求来自两部分:第一,投资 I,这是可贷资金需求的主要部分,它与利率负相关;第二,货币的窖藏 ΔH,这是指储蓄者并不把所有的储蓄都贷放出去,而是以现金形式保留一部分在手中。显然,货币的窖藏也是与利率负相关的,因为利率是货币窖藏的机会成本。

可贷资金供给也来自两部分:第一,储蓄 S,即家庭、企业和政府的实际储蓄,它是可贷资金供给的主要来源,与利率同方向变动;第二,货币供给的增加量 ΔM,因为中央银行和商业银行也可以分别通过增加货币供给和信用创造来提供可贷资金,它与利率正相关。

(2) 利率由可贷资金的供给与需求所决定。按照可贷资金理论,利率是使用借贷资金的代价,取决于可贷资金供给(L_S)与可贷资金需求(L_D)的均衡点,故可贷资金利率理论可以用如下公式表示:可贷资金需求

$$L_D = I + \Delta H$$

可贷资金供给

$$L_S = S + \Delta M$$

当利率达到均衡时,则有:

$$I + \Delta H = S + \Delta M$$

上式中,四项因素均为利率的函数。如图3-3所示,可贷资金供给曲线 L_S 与可贷资

金需求曲线 L_D 的交点所决定的利率 r_e 即为均衡利率。

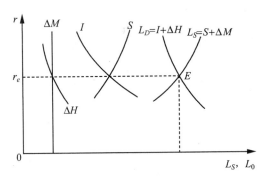

图 3-3 可贷资金理论

2. 可贷资金理论的评价

可贷资金理论具有以下特点：

(1) 它兼顾了货币因素和实际因素对利率的决定作用。可贷资金理论的主要特点是兼顾了货币因素和实际因素。它实际上是试图在古典利率理论的基础上，将货币供求的变动等货币因素对利率的影响综合考虑，以弥补古典利率理论只关注储蓄、投资等实物因素的不足，所以被称为新古典利率理论。

(2) 它同时使用了存量分析和流量分析方法。该理论在决定可贷资金供求时使用了储蓄、投资、货币储藏与货币供给等变量。前两个变量是流量指标，是在一定时期内发生的储蓄与投资量；后两个是存量指标，是在一定时间点上的货币供给与需求量。

可贷资金理论的最大缺陷是，在利率决定的过程中，虽然考虑到了商品市场和货币市场，但是忽略了两个市场各自的均衡。可贷资金市场实现均衡，并不能保证商品市场和货币市场同时达到均衡。因此，新古典学派的可贷资金理论尽管克服了古典学派和凯恩斯学派的缺点，但是不能兼顾商品市场和货币市场，因而仍然是不完善的。

(四) IS-LM 模型的利率决定理论

古典利率理论、流动性偏好理论及可贷资金理论虽然都存在各自不同的缺陷，但有一个缺点是共同的，即没有考虑收入因素。如果不考虑收入因素，利率水平就无法确定。因为储蓄与投资都是收入的函数，收入增加将导致储蓄增加，因此不知道收入，也就无法知道储蓄，利率也就无法确定。投资引起收入变动，同时投资又受到利率的制约，因此如果事先不知利率水平，也无法得到收入水平。所以，在讨论利率水平决定因素时，必然要引入收入因素，而且收入与利率之间存在着相互决定的作用，两者必须是同时决定的。这就是希克斯和汉森对利率决定理论改进的主要观点，而他们的 IS-LM 模型也被认为是解释名义利率决定过程的成功理论。

1. IS-LM 模型中 IS 曲线和 LM 曲线的导出

从新古典学派的阐述中，我们得到在各种收入(Y)水平下的一组储蓄(S)曲线，如图 3-4a 中的 $S(Y_1)$ 和 $S(Y_2)$。将其与投资需求曲线 I 一并考虑，可知当储蓄供给等于投资需求时,r_1 对应 Y_1,r_2 对应 Y_2,如此等等,可以得出希克斯-汉森的 IS 曲线,如图 3-4(b) 所示。换句话说,新古典理论的阐述告诉我们,在不同的利率水平下,会对应着不同的收入水平。

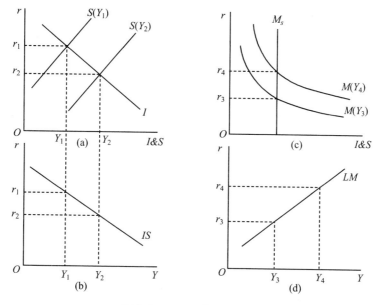

图 3-4　IS-LM 曲线的推导

在凯恩斯的阐述中,我们得到在不同收入水平下的一组流动性偏好曲线,即货币需求曲线,如图 3-4(c) 中 $M(Y_3)$ 和 $M(Y_4)$。将其与由货币当局决定的货币供给曲线 M_s 一并考虑,可知当货币需求等于货币供给时,r_3 对应于 Y_3,r_4 对应于 Y_4,如此等等,可以得到希克斯-汉森的 LM 曲线(L 代表流动性,M 代表货币数量),如图 3-4(d) 所示。该曲线告诉我们,在不同的收入水平下,会对应着不同的利率水平。

由此可见,IS 曲线和 LM 曲线都是利率与收入两个变量的函数。因此,如图 3-5 所示,仅仅是投资等于储蓄(IS 曲线)无法确定利率,仅仅是货币需求等于货币供给(LM 曲线)也无法确定利率,只有当 IS 曲线和 LM 曲线两条曲线相交时,才能同时决定均衡的利率水平和收入水平。

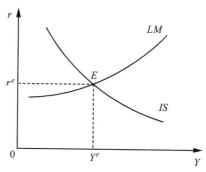

图 3-5　IS-LM 的利率决定理论

在图 3-5 中，IS 曲线和 LM 曲线的交点 E 所决定的收入 Y^e 和利率 r^e，就是使整个经济处于一般均衡状态的收入水平和利率水平。由于 E 同时是 IS 曲线和 LM 曲线上的点，因此 E 点所决定的收入和利率能同时维持商品市场和货币市场的均衡，所以是真正的均衡收入和均衡利率。E 点为一般均衡点，处于这点以外的任何收入和利率的组合，都会通过商品市场和货币市场的调整而达到均衡。

2. IS-LM 模型利率决定理论的贡献

（1）IS-LM 模型考虑了收入在利率决定中的作用。与前三种理论相比，IS-LM 模型在分析利率决定时考虑了收入的重要作用，而且收入与利率是相互作用的关系。

（2）IS-LM 模型使用的是一般均衡分析法。IS-LM 模型尝试从一般均衡的角度进行分析，结合多种利率决定理论，在兼顾商品市场和货币市场的同时，还考虑了它们各自的均衡。IS-LM 模型认为，只有在储蓄与投资、货币供给与货币需求同时相等，及商品市场和货币市场同时达到均衡的条件下，收入和利率同时被决定时，才能得到完整的能使利率得到明确决定的利率理论。

因此，该理论被认为是解释名义利率决定过程最成功的理论。IS-LM 模型已成为宏观经济中一个极为重要的基本模型。

但是，以上利率决定理论都没有把国外因素对利率产生的影响考虑进去。蒙代尔-弗莱明模型在 IS-LM 模型的基础上加入了国际收支因素，提出了 IS-LM-BP 模型。该模型认为，在开放经济的条件下，国内实体经济部门、国内货币部门和国外部门同时达到均衡时，一国的国民经济才能达到均衡状态。有兴趣的读者可参见国际金融学或国际经济学教材中的分析。[①]

三、影响利率水平的因素

根据利率决定理论及经济运行的现实可知，影响利率水平的主要因素如下。

（一）借贷成本

以银行贷款利率为例，其贷款利率的确定与其借贷成本有很大的关系。就银行来说，它主要有两类成本：一是借入资金的成本，即银行吸收存款时对存款人所支付的利息；二是业务费用，即银行在经营业务过程中购置房产、机器设备等固定资产支出和雇佣员工等的支出。银行要赚取利润，就必须通过收益来补偿其耗费的成本，所以它在确定利率水平，特别是贷款利率水平时，就必然要求贷款利率高于存款利率，否则它就无利可图。

（二）平均利润率

根据马克思的观点，利息实质上是利润的一部分，所以利率要受平均利润率的约束，但也不会低于零。利率水平在平均利润率与零之间波动。

---

① 蒋先玲.货币金融学[M].2 版.北京:机械工业出版社,2017:73.

（三）借贷期限

利率随着借贷期限的长短不同而不同,这可以说是决定利率的一条"铁律"。以银行存贷款为例,通常借贷期限愈长,利率就愈高;反之则愈低。从存款方面来看,存款期限愈长,资金来源也就愈稳定,银行便愈能有效地加以利用,从而赚取的利润也就愈大,银行也应该支付更高的利息。从贷款方面来看,借贷期限愈长,银行承受的风险愈大,机会成本也愈高,银行理应收取更高的利率。

（四）借贷风险

借贷资金的贷出是以偿还为条件的暂时让渡。资金从投放到收回过程中可能存在多种风险,如购买力的风险、利率风险、违约风险和机会成本损失风险,为了弥补这些风险现实发生后所造成的损失,贷款人在确定贷款利率时必须考虑风险因素,并根据风险大小的不同确定相应的利率水平。

（五）资金的供求状况

平均利润率对利率的决定作用是从总体上讲的,但某一时刻的市场利率则是由资金供求状况决定的。市场上借贷资金供不应求时,利率就会上升;供过于求时,利率就会下降。

（六）物价水平

物价水平对利率的影响主要表现为货币本身的升值或贬值。物价下跌,货币升值;物价上涨,货币贬值。在金融市场上,借贷双方在决定接受某一水平的名义利率时,都已加进了对未来物价变动的估计值,以防止自己因货币本身价值变动而发生实际的亏损。例如,银行必须使自己吸收存款的利率适应物价水平的变动幅度,否则难以吸收存款;货币资金持有者也必须使自己的贷款利率适应物价水平的上涨幅度,否则难以获得投资收益。所以,利率水平与物价水平具有同步变动的趋势。

（七）国际金融市场利率水平

在国际经济联系日益加深的时代,国际利率水平及其趋势对一国国内的利率水平的确定具有很大的影响。这主要表现在两方面:一是其他国家的利率对一国国内利率的影响;二是国际金融市场上的利率对一国国内利率的影响。

在开放经济体系中,当国际市场利率高于国内市场利率时,国内货币资本会流向国外;反之,当国际市场利率低于国内市场利率时,则国外货币资本会流进国内。

（八）中央银行的货币政策

自从20世纪30年代凯恩斯主义问世以来,各国政府都加强了对宏观经济的干预。政府干预经济最常用的手段是中央银行的货币政策。中央银行采用紧缩政策时,往往会提高再贴现率或其他由中央银行所控制的基准利率;而中央银行实行扩张政策时,又会降低再贴现率或其他基准利率,从而引起市场利率做相应调整,并进而影响整个市场的利率水平。

（九）一国的汇率水平

从表面上看,汇率与利率是两个作用领域完全不同的经济杠杆。其实,作为金融范畴,两者具有较强的联动关系。利率的调整能引起汇率的变动。当中央银行提高利率时,金融市场上银根会紧缩,居民对外汇需求会减少,从而抑制外汇行市上涨,同时也阻止了本币汇率下跌;而当银行降低利率时,银根会松弛,国内的外汇需求会增加,外汇行市会上扬,本币汇价会下跌。

汇率的变动也会影响利率的变化。例如,当外汇汇率上升、本币贬值时,国内居民对外汇的需求就会下跌,从而使得本币相对充裕,国内利率便趋于稳定,并在稳定中下降;反之,当外汇汇率下跌、本币升值时,国内居民对外汇的需求就会增加,本币的供应处于相对紧张状态,从而使国内金融市场上的利率上扬。

第四节 利率的作用

一、利率的作用

在市场经济条件下,利率是一个重要的经济杠杆,对宏观经济和微观经济运行都有着极为重要的调节作用。这种作用主要表现在以下几个方面。

（一）利率在宏观经济中的作用

从宏观的角度看,利率的作用主要表现在:

1. 积累资金

在市场经济条件下,资金的短缺制约着一国经济的发展。与此同时,社会上也存在着一定数量的游资。只有有偿地利用这些闲置资金,投入生产,才能避免双重的浪费。这种有偿的方式就是利率。通过利率来吸引闲置资金,投入生产,从而满足经济发展的需要。

2. 调整信用规模

信用与利率是相辅相成的,没有利率的信用就不是融资性信用,没有信用的利率也无所谓利率。作为融通资金的信用一定要在有利率的条件下发挥作用,同时,利率反作用于信用规模。这种作用主要表现在:

（1）中央银行的贷款利率、再贴现率作用于中央银行对商业银行和其他金融机构的信用规模,当中央银行提高贷款利率、再贴现率时,有利于缩小信用规模,相反的操作则有利于扩大信用规模。

（2）商业银行的贷款利率、贴现率作用于商业银行对顾客的信用规模,当商业银行降低贷款利率、贴现率时,有利于扩大信用规模;反之,则有利于缩小信用规模。

3. 调节国民经济结构

利率对于国民经济结构的调节,主要是通过采取差别利率和优惠利率来实现资源的有效配置。对于国家亟须发展的产业、企业或项目,采取低利率支持;对于国家限制的产业、企业或项目,则采取高利率加以限制。

由于利率的高低直接影响企业的效益,在利益机制的驱动下,企业投资就会纷纷转向贷款利率低与收益高的产业、部门,这样就调节了产业结构、企业结构和产品结构,实现了国民经济结构的优化。

4. 抑制通货膨胀

在信用货币流通的情况下,通货膨胀的治理便成了现代经济中的一个主要问题。当通货膨胀发生或预期通货膨胀将要发生时,利率可在以下三个方面发挥作用:

(1) 提高贷款利率调节货币需求量,使得货币需求下降,信贷规模收缩,促使物价趋于稳定。

(2) 如果通货膨胀不是由于货币总量不平衡所致,而是由于商品供求结构失衡所致,降低供不应求的短线产品生产企业的贷款利率,可促使企业扩大再生产,增加有效供给,迫使价格回落。

(3) 提高存款利率,将待实现的货币购买力以存款形式集中到银行,可实现供求平衡,以平抑物价。

5. 平衡国际收支

当国际收支严重逆差时,可将本国利率调到高于其他国家的程度,一方面可阻止本国资金流向国外;另一方面可以吸引国外的短期资金流入本国。

当国内经济衰退与国际收支逆差并存时,就不能简单地调高利率水平,而应调整利率结构。因为投资主要受长期利率的影响,而国际间的资本流动主要受短期利率的影响,因此在国内经济衰退与国际收支逆差并存时,一方面应降低长期利率,鼓励投资,刺激经济复苏;另一方面应提高短期利率,阻止国内资金外流并吸引外资流入,从而达到内外部同时均衡。

6. 调节货币流通

存款利率的高低直接影响银行吸纳社会存款的规模,对实现社会购买力与商品可供量的平衡有调节作用。贷款利率的高低直接影响银行的信贷规模,决定货币供应量,对币值稳定有重要作用;贷款利率的产业差别对产业结构有着重要影响,而产业结构的合理化是货币流通正常化的基础条件之一;利率的高低还直接影响企业的生产规模和经营状况,从而影响社会商品的供给总量和结构,对货币正常流通具有重要作用。总之,利用利率杠杆可调节货币流通。

(二) 利率在微观经济中的作用

从微观的角度看,利率杠杆的主要作用表现在:

1. 激励企业提高资金使用效率

在经济生活中,工商企业向商业银行借款,而商业银行和其他金融机构又向中央银行借款。对于它们来说,利息始终是利润的抵减因素。因此,企业为了自身利益就必须加强经营管理,加速资金周转,减少借款额。通过减少借款额、提高资金使用效率来减少利息的支付。

2. 充当折现未来收益的依据

企业或家庭的投资等资金运用活动,其目的都是为了获得未来收益,但未来收益的现在价值是多少?这就需要折现。折现是复利终值的逆运算,根据前面介绍的复利公式,利率是未来收益折现的依据。

3. 作为租金计算的基础

资产所有者贷出资产,到期后收回并取得相应的租金。租金的度量受多种因素的影响,如传统的观念与习惯、政府的法规、供求关系等,但通常是参照利率来确定的。

4. 引导人们选择金融资产

出于货币增值的要求,人们必须将货币收入转化为金融资产来保存。现阶段金融资产的主要形式有银行存款、国库券、金融债券、股票、企业债券等。选择什么样的资产投资,主要是考虑该资产的安全性、收益性和流动性三个方面。

在安全性和流动性一定的情况下,各种资产的收益无不与利率有着密切的联系。存款收益直接取决于存款利率,股票与企业债券的价格取决于其预期收益与利率的对比关系。在预期收益既定的情况下,调整利率就直接影响到股票与债券的价格,进而影响到购买者的收益。因此,调整利率,就可引导人们选择不同的金融资产。

二、利率作用发挥的条件

(一) 市场化的利率决定机制

市场化利率决定机制指利率不是由少数银行寡头协定或政府人为决定的,而是通过市场机制,由市场供求关系决定的。如果市场上资金供不应求,利率就会上扬;如果资金供应大于需求,利率就会下降。因此,由市场因素决定的利率能够真实灵敏地反映社会资金的供求状况,通过利率机制可促使资金合理流动,缓和资金供求矛盾,从而发挥其筹集资金、调剂余缺的作用。

(二) 灵活的利率联动机制

在利率体系中,各种利率之间相互联系、相互影响,当其中一种利率发生变动时,其他利率也会随之上升或下降,进而引起整个利率体系的变动,这就是利率之间的联动机制。在利率体系中,尤以基准利率变动引起的变化最为明显。例如,近年来美国联邦储备委员会多次针对经济形势,调高或降低其基准利率——联邦基金利率。由于美国具有灵活的利率联动机制,联邦基金利率的升降会引起商业银行利率、市场利率的迅速变动,从而起到紧缩信用或扩张信用的作用。可见,利率对经济的调节作用的发挥离不开灵活的利率联动机制。

(三)适当的利率水平

过高或过低的利率水平都不利于利率作用的发挥。利率水平过高,会抑制投资,阻碍经济复苏与增长;利率水平过低,又不利于发挥利率对经济的调节作用。因此,各国金融管理部门或中央银行都十分重视利率水平的确定。尤其对发展中国家来说,在市场化利率机制形成的过程中,应逐步确定适当的利率水平,这一方面能真实反映社会资金的供求状况;另一方面使资金借贷双方都有利可图,从而促进利率对社会总需求、物价等方面的调节作用,推动经济的持续、稳定发展。

(四)合理的利率结构

利率总水平的变动只能影响社会总供求的总体水平,而不能调整总供求的结构和趋向,也不能调整经济结构、产品结构。要使利率发挥结构调整的作用,合理的利率结构十分重要。合理的利率结构包括利率的期限结构、利率的行业结构以及利率的地区结构,可以体现经济发展的时期、区域、产业及风险差别,弥补利率水平变动作用的局限性。通过利率结构的变动可引起一连串的资产调整,从而引起投资结构、投资趋向的改变,使经济环境产生相应的结构性变化,更加充分地发挥利率对经济的调节作用。

三、影响利率发挥作用的因素

在现实经济生活中,利率的作用往往不能充分发挥,因为有些人为因素或非经济因素使其作用的发挥受到种种限制。这些限制主要有利率管制、授信限量、经济开放程度、利率弹性等。

(一)利率管制

利率管制即国家对直接融资和间接融资活动中的利率施行统一的管理,由管理部门根据宏观经济发展的要求和对金融形势的判断,制定各种利率,各金融机构都必须执行。利率管制作为国家宏观经济管理的一种手段,具有可控性强、作用力大的特点,但也可能因制定的利率水平不恰当或调整不及时而限制利率作用的发挥。

(二)授信限量

在一些国家,如果出现信贷供不应求的现象,而银行又不愿或难以用提高利率的方式阻止过度需求时,则通常可以采用"授信限量"的措施,其中包括授信配给制,即对信誉最高、关系最深的客户尽量维持授信量,但对其他求贷者则不予贷款,还包括实施其他授信条件,如首期付款量、质押品、分期还款量等,使许多消费需求和投资需求得不到满足。这种授信限量的结果是:信贷资金的供求矛盾进一步激化,黑市猖獗,使银行利率与市场利率之间的距离不合理地扩大,阻碍利率机制正常发挥作用。

(三)市场开放程度

市场开放程度取决于两个方面:资金流动自由度与市场分割状况。在一国经济中,如果政府实行严格的外汇管制,限制资本的流出流入,就会使一国的利率体系不能与世界利率体系相关联,失去与世界利率体系的有机联系。在这种情况下,利率体系就失去了汇率效应。同样,在一国经济中,如果资金流动受到各种限制,处于条块分割状态,不能成为有机的统一市场,那么利率体系各组成部分之间就失去了有机联系,整个利率体系就会失去弹性,其作用的发挥就受到限制。

（四）利率弹性

弹性是现代经济学的一个重要概念。利率弹性表示利率变化后,其他经济变量对利率变化的反应程度。某一变量的利率弹性高,表示该变量受利率的影响大,对利率变动的反应十分灵敏,利率的作用就能充分发挥。例如,投资的利率弹性和货币需求的利率弹性都非常高的时候,只要利率轻微波动,就会引起投资量和货币需求量的较大变化,并通过对供求关系的影响使真实经济受到很大影响。反之,若利率弹性很小,则利率对经济变量乃至真实经济的影响就很小,利率作用不能得到充分发挥。

利率市场化

以利率形成市场化为核心内容的利率改革是许多发达国家曾经面临的重大课题。20世纪80年代以来,西方主要国家境内外自由利率市场的发展,直接冲击着传统的利率管制,并导致全面的利率自由化。从具体国家看,美国是在高利率背景下以资金大规模地向有自由利率的金融商品市场注入为突破口的;日本是从国内和国外两条线索展开利率自由化的,在国内是促进国债市场的发展和市场利率的形成,在国外则是利用了欧洲市场的发展;英国则是以国内伦敦市场自由利率的发展为契机推进利率自由化的。

从国际一般经验来看,利率市场化的一般步骤包括:第一,通过将利率提高到市场均衡状态来保持经济金融运行的稳定;第二,完善利率浮动机制,扩大利率浮动范围,下放利率浮动权;第三,实行基准利率引导下的市场利率体系。

从我国利率改革的进展看,目前已经进入上述第三个阶段,即通过推进金融市场的发展、金融资产的多元化来推进利率形成机制的市场化,并根据市场利率的波动状况,及时调整贷款利率,增大贷款利率的波动幅度,最后实现存款利率的市场化。

从我国的实际情况和国际经验看,我国的利率市场化应该采取渐进方式进行。其总体思路是:首先,从发展货币市场着手,形成一个更为可靠的市场利率信号;其次,以这一市场利率为导向,及时调整贷款利率,扩大其浮动范围,并促进银行间利率体系的建立和完善;最后,逐步放开存款利率。具体来说,这主要包括以下几个方面的内容:第一,推进货币市场的发展和统一,促进市场化的利率信号的形成。第二,跟踪市场利率并及时调整贷款利率,进一步扩大贷款利率的浮动范围。第三,推进银行间利率体系的建立和完善。根据市场利率的波动状况和资金供求状况,动态调整中央银行的再贷款利率,使其成为货币市场的主导利率指标。第四,推进存款利率的市场化。从大额定期存单等品种开始,逐步扩大存款利率的浮动范围。

资料来源:曾红燕.货币银行学[M].北京:中国人民大学出版社,2017:56.

本章小结

1. 利息是借贷关系中债务人支付给债权人的报酬。
2. 学者们对利息本质的认识不一致,主要包括马克思的利息本质论、配第的利息报酬论、诺斯的利息租金论、西尼尔的利息节欲论、庞巴维克的时间偏好论、费雪的人性不耐论。
3. 利息的概念在现代经济生活中有着广泛的应用,主要是利息转化为收益的一般形态与收益资本化。
4. 利率是利息额与本金的比率。按不同的标准划分,利率有不同的种类,主要包括名义利率与实际利率、市场利率与基准利率、固定利率与浮动利率、长期利率与短期利率、普通利率与优惠利率。
5. 利息的计算方法有单利与复利。
6. 到期收益率是指某种金融工具未来所有收益的现值等于其当期市场价格的利率。根据这一概念可以计算息票债券、银行贷款、贴现债券、永久债券的到期收益率。
7. 利率决定理论包括马克思的利率决定理论、古典利率理论、流动性偏好理论、可贷资金理论、IS-LM 模型的利率决定理论。
8. 利率在宏观经济与微观经济中都具有重要作用。在宏观经济中,利率具有积累资金、调整信用规模、调节国民经济结构、抑制通货膨胀、平衡国际收支、调节货币流通的作用。在微观经济中,利率具有激励企业提高资金使用效率、充当折现未来收益的依据、作为租金计算的基础、引导人们选择金融资产等作用。
9. 利率作用的发挥需要具备相应的条件,主要包括市场化的利率决定机制、灵活的利率联动机制、适当的利率水平、合理的利率结构。
10. 利率管制、授信限量、市场开放程度、利率弹性是影响利率发挥作用大小的重要因素。

复习思考题

1. 解释下列概念:利息、利率、收益资本化、单利、复利、现值、终值、到期收益率、息票债券、贴现债券、永久债券。
2. 利息的本质是什么?其是如何应用的?
3. 利率是如何分类的?
4. 单利与复利的计算方法是什么?

5. 什么是现值？其应用的领域有哪些？
6. 什么是到期收益率？如何计算？
7. 利率决定的理论有哪些？其具体内容是什么？
8. 影响利率水平的因素是什么？
9. 利率的作用是什么？利率发挥作用的条件是什么？影响利率发挥作用的因素是什么？

第四章　金融机构

> **学习目标**

1. 掌握金融机构与金融机构体系的概念，了解金融机构体系的分类，了解金融机构的功能。
2. 掌握金融机构存在的理论基础。
3. 掌握我国金融机构的构成。

> **本章导读**

金融机构是资金(货币)融通的中介，是金融体系的重要组成部分，对促进资金流动、实现资源在经济中的合理配置、提高经济运行效率具有重要作用。为了深刻认识金融机构，必须了解金融机构的概念、金融机构存在的理论基础及金融机构的构成。

第一节　金融机构概述

一、金融机构的含义

金融泛指货币资金的融通。一切与货币流通和信用有关的活动，如货币的发行与回笼、存款的吸收与提取、贷款的发放与收回、国内外汇兑的往来结算、票据的贴现、证券投资和保险基金的筹集与运用等，都属于金融的范畴。

因此，凡专门从事各种金融活动的组织，均可称为金融机构。严格说来，金融机构指发行金融工具以及在金融体系中推进资金融通的经济实体，是促使资金盈余者与资金短缺者之间融通资金的信用中介。金融机构是金融体系的重要组成部分，在整个国民经济运行中起着举足轻重的作用。它们通过疏通、引导资金的流动,促进和实现了资源在经济中的合理配置,提高了经济运行的效率。

二、金融机构体系

(一)金融机构体系的概念

金融机构体系,是指在一定的历史时期和社会经济条件下建立起来的各种不同金融机构的组成及其相互关系。

(二)金融机构体系的分类

金融机构种类众多,可以从不同角度对其进行分类。

1. 存款性金融机构和非存款性金融机构

按资金来源及运用的主要内容不同,金融机构可以分为存款性金融机构和非存款性金融机构。

存款性金融机构,是指通过吸收各种存款而获得可利用资金,并将之贷给需要资金的各经济主体及投资于证券等业务的金融机构,包括储蓄机构、信用合作社和商业银行。从资产负债表看,中央银行也是存款性金融机构,因其接受商业银行等金融机构的存款,并向商业银行等金融机构发放贷款。但因中央银行的管理性职能,使其区别于其他存款性金融机构而单列一类。

非存款性金融机构,是指以发行证券或通过契约形式由资金所有者交纳的非存款性资金为主要资金来源的金融机构。因此,非存款性金融机构的资金来源与存款性金融机构吸收公众存款不一样,主要通过发行证券或以契约性的方式聚集社会闲散资金。该类金融机构主要有保险公司、养老基金、证券公司、共同基金、投资银行等。

2. 银行金融机构和非银行金融机构

按金融机构业务的特征,金融机构可以分为银行金融机构和非银行金融机构。这也是目前世界各国对金融机构的主要划分标准。其中,银行在整个金融机构体系中处于非常重要的地位。

银行金融机构,是指以存款、放款、汇兑和结算为核心业务的金融机构,主要有中央银行、商业银行和专业银行三大类。其中,中央银行是金融机构体系的核心,商业银行是金融机构体系的主体。

除银行金融机构以外的金融机构都属于非银行金融机构。非银行金融机构的构成十分庞杂,主要包括保险公司、信托公司、证券公司、租赁公司、财务公司、退休养老基金、投资基金等。

此外,随着经济全球化、金融全球化的不断深化,各国还普遍存在着许多外资和合资金融机构。

3. 政策性金融机构和非政策性金融机构

按是否承担政策性业务,金融机构可以分为政策性金融机构和非政策性金融机构。

政策性金融机构,是指为实现政府的产业政策而设立、不以营利为目的的金融机构,政策性金融机构可以获得政府资金或税收方面的支持,如中国农业发展银行等。

非政策性金融机构,是指以营利为目的的金融机构,如商业银行、证券公司、基金公司等。

三、金融机构的功能

金融机构通常具有以下一种或多种金融服务功能。

(一)存款功能

存款功能,是指金融机构在市场上筹资从而获得货币资金,将其改变并构建成不同种类的更易接受的金融资产,这类业务形成金融机构的负债和资产。这是金融机构的基本功能,行使这一功能的金融机构是最重要的存款类金融机构。

(二)经纪和交易功能

经纪和交易功能,是指金融机构代表客户交易金融资产,提供金融交易的结算服务;或者,金融机构自身交易金融资产,满足客户对不同金融资产的需求。提供这类金融服务的金融机构主要是投资性金融机构,如金融公司等。

(三)承销功能

承销功能,是指金融机构在市场上帮助客户创造金融资产,并把这些金融资产出售给其他市场参与者。一般来说,提供承销的金融机构也提供经纪或交易服务。

(四)咨询和信托功能

咨询和信托功能,是指金融机构为客户提供投资建议,保管金融资产,管理客户的投资组合。提供这种金融服务功能的主要是信托投资公司、商业银行等类型的金融机构。

第二节 金融机构存在的理论基础

由于银行是重要的金融中介机构,在此,这里主要以银行为例分析金融机构存在的经济学理由。在市场经济中,"储蓄—投资"的转化过程是围绕银行等金融机构展开的,银行从储蓄者手中获得资金,并将其借给需要资金的经济主体。为什么资金融通过程大多数是通过金融机构来完成的,而不是由借贷双方直接融通完成的呢?不难想象,银行是以较低的利率吸收存款,又以较高的利率发放贷款的,资金最终的借贷双方何以会忍受银行"低买高卖"的"盘剥"呢?请想象一下,没有金融中介的世界会是什么样子?资金盈余者和短缺者相互之间为什么不直接进行资金的交易呢?这就有必要从理论上解释以银行为代表的金融机构存在的理由。

一、降低交易成本

金融市场中交易成本的存在,可以在一定程度上解释金融中介和间接融资在金融市场中的重要作用。

(一) 交易成本的含义

交易成本是指在从事交易中所花费的一切成本,金融市场上的交易成本是指在金融交易过程中所花费的时间和金钱。其具体包括在交易发生前资金最终供求双方相互寻找对方的搜寻成本、鉴别对方交易信息真假的鉴别成本以及讨价还价的谈判成本等;在交易发生之后,还有监控合约执行的监管成本以及可能发生违约而需要付出的诉讼成本等。

(二) 交易成本影响金融结构

交易成本的存在,阻碍了许多小额储蓄者和借款者之间的直接融资,从而阻碍了直接融资市场正常作用的发挥。

假如你有 5 000 元人民币准备投资,当你欲投资于股票市场时,股票经纪人会告诉你:"你的购买量是如此小,你支付的佣金在你的购买价格中将占较大的比重。"当你欲投资于债券市场时,问题将会更严重,因为许多国家的债券交易都有一个最低购买量要求,比如,10 000 元。事实上,经纪人对你的投资可能并不感兴趣,因为你的投资额太小,他认为不值得花时间去考虑。最终你失望了,你发现你不能将辛苦积累起来的资金投资于金融市场去赚取利润。但是,你也可能会得到些许安慰,因为你并不孤独,你并不是唯一被过高的交易成本所困扰的人。即使在美国,也只有大约 1/2 的个人拥有有价证券。

(三) 银行金融机构可以降低交易成本

降低交易成本的方法之一是规模经济,银行能很方便地将资金供求双方吸引过来,节约搜寻成本。银行等金融中介正是这种能把许多闲散的小额资金聚集在一起,形成规模经济,降低交易成本的机构。

二、缓解信息不对称

金融市场交易成本的存在部分解释了金融机构与间接融资存在的重要原因,而信息在金融市场中的重要作用,也可以用来解释金融中介和间接融资在金融市场中的重要作用。

(一) 信息不对称影响金融结构

所谓信息不对称或不对称信息,是指交易一方对交易另一方的了解不充分,双方处于不平等地位的一种状态。金融市场上的信息不对称,是指交易一方对另一方缺乏充分的了解,以致无法做出正确决策的一种不对等状态。例如,相对于贷款人而言,需要资金的借款人对于投资项目的潜在收益和风险了解得更为清晰;又如,相对于股东而言,公司经理对自己是否诚实及公司的经营状况有更加深入的了解。信息不对称给金融体系造成的问题存在于两个阶段:交易之前和交易之后。

在交易之前,信息不对称所导致的问题是逆向选择;在交易之后,信息不对称所导致的问题是道德风险。

1. 逆向选择及其对金融结构的影响

逆向选择,本意是指人们做了并不希望做的事情,而不去做希望做的事情。金融市场上的逆向选择,是指由于信息不对称,贷款者将资金贷给了最有可能违约的借款者的现象。这是因为,金融市场上那些最有可能造成不利(逆向)结果(即造成违约风险)的借款者,往往就是那些寻求资金最积极且最有可能得到资金的借款者;由于逆向选择使得贷款可能招致信贷风险,贷款人可能决定不发放任何贷款,以致金融市场的融资功能难以充分发挥。

直接融资中的逆向选择现象,可以通过2001年诺贝尔经济学奖得主、美国加利福尼亚大学经济学教授阿克洛夫提出的"柠檬"问题加以说明。"柠檬"在美国俚语中表示次品、不中用的东西。"柠檬"问题的实质是:由于交易双方对信息的掌握处在不对称的地位,使优胜劣汰的市场机制失灵。比如,在证券市场上,证券的优劣依赖于公司经营状况的好坏,优良公司的证券(比作"桃")预期收益高且风险小,而劣质公司的证券(比作"柠檬")预期收益低且风险大。但是,由于信息不对称,证券的潜在购买者并不能识别证券的优劣。其所愿意支付的证券价格只能是反映发行公司平均质量的证券价格,这一价格低于优良公司证券的真实价值,高于劣质公司证券的真实价格。因此,优良公司因投资者支付的价格低于其实际价值而不愿出售其证券,只有那些质量低劣的公司才愿意出售其证券。当然,投资者也不是傻瓜,他们明白这种逆向选择,所以,他们选择不在证券市场上直接投资。结果,由于逆向选择的存在,在一定程度上制约了证券市场的发展。

2. 道德风险及其对金融结构的影响

道德风险,本意是指经营者或市场交易的参与者得到了第三方的保障后,因自身决策或行为引起损失时不必完全承担责任,甚至可能得到某种补偿,这种"制度安排"将"激励"他们追求利润而不考虑风险。金融市场上的道德风险,是指贷款者把资金贷放给借款者以后,借款者可能从事不利于贷款者(不道德)的风险活动,这些活动加大了贷款无法清偿的概率,很可能导致贷款不能如期归还的风险。由于道德风险降低了贷款偿还的可能性,贷款人可能决定不发放贷款。

(二)信息的生产与销售所面临的问题

信息不对称影响了资金供求双方的直接交易。由此我们想到,解决信息不对称问题的办法就是向资金供应者提供那些正在寻求资金的个人或公司的详细情况,即提供完全信息。如成立一个信息生产公司,由该公司负责收集有关金融交易的全部信息,然后将信息销售给资金的供应者,美国的标准普尔公司、穆迪投资者服务公司就是这样的信息生产与销售公司。

然而,这种做法存在以下问题,使得依靠专门公司生产与销售的信息来解决信息不对称问题成为不可能。

1. 搭便车问题

金融市场上的搭便车问题,是指一些人不付费地利用他人付费所得到的信息的一种现象。下面通过一个例子来说明为什么在信息的销售过程中会出现搭便车问题。

例如,美国公民汤姆购买了标准普尔公司的信息,信息中包含了各家证券发行公司的质量及证券好坏的情况。汤姆据此信息选定了一只优良证券,这只证券的购买价格低于其真实价值,从而弥补了他购买信息的成本。但是,由于金融市场的交易是公开的,其他人在看到汤姆购买该证券且获利了之后,也会跟随购买这种证券。在从众心理的作用下,购买的人越来越多,提高了该证券的市场需求,从而导致其价格上升。结果,在汤姆获利的同时,其他投资者也获得了价格上涨的好处。这就意味着汤姆并未取得该证券价格上涨的全部好处,部分好处被其他未付费购买公司信息的投资者分享了。这就是证券市场上的搭便车问题,在这种情况下,即使汤姆的获利较大,他也没有得到应有的全部利益。最后,汤姆认识到,他大可不必为首先得到信息而付出费用。因而,标准普尔公司所提供的信息是无法销售出去的。

2. 可信度问题和剽窃问题

即使信息生产公司投入一定成本,通过调查研究等手段获得了潜在投资者所关心的有关投资对象的信息,这些信息具有潜在价值,但是,要实现信息的潜在价值并不容易。在信息出售的过程中会出现两个主要问题:第一,信息买方无法判断信息的真假和质量,即存在可信度问题;第二,信息是一种准公共产品,信息买方可在购买信息后转售给他人,这通常并不影响信息的价值,从而出现所谓的剽窃问题。所以,即使信息具有真实价值,信息生产公司也难以获得生产信息的全部回报,生产信息具有不经济性。

由上述的搭便车问题、可信度问题和剽窃问题可知,穆迪投资者服务公司和标准普尔公司的信息实际上是卖不出去的(只能免费向市场发布)。

(三)银行等金融机构有助于解决信息不对称问题

1. 风险投资公司等投资类金融机构有助于缓解股权合约所导致的道德风险问题

风险投资(Venture Capital,VC)公司,也称为创业投资公司,是重要的投资类金融机构,主要投资于处在种子期、初创期的新企业。它们聚集合伙人的资金,并利用这些资金帮助具有潜力的企业家启动新事业。在提供风险资本的同时,VC 会在新企业(如初创期企业)中占有一定的股份。VC 的投资过程一般有五个步骤:(1) 交易发起,即风险资本家获知潜在的投资机会。(2) 筛选投资机会,即在众多的潜在投资机会中初选出小部分做进一步分析。(3) 评价,即对选定项目的潜在风险与收益进行评估。(4) 交易设计,包括确定投资的数量、形式和价格等。(5) 投资后管理,将企业带入资本市场运作以顺利实现必要的兼并收购和发行上市。

因此,VC 通常会在新企业的管理层(如董事会)中派驻自己的人员,以便更密切地了解公司的业务活动,能真实地了解公司的成本与收益。而且,如果 VC 向某企业提供启动资金,则该企业的股份不能转让给除 VC 之外的其他人。因此,其他投资者无法免费搭 VC 的车。这样的安排就在很大程度上减少了股权合约中的道德风险问题。

私募股权投资(Private Equity,PE)公司是另一种重要的投资类金融机构。私募股权投资,是指通过私募基金对非上市公司进行的权益性投资,主要是指创业投资后期的私募股权投资部分。在交易实施过程中,PE 会附带考虑将来的退出机制,即通过公司首次公开发行股票(IPO)、兼并与收购(M&A)、管理层回购(MBO)和破产清算等方式退出。简单地讲,PE 投资就是 PE 投资者寻找优秀的高成长性的未上市公司并注资其中,获得其一定比例的股份,推动公司发展、上市,此后通过转让股权获利。PE 采取了与 VC 类似的方式解决搭便车问题。

2. 银行等存款类金融机构有助于减少债务合约所产生的道德风险问题

首先,银行是公司信息的生产高手。因为在现代经济社会中,银行是国民经济的中心枢纽,银行掌握着众多借款者的私人信息,具有规模经济优势,搜集信息的成本低。银行从存款者那里获得资金,然后根据掌握的信息将资金发放给那些信誉好、效益高的借款者。在此过程中,银行从存贷利差中获得收益,这种收益正是对银行生产信息的回报。

其次,银行贷款是非公开进行的,具有一定的保密性。这避免了其他人在信息上搭银行的便车,银行的贷款利率不会因为竞争而被降低,以致难以补偿搜集公司信息而耗费的成本。

最后,发放贷款的银行可以享受监督和执行的全部利益。这可以减少由直接融资中的债务合约所产生的道德风险问题,从而弥补了直接融资市场的不足,有效地实现了社会资金的融通。

三、分散和转移风险

在直接融资情况下,如果某个借款人违约,就会给单个放款人带来 100% 的影响,放出的款项无法收回。如果是直接投资股票和债券,风险则更大。由于这种风险,导致资金需求双方不会大量通过直接融资的方式来调剂资金余缺。

但是,若将资金存入银行,再由银行将资金贷放出去,则会大大降低资金运用的风险。一是因为即使某个借款人违约,只要多数借款人没有违约,银行仍然有清偿能力,仍然能向资金供给者还款。二是银行可以将大量小额资金聚集起来,汇成"巨额资金",然后进行分散投资以实现贷款对象的多样化和分散化,从而降低贷款风险。三是银行具有鉴别、监控和强制实施贷款合约的专业技术。社会各经济主体的资金往来大多数是通过在银行开设的资金账户进行的,银行可以很方便地了解公司信息,在对贷款对象的鉴别、监控和强制实施方面具有优势。

因此,银行等金融机构可以帮助投资者承担风险,更好地保证资金运用的安全性。

四、协调流动性偏好

这里所指的流动性偏好,特指经济中的当事人往往喜欢较高的流动性,即喜欢根据需要可以随时将其他资产转换为现金资产。经验表明,资金供求双方对流动性偏好的程度存在非对称性或不一致性。

一般地,资金最终供给者对流动性偏好较强,期望在未来自己需要用款时能够随时收回资金,表现为其希望资金能尽快收回;反之,资金最终需求者对流动性偏好较弱,期望所借资金的使用时间越长越好,表现为其希望筹集较长时期的资金。这样,由于资金借贷双方在流动性偏好或期限上的选择不一样,导致双方的直接融资不会大量发生。

但是,银行可以通过与资金最终供求双方分别签订合同,同时满足双方对流动性的偏好:一方面,通过存款合约向资金最终供给者承诺,满足其随时可能提出的对流动性的需要;另一方面,通过贷款合约向资金最终需求者承诺,满足其在一定时间之内对"无须担心流动性"的需要。这就是银行的"金融中介化"过程。银行通过"金融中介化"过程,通过"借短贷长"进行期限的转换,从而使资金最终供求双方对流动性的需要完好地得到满足。[①]

第三节 金融机构的构成

一、金融机构的一般构成

对金融机构有不同的分类,我们按照金融机构的业务特征,分银行金融机构和非银行金融机构进行介绍。

(一)银行金融机构

当前各国银行体系不尽相同,总体上可把银行分为中央银行、商业银行和其他银行三类,只是名称有所不同而已。

1. 中央银行

中央银行是代表国家进行金融管理和金融调控的特殊金融机构。中央银行是一国金融体系的核心,在一国金融体系中居于主导地位。

中央银行是一种特殊的金融机构,它并不直接向客户提供存贷款服务,而是具体负责制定和执行国家货币政策。中央银行还是政府的银行,代理国库,提供财政融资,制定利

[①] 蒋先玲. 货币金融学[M]. 2版. 北京:机械工业出版社,2017:38.

率政策。目前,多数国家都设有中央银行,如中国的中国人民银行、法国的法兰西银行、英国的英格兰银行等。

2. 商业银行

商业银行是以经营存款、贷款为主要业务,实行自负盈亏、独立核算,并以盈利为其经营管理目标的银行。在一国金融体系中,商业银行以机构数量多、业务渗透面广和资产总额比重大的优势,始终居于其他金融机构不可替代的地位。

商业银行直接面对企事业单位和个人,具体经营货币、信用业务,吸收存款,发放贷款等。商业银行不直接承担国家宏观调控经济的职能,但其主要业务必须受到中央银行的政策影响,为实现宏观调控目标服务。

3. 其他银行

其他银行包括专业银行和政策性银行等。

(1) 专业银行。专业银行是指提供专业金融服务,有特定服务范围的银行。专业银行不同于商业银行,其业务具有较强的专业性,只从事一项或几项专门服务。

专业银行是随经济发展的需要而产生的,其经营活动具有不可替代性。这也决定了专业银行种类众多。

①储蓄银行。储蓄银行是以开设长期、中期、短期储蓄存款账户吸收居民储蓄为主要资金来源并用于发放各种抵押贷款、投资政府债券等的专业银行。

储蓄银行在国外是比较常见的,如美国的互助储蓄银行、英国的信托储蓄银行等,有些国家还有邮政储蓄机构等。

②投资银行。投资银行是专门经营长期投资业务的银行。投资银行虽称为"银行",但并不能办理银行的传统业务,也不同于信托公司或投资公司。投资银行的称谓流行于美国和一些大陆国家,此外它还有许多其他名称,如英国称为商人银行、法国称为实业银行、日本称为证券公司。投资银行的资金主要靠发行股票和债券筹集。投资银行不得吸收存款,在一些国家虽准许投资银行吸收存款,但也主要是吸收定期存款。此外,投资银行从其他金融机构或其他融资渠道获取借款,但这并不构成其主要的资金来源。投资银行主要是作为证券发行公司和证券投资者的中介,其具体的业务主要有:承销证券的发行、经纪业务,即以经纪人身份代理客户进行证券交易;自营业务,即以自有资金进行证券交易;收费的银行业务,即从事并购顾问、证券经济研究和其他形式的金融咨询活动。此外,有些投资银行也兼营中长期贷款和黄金、外汇买卖以及租赁业务等。投资银行是专业从事股票投资、债券投资、证券包销代理等活动,并为企业提供中长期贷款业务的银行。

③抵押银行。抵押银行是专业从事土地、房屋等不动产抵押贷款的银行。不动产抵押银行不从事一般商业银行的存款、贷款业务。其资金来源是发行债券或抵押债券、短期票据等,其资金主要用于以土地、住房为抵押的中长期贷款。

法国的房地产信贷银行、德国的私人抵押银行、美国的联邦抵押贷款协会都是著名的抵押银行。

(2) 政策性银行。政策性银行是指为政府特定的经济政策、产业政策服务,不以营利为目的的银行机构。

目前许多国家都设有政策性银行,如日本的日本开发银行、日本进出口银行,美国的农业信贷管理局、联邦中期信贷银行、美国进出口银行,印度的地区农村银行、印度工业开发银行等。

(二) 非银行金融机构

1. 非银行金融机构的特点

非银行金融机构是指不通过吸收存款而以其他方式吸收社会闲散资金,并通过资金运用获取盈利的金融机构。

非银行金融机构与商业银行一样,都是金融媒介,其共同功能都是融通经济中盈余单位和赤字单位的资金。两者的区别仅限于实际业务的区别,具体表现在:

(1) 非银行金融机构业务范围较窄、专业性较强;而现代商业银行则逐渐综合化,既经营一切零售和批发银行业务,也为客户提供所需要的各种金融服务。

(2) 大多数非银行金融机构的营运资金主要来自向社会发行债券、股票以及通过其他形式筹集的资金;商业银行的资金来源则主要是各项存款。

(3) 非银行金融机构不能吸收可以签发支票的存款,只是充当可贷资金的经纪人。商业银行则是各种金融机构中唯一能接受活期存款的机构,是可贷资金的创造者,具有强大的信用创造功能,各国政府和监管当局对商业银行的监管也较非银行金融机构更为严格。随着金融创新的发展,非银行金融机构也向它的客户提供像银行一样的服务,从而同银行展开了更为直接的竞争。

2. 非银行金融机构的形式

非银行金融机构主要包括保险公司、信托投资公司、融资租赁公司、证券公司、财务公司、基金管理公司等。

(1) 保险公司。保险公司是经营保险业务的专业机构,通过经办各种保险业务筹集资金,并以此开展金融业务。

保险是一种经济损失补偿制度,保险公司通过合同形式,从参加保险的客户那里取得一定的保险费,建立起规模庞大的保险基金。当被保险人(投保人)发生意外损失时,保险人(保险公司)应根据契约给予经济赔偿。

美国的观光天气保险

天气保险(在中国称作气象指数保险),是指因天气异常导致企业或者个人遭受经济损失后,由保险公司向投保人提供赔偿的一种保险。举例来说,以前如果你在计划好外出旅游时遭遇到恶劣天气而影响了出行,只能待在家里不能出门的话,那么就只能自认倒霉,自己和自己生气。但是现在不同了,许多国家都推出了这种天气保险,如果你现在再遇到上述情况,就可以从保险公司获得一定的赔偿,甚至还可以退还整个旅行的费用。这种人性化的保险产品一经推出,便受到了人们的广泛关注。现在天气保险在发达国家已经得到蓬勃发展,美国的观光天气保险就是其中的一种。

在美国,天气保险蓬勃发展。美国人大卫·弗莱德伯格创办了全球第一家气象保险公司——天气账单(Weather Bill)公司。该公司是一个基于天气信息的衍生产品服务商,其做法是把一个电子商务网站和一种复杂的天气预报分析系统整合起来,向公司和个人出售天气保险单。客户可以通过Google地图选择一个天气状况,然后选择想要支付的天气,比如晴天、阴天、雨天或者干旱等。此外,客户还可以设定预想的温度、雨雪量等具体指标。具体的做法是:客户登录天气账单公司网站,然后给出在某个特定时间段里不希望遇到的温度或雨量范围。天气账单网站会在100毫秒内查询出客户指定地区的天气预报,以及美国国家气象局记载的该地区以往30年的天气数据。网站根据气候变化做出精细的调整后,会以承保人的身份给出保单的价格。概括地说,即任何人都可以利用这一网站,在特定的地理区域内购买一份天气保险。

美国的一家保险公司与日本的一家旅行社合作,以去夏威夷观光的日本游客为对象,开发了一种观光天气保险。其保险责任是:根据当地气象局的记录,若从上午10时到下午5时连续下雨,影响到游客观光,保险公司每天向投保人退还1.5万日元;若在夏威夷停留期间全部都是雨天的话,则赔偿全部旅行费用。

资料来源:蒋先玲.货币金融学[M].2版.北京:机械工业出版社,2017:50.

(2) 信托投资公司。信托投资公司是经营信托委托代理业务的非银行金融机构,其主要业务包括信托存款、信托贷款、委托贷款、资信调查等。信托是指财产的所有者从自身利益出发,将其财产交给受托人(即信托公司),委托受托人根据特定目的对财产进行处置的经营方式。

(3) 融资租赁公司。融资租赁公司是通过融物的形式起融通资金作用的金融机构。融资租赁公司在一定时期内以收取租金为条件将某项物资财产交付承租人使用,实际上等于为承租人筹措了该项物资财产的购货款,差别只在于所有权不属于承租人。金融租赁公司的业务范围极广,涉及各个领域,从单机设备到成套设备,从生产资料到消费品、工商业设施、办公用品等,无所不包。

(4) 证券公司。证券公司是专门从事证券发行、转让、买卖业务的金融机构。

(5) 财务公司。账务公司,又称金融公司,是指经营部分银行业务的金融机构。它通过发行债券、商业票据或从银行借款获得资金,并主要提供耐用消费品贷款和抵押贷款业务。与商业银行不同的是,财务公司并不通过吸收小额客户的存款来获取资金,其特点是大额借款、小额贷款。由于财务公司不公开吸收存款,所以管理当局对其除了信息披露要求并尽力防止诈骗外,几乎没有相应的管理规则。

财务公司分为以下三种类型:

第一类是销售类财务公司,是指由一些大型零售商或制造商设立,旨在以提供消费信贷方式促进企业产品销售的非银行金融机构,汽车金融公司就是典型的销售类财务公司。

第二类是消费者财务公司,在我国称为小额贷款公司,是指专门发放小额消费者贷款的非银行金融机构。它们一般是由自然人、企业法人与其他社会组织投资设立,不吸收公众存款,经营小额贷款业务的有限责任公司或股份有限公司,可以是一家独立的公司,也可以是银行的附属机构。由于贷款规模小、管理成本高,这类贷款的利率一般也比较高。其主要作用是为那些很难通过其他渠道获得资金的消费者提供贷款。

第三类是商业财务公司,在我国称为企业集团财务公司,是指为企业集团成员单位提供金融服务的非银行金融机构。

(6)基金管理公司。基金管理公司,是指依据有关法律法规设立的对基金的募集、基金份额的申购和赎回、基金财产的投资、收益分配等基金运作活动进行管理的投资性金融机构。

对冲基金——百万富翁的理财俱乐部

对冲基金(Hedge Fund)是私募基金的一种,是指专门为追求高投资收益的投资者设计的基金。为了避开不同的法律规定,对冲基金存在两种规模形式:一种是最多有99个投资者,每个投资者至少出资100万美元;另一种是最多有499个投资者,每人最少出资500万美元。规模较大的投资基金也可以接受机构投资者,如退休基金、共同基金或保险公司,只要它们的净资产达到2 500万美元。因此,这事实上是一个百万富翁的理财俱乐部。

对冲基金的典型特点是:第一,"暗箱操作",投资策略高度保密。因为私募基金是不受管制的,因此,对冲基金无须像公募基金那样在监管机构登记并披露信息,外界很难获得对冲基金的系统性信息。即便对投资者来说,也很难知道投资组合的具体情况。这种保密性极有可能导致道德风险。于是,为了保证基金经理与投资者的动机一致,基金经理必须拥有基金一定比例的份额。第二,高财务杠杆比率。对冲基金一般都大规模地运用财务杠杆扩大资金规模,一般情况下,基金运作的财务杠杆比率为2~5倍,最高可达20倍。例如,美国长期资本管理公司在运作期间,几乎向世界上所有的大银行融通过资金。在1998年8月出现巨额亏损的前夕,其财务杠杆比率高达56.8倍。在高财务杠杆比率的作用下,如果基金经理预测准确,则基金能够获取极大的回报;一旦基金经理预测失误,财务杠杆就会成倍地放大损失的数额。第三,主要投资于金融衍生品市场,专门从事各种买空、卖空交易。

世界上曾经著名的对冲基金就是索罗斯于1969年创立的量子基金,它被认为是1997年泰国金融危机的始作俑者。

量子基金是全球著名的大规模对冲基金,是美国金融家乔治·索罗斯旗下经营的五个对冲基金之一。量子基金是高风险基金,主要在世界范围内投资于股票、债券、外汇和商品。

量子基金主要采取私募方式筹集资金。索罗斯为之取名"量子",是源于其所赞赏的德国物理学家、量子力学创始人海森堡提出的"测不准定理"。索罗斯认为,就像微粒子的物理量子不可能具有确定数值一样,证券市场也经常处在一种不确定状态,很难去精确度量和估计。截至1997年年末,量子基金已增值为资产总值近60亿美元的巨型基金。1969年注入量子基金的1万美元在1996年年底已增值至1 500万美元,即增长了149倍。

然而,1998年以来,投资失误使量子基金遭受重大损失。先是索罗斯对1998年俄罗斯债务危机及日元汇率走势的错误判断使量子基金遭受重大损失,之后投资于美国股市的网络股也大幅下跌。至此,索罗斯的量子基金损失总数近50亿美元,量子基金元气大伤。2000年4月28日,索罗斯不得不宣布关闭旗下两大基金——量子基金和配额基金,基金管理人德鲁肯米勒和罗迪蒂"下课"。量子基金这一闻名世界的对冲基金至此寿终正寝。同时,索罗斯宣布将基金的部分资产转入新成立的量子捐助基金继续运作。他强调量子捐助基金将改变投资策略,主要从事低风险、低回报的套利交易。

资料来源:蒋先玲.货币金融学[M].2版.北京:机械工业出版社,2017:47.

(7)退休养老基金。退休养老基金是一种向参加养老金计划的人以年金形式提供退休收入的金融机构。它最早兴起于19世纪70年代,到20世纪20年代,工业化国家已普遍建立起退休养老基金组织。1929年的"大萧条"以后,社会保险制度与工会组织的发展,促使退休养老基金迅速发展。第二次世界大战以后,一方面由于工资收入的增长与退休金的提高,另一方面由于政府颁布了建立养老金计划的立法以及养老金储蓄的税收优惠,使退休养老基金得到了进一步发展。

退休养老基金的资金来源有两个方面:一方面来自雇员工资的一定比例扣除及雇主的相应比例缴款;另一方面则来自积聚资金的投资收益。基金的使用主要用于购买公司股票和债券以及政府债券。而参加计划的雇员可得到一张保证在退休之后能按月领取一定固定收入的合同。由于雇主与雇员每月的交款远超过对退休人员的支出,其大量的多余资金则可用于稳定的投资,而且各工业化国家普遍规定交纳的养老基金的经常收入是免税的,这更鼓励了雇员交纳退休养老基金。而基金资产的增长与收益的增加更增强了其基本的保障能力。

二、我国金融机构的构成

(一) 旧中国的金融机构

在我国,现代金融机构的发展较西方发达国家晚。当18世纪西方主要国家先后建立起现代金融体系时,在中国金融体系中占统治地位的仍然是"钱庄""票号"这两种旧式金融机构。在中国出现的第一家现代商业银行是1845年英国丽如银行(原译东方银行)在广州设立的分行。中国出现的第一家民族资本银行——中国通商银行是在中国民族资本经济初步发展的基础上于1897年在上海设立的,而此时,世界资本主义已开始向垄断资本主义阶段过渡。

旧中国银行业的发展带有明显的半殖民地半封建性质。这是因为当时的银行有不少属于军阀、官僚、买办资产阶级所有,其主要业务并不是为民族工商业服务,而是把资本主要投向公债、房地产等买卖;同时又和外国银行发生密切的联系,成为外国银行的代理人,使外国资本得以深入内地、扩张势力,充分地表现出旧中国银行业的买办性质。

在旧中国的银行中,也有不少是民族资本家经营的,其中较大的有:上海商业储蓄银行、浙江实业银行、新华信托储蓄银行和浙江兴业银行,即"南四行";还有号称"北四行"的盐业银行、金城银行、中国银行和大陆银行;另外,还有属于"小四行"的中国实业银行、中国国货银行、中国通商银行和四明银行。此外,还有许多中小型的其他银行。这些银行在官僚资本银行和外国银行的排挤、压迫下艰难地经营,并为发展本国民族经济服务。

1927年以后,国民党政府致力于控制中国的金融事业,虽然没有形成像西方发达国家那样一套完整的金融机构体系,但建立了以"四行(中国银行、中央银行、交通银行、中国农民银行)、二局(中央信托局、邮政储金汇业局)、一库(中央合作金库)"为核心的旧中国官僚买办金融机构体系,使其成为国民党政府实行金融垄断的重要工具。而中国民族资本银行与民族工商业一样,栖身于帝国主义、官僚资本的双重压力之下。旧中国金融机构的这种发展状况,一直延续到1949年中国共产党领导下的新中国成立及新中国金融体系建立的前夕。

(二) 新中国金融机构的建立与发展

1. "大一统"金融体系的形成

1953—1978年是我国金融机构从分分合合走向大一统的阶段。

1953年我国开始实施经济建设的第一个五年计划,参照苏联模式,逐步建立起高度集中统一的计划经济管理体制,与此相适应,金融体系在这期间也随之走向高度集中统一,作为金融体系载体的金融机构则在分分合合中走向中国人民银行一家包揽全部金融业务的格局。

在农业合作化过程中,1955年3月成立的中国农业银行于1957年撤销,1963年10月再次成立,1965年合并进中国人民银行,直至20世纪70年代末。1954年9月将交通银行改建为中国人民建设银行,其任务是在财政部领导下专门对基本建设的财政拨款进行管理和监督,就其主要执行财政拨款的职能而言,它不是真正意义上的银行,而是财政部的下属机构。1949年接管的中国银行,虽然一直保持独立存在形式,但它实际上只不过经办中国人民银行所划定范围及确定的对外业务,有一段时间则直接成为中国人民银行办理国际金融业务的一个部门。

1952年12月在对私人金融业改造的基础上建立的公私合营银行,于1955年与中国人民银行有关机构合并。1949年成立的中国人民保险公司,最初隶属于中国人民银行,1952年划归财政部,1959年转交中国人民银行国外局,全面停办国内业务,专营少量国外业务,名存实亡。农村信用合作社在"一大二公"的思想指导下,实际成为中国人民银行在农村的基层机构,且许多地方直接与银行在农村的营业所合而为一。

从1953年到20世纪70年代末改革开放以前,我国金融机构一步一步地走向了中国人民银行"大一统"的道路,中国人民银行实际上成为我国唯一的银行,它的分支机构按行政区划逐级普遍设于全国各地,各分支机构按总行统一的计划办事;它既是金融行政管理机关,又是具体经营银行业务的金融机构;它的信贷、结算、现金出纳等业务活动的开展都服从于实现国家统一计划的任务与目标。

2. 金融机构改革与完善

1979年以来是金融机构恢复、发展和完善的阶段。

随着经济体制向市场取向模式的逐步推进,金融体系也发生了深刻的变化,金融机构迎来了蓬勃发展的春天。1979年2月,再次恢复了中国农业银行。1979年3月,专营外汇业务的中国银行从中国人民银行中分设出来,完全独立经营。1979年上半年中国人民建设银行从财政部分设出来,下半年开始实行基本建设投资拨款改贷款试点,1983年明确中国人民建设银行为全国性金融实体,除执行拨款任务外,大量开展一般银行业务,1996年改名为中国建设银行。1983年9月中国人民银行转变为专司中央银行职能,另设中国工商银行(1984年1月)办理中国人民银行原来办理的全部工商信贷业务和城镇储蓄业务。20世纪90年代初,为了有效地推进中国工商银行、中国银行、中国建设银行、中国农业银行四大国有专业银行的商业化改革,相继建立了多家政策性银行,办理原来由四大专业银行办理的政策性业务。1986年7月重建交通银行,这是我国按照商业银行要求建立的第一家商业银行,以后陆续建立了10多家商业银行。1979年河南省驻马店成立了第一家城市信用社,1984年后,大中城市相继成立城市信用社,1995年城市信用社改建为城市合作银行,1998年以后又相继改建为城市商业银行。

改革开放以后,非银行性金融机构发展迅猛,以农村信用社为代表的合作金融机构获得恢复和发展。1997年以前农村信用社由中国农业银行管理,之后,农村信用社从中国农业银行独立出来。1980年中国人民保险公司恢复国内保险业务,1988年3月和1991年4月中国平安保险公司和中国太平洋保险公司先后建立。1979年10月成立中国国际信托投资公司,1981年12月成立专司世界银行等国际金融机构转贷款的中国投资银行。自1983年上海市成立上海市投资信托公司开始,各省市相继成立地方性的投资信托公司和国际信托投资公司等。1990年12月和1991年7月上海和深圳证券交易所相继建立,之后经营证券业的证券机构和基金组织不断增加。自1979年第一家海外银行在北京开设办事机构以来,境外金融机构数量不断增多,设立的地点从特区向沿海大中城市和内地大中城市扩散,1996年我国开始向外资银行有限地开放人民币业务。同时,中国商业银行和保险公司在境外设立的金融机构也在不断增加。

(三) 我国金融机构的构成

1. 银行类金融机构

(1) 中国人民银行。中国人民银行是中华人民共和国的中央银行,是在国务院领导下管理全国金融事业的国家机关,是我国金融体系的核心。中国人民银行不与企业单位和个人发生直接信用往来。其主要服务对象是各类金融机构、国家财政机构。1995年3月第八届全国人民代表大会第三次会议通过的《中华人民共和国中国人民银行法》,对中国人民银行职能等问题以立法形式做出了界定。

(2) 商业银行。我国现行的商业银行体系由国有控股大型商业银行、全国性股份制商业银行、地方性股份制商业银行组成。

①国有控股大型商业银行,包括中国工商银行、中国农业银行、中国银行、中国建设银行、交通银行和中国邮政储蓄银行六家,是我国金融体系中的骨干。工、农、中、建四大银行都是直属于国务院的经济实体,都是在1994年进行金融体制改革,实行政策性金融与商业性金融分离后,由国家专业银行转化而来的,其资本全部归国家所有。国有商业银行在业务上受中国人民银行的领导和管理,其分支机构分别受各商业银行总行的垂直领导,分级管理,同时接受同级中国人民银行的领导和管理。但是,四大国有商业银行的发展历史和服务重点则有所不同。

中国工商银行是在1983年国务院决定中国人民银行专门行使中央银行职能后,于1984年1月1日正式成立的,主要承担原来中国人民银行经营的工商信贷业务和城镇储蓄业务,是当时我国最大的专业银行。现在它仍然以城镇工商业为主要服务对象,是目前我国最大的综合性商业银行。

中国农业银行最初成立于1951年8月,几经起落,1979年恢复并确立为经营农村金融业务的专业银行。现在它也是我国重要的综合性商业银行。

中国银行历史悠久,最早成立于1912年,其前身是清政府的大清银行。1949年中华人民共和国政府指定其为"执行外汇管理任务及经营外汇业务的机构"。1979年3月从中国人民银行分设出来后,成为我国政府指定的经营外汇业务的专业银行。当前中国银行是以涉外金融业务为重点的综合性商业银行。

中国建设银行原名为中国人民建设银行,1996年3月改名为中国建设银行。它于

1954年成立,原是供应和管理基本建设资金的国家专业银行,隶属于财政部,身兼财政和银行双重职能。从1985年开始,建设银行的信贷计划纳入中国人民银行信贷计划。在金融性业务处理上受中国人民银行领导,其主要资产业务是发展中长期贷款,满足固定资产建设方面的资金要求。中国建设银行以与国民经济紧密相连的"大行业、大企业"为重点服务对象,以中长期固定资产投资贷款、住宅抵押贷款为主要业务。

原有的国有商业银行垄断经营、机构臃肿、人员过多,阻碍着效率的提高。伴随着金融领域的进一步改革,建立与完善我国现代商业银行体系的一项重要内容就是国有独资商业银行的改造。改革的途径是使之成为国有控股的股份制商业银行,以利于它们经营机制的转换及国内外竞争力的提升。

工、农、中、建四大国有商业银行在完成股份制改造的一系列工作后,中国建设银行已于2005年10月在香港成功上市,中国银行分别于2006年6月和7月在香港H股市场和内地A股市场成功上市,工商银行于2006年10月以A+H股的方式在内地和香港同时成功上市。中国农业银行于2010年7月正式在上海和香港两地上市。

交通银行始建于1908年,是中国近代以来延续历史最悠久、最古老的银行,也是近代中国的发钞行之一。交通银行是中国境内主要综合金融服务提供商之一,并正在成为一家以商业银行为主体,跨市场、国际化的大型银行集团,业务范围涵盖商业银行、投资银行、证券、信托、金融租赁、基金管理、保险、离岸金融服务等诸多领域。1987年重新组建,成为全国第一家股份制商业银行,分别于2005年、2007年先后在香港、上海上市。

中国邮政储蓄银行于2007年3月20日正式挂牌成立,是在改革邮政储蓄管理体制的基础上组建的商业银行。中国邮政储蓄银行承继原国家邮政局、中国邮政集团公司经营的邮政金融业务及由此而形成的资产和负债,并将继续从事原经营范围和业务许可文件批准、核准的业务。经国务院同意,中国邮政储蓄银行有限责任公司于2012年1月21日依法整体变更为中国邮政储蓄银行股份有限公司。依法承继原中国邮政储蓄银行有限责任公司全部资产、负债、机构、业务和人员,依法承担和履行原中国邮政储蓄银行有限责任公司在有关具有法律效力的合同或协议中的权利、义务,以及相应的债权债务关系和法律责任。2015年12月开始,中国邮政储蓄银行由单一股东向股权多元化迈进。采取发行新股方式,融资规模达151亿元。2016年8月27日,中国邮政储蓄银行在香港上市。

②全国性股份制商业银行。主要指1986年以后建立起来的,逐步在全国设立分支机构的股份制商业银行,包括中信实业银行、招商银行、华夏银行、中国光大银行、中国民生银行、广东发展银行、平安银行、上海浦东发展银行和兴业银行。

③地方性股份制商业银行。包括1998年以来全国各地由城市合作银行改建的城市商业银行和2001年以后在农村信用合作社基础上发展起来的农村商业银行。截至2015年12月,前者有133家,后者数量达859家。

(3)政策性银行。目前我国有三家政策性银行,即国家开发银行、中国进出口银行和中国农业发展银行。这三家银行都是1994年建立的,其自有资本都归国家所有,资金来源主要靠财政拨款和发行金融债券筹集,具有严格的业务经营范围,不经营商业银行业务。它们实行自主经营、企业化管理、保本微利。这三家政策性银行的分工是:国家开发银行主要为国家重点项目、重点产品和基础产业提供金融支持;中国进出口银行主要为扩大我国机电产品和成套设备出口提供政策性金融支持;中国农业发展银行主要对农业基础建设、农副产品、农业发展提供资金支持。

这三家政策性银行都是直属国务院领导的,总行都设在北京,中国农业发展银行在省(市)、地(市)、县(市)设有一级和二级分行及支行。国家开发银行和中国进出口银行只在国内少数城市设立分支机构。

2. 非银行性金融机构

改革开放以来,我国非银行性金融机构增长迅速,不仅种类繁多,而且规模不断扩大,对健全我国金融机构体系产生了极为深刻的影响。

(1) 保险公司。目前,在我国保险市场上,保险公司按出资人划分大致有三类:中资保险公司、外资保险公司和中外合资保险公司。其中,中资保险公司主要有中国人民保险公司、中国人寿保险有限公司、中国再保险有限公司、中国太平洋保险公司、中国平安保险公司、天安保险股份有限公司和大众保险股份有限公司等。外资保险公司在华的公司有多家,主要包括美国友邦保险公司、日本东京海上火灾保险公司、瑞士丰泰保险公司、德国安联保险公司及法国安盛保险公司等。中外合资保险公司有中宏人寿保险公司等。

(2) 证券公司。初设时的我国证券公司或是由某一家金融机构全资设立的独资公司,或是由若干金融机构、非金融机构以入股形式组建的股份制公司。20世纪90年代中期以来,随着分业经营、分业管理原则的贯彻及规范证券公司发展工作的落实,银行、城市信用合作社、企业集团财务公司、融资租赁公司、典当行以及原各地融资中心下设的证券公司或营业机构陆续撤销或转让。在要求证券机构彻底完成与其他种类的金融机构脱钩的同时,鼓励经营状况良好和实力雄厚的证券公司收购、兼并业务量不足的证券公司。

我国证券公司的业务范围一般包括:代理证券发行业务;自营、代理证券买卖业务;代理证券还本付息和红利的支付;证券的代保管;接受委托,代发证券本息和红利;接受委托,办理证券的登记和过户;证券抵押贷款;证券投资咨询业务;等等。

(3) 信托投资公司。我国的信托投资公司是在经济体制改革后开始创办起来的。例如,现已发展为金融、投资、贸易、服务相结合的综合性经济实体的中国国际信托投资公司,就创办于改革之初的1979年。以后,又陆续设立了一批全国性信托投资公司,如中国光大国际信托投资公司、中国民族国际信托投资公司、中国经济开发信托投资公司等,以及为数众多的地方性信托投资公司与国际信托投资公司。从我国信托投资公司的初创归属看,大部分曾属于银行系统所办,此外,或是由国务院出面组建的,或是由各主管部委出面组建的,更多的则是由各级地方政府以及财政等部门出面组建的。自1995年以来,根据分业经营与规范管理的要求,国家陆续进行了对信托投资公司的调整改组、脱钩及重新登记工作。

(4) 金融资产管理公司。目前,我国共有四家金融资产管理公司,即信达、华融、长城和东方资产管理公司,分别负责处置建行、工行、农行和中行的不良贷款,通过综合运用出售、置换、资产重组、债转股和证券化等方法,对不良贷款及抵押品进行处置,实际上还是从事投资银行业务的机构。

(5) 财务公司。我国的财务公司是由企业集团内部集资组建的,其宗旨和任务是为本集团内部各企业筹资和融通资金,促进其技术改造和技术进步。如华能集团财务公司、中国化工进出口公司财务公司、中国有色金属工业总公司财务公司等。

财务公司的业务包括存款、贷款、结算、票据贴现、融资性租赁、投资、委托以及代理发行有价证券等。从今后规范要求的角度看,财务公司的特点就是为集团内部成员提供金融服务,其业务范围、主要资金来源与资金运用都应限定在集团内部,而不能像其他金融机构一样到社会上寻找生存空间。财务公司在业务上受中国人民银行领导、管理、监督与稽核,在行政上隶属于各企业集团,是实行自主经营、自负盈亏的独立企业法人。

(6) 金融租赁公司。我国的金融租赁业起始于20世纪80年代初期。金融租赁公司创建时是由银行、其他机构以及一些行业主管部门合资设立的,如中国租赁有限公司、联合租赁有限公司等。根据我国金融业实行分业经营及管理的原则,对租赁公司也要实行分业经营。因此,与其所属银行等金融机构的脱钩工作也在进行之中。

(7) 农村信用合作社。农村信用合作社,又称农村信用社。这是我国历史最长、规模最大、机构最多的金融机构。

农村信用社是农村金融的主力军,是联结农民的最好的桥梁和纽带,对服务"三农"发挥着重要作用。

除了上述金融机构之外,随着我国改革开放的不断深化,特别是加入WTO后,我国金融业对外开放的广度与深度不断增加,我国出现了大量的外资金融机构。

三、金融机构的发展趋势

20世纪70年代以来,各国金融机构获得了迅猛发展,主要呈现出以下发展趋势。

(一) 在业务上不断创新,并向综合化方向发展

20世纪60年代后,特别是进入70年代以来,西方主要发达国家不断推出新机构、新业务种类、新金融工具和新服务项目,以满足顾客的需要,与此同时,商业银行业务与投资银行业务相结合,使银行发展成为全能性商业银行,为客户提供更全面的服务,而非银行性金融机构通过业务创新也开始涉足银行业务,各类金融机构的业务发展都有综合化的趋势。

(二) 跨国银行的建立使银行的发展更趋国际化

银行国际化是指银行业在国外设立分支机构,或成立跨国银行,并从事国际银行业务

及开拓境外金融业务。银行国际化是第二次世界大战后在西方各国普遍进行的,这是因为第二次世界大战后,国际贸易逐年增长;另外,随着跨国公司的快速发展,为国际贸易和海外跨国公司提供服务的银行海外分支机构也在不断扩展。银行国际化的发展加强了各国金融市场之间的密切联系,促进了国际资金流动,也使国际金融竞争更加激烈,国际性金融风险有增无减。近年来,非银行性金融机构的发展也有国际化的趋势。

(三)按照《巴塞尔协议》的要求,重组资本结构和经营结构

《巴塞尔协议》是国际清算银行为适应国际经济形势变化,于1987年12月提出的一套国际银行业的行为规范。由于绝大多数西方发达国家及银行均为国际清算银行的成员,所以,《巴塞尔协议》能够对国际银行业的发展产生更深远的影响。例如,许多银行在增加资本金的同时,开始减缓风险较大的服务业务的发展速度,控制了表外项目的增大,传统的放款业务重新得到重视。

(四)兼并成为现代商业银行调整的一个有效手段

进入20世纪90年代后,为了在激烈的竞争中巩固自己的阵地、开发新领域,银行业内不断重组,以期适应形势的变化及新要求。银行的兼并可以采取公开兼并的形式,也可以采取比较隐蔽的形式。隐蔽式兼并是指大银行通过参与制的办法把许多中小银行变为自己的附属机构。比较典型的隐蔽形式的兼并是银行持股公司制,即通过收购其他银行具有决定性表决权的股份,来取得对该银行的实际控制权。

(五)银行性金融机构与非银行性金融机构正不断融合,形成更为庞大的大型复合型金融机构

在西方大多数国家的金融机构体系中,长期以来商业银行与非银行性金融机构有较明确的业务分工。例如,美国、英国、日本等国20世纪30年代后采用的分业经营模式,就是以长短期信用业务分离以及一般银行业务与信托业务、证券业务分离为特点的。但自20世纪80年代以来,金融机构的这种分业经营模式逐渐被打破,各种金融机构的业务不断交叉,各种金融机构原有的差异日趋缩小,形成由原来分业经营转向多元化、综合性经营的趋势。①

本章小结

1. 金融机构指发行金融工具以及在金融体系中推进资金融通的经济实体,是促使资金盈余者与资金短缺者之间融通资金的信用中介。金融机构体系是指在一定历史时期和社会经济条件下建立起来的各种不同金融机构的组成及相互关系。

2. 金融机构具有存款功能、经纪和交易功能、承销功能、咨询和信托功能。

---

① 曾红燕.货币银行学[M].北京:中国人民大学出版社,2017:94.

3. 金融机构存在的理论基础在于降低交易成本、缓解信息不对称、分散和转移风险、协调流动偏好。

4. 金融机构主要分为银行金融机构和非银行金融机构。

复习思考题

1. 解释下列概念：金融机构、金融机构体系、交易成本、逆向选择、道德风险。
2. 简述金融机构的功能。
3. 金融机构存在的理论基础是什么？
4. 金融机构的一般构成是什么？
5. 我国目前的金融机构是如何构成的？
6. 金融机构的发展趋势是什么？

第五章　商业银行

学习目标

1. 了解商业银行产生、发展的过程及商业银行的组织形式。
2. 理解商业银行的性质和职能。
3. 掌握商业银行的主要业务及其构成。
4. 理解商业银行的经营管理原则。
5. 认识商业银行经营管理理论的演变过程。

本章导读

商业银行是在近代工商业基础上发展起来的综合性金融机构,也是各种金融机构中历史最为悠久、服务体系最为全面、对社会经济活动影响最大的金融机构。经历了近现代数百年的发展,商业银行已成为各国金融体系的主体,其业务构成在其发展过程中也在不断改变。本章在介绍商业银行的产生及发展过程之后,将重点介绍商业银行的性质及职能、商业银行的业务及构成、商业银行经营管理的原则及经营管理理论的演变过程等。

第一节　商业银行概述

一、商业银行的产生与发展

商业银行是以经营存、贷款为主要业务,并以盈利性、安全性、流动性为主要经营原则的信用中介机构。商业银行是随着商品经济和信用制度的发展而产生并发展起来的。

"银行"一词,英文"Bank",原为储钱柜的意思,该词起源于意大利文"Banca"一词,原意是指商业交易所用的长板凳和长桌子。虽然银行的原始形态可以在古希腊和古罗马史中找到记载,但人们公认的近代银行萌芽于意大利的威尼斯。中世纪的威尼斯,由于特殊的地理位置,成为当时著名的世界贸易中心。那时各国商人带着不同形状、不同成色和重量的铸币云集威尼斯,进行买卖交易,商人们为了完成商品交换,就必须进行铸币的交换,这样,单纯为兑换铸币而收取手续费的商人开始出现。货币经营业,即经营货币商品的商业,首先是从国际交易中发展起来的。自从各国有了不同的铸币以来,在外国购买货物的商人,就得把本国铸币换成当地铸币和把当地铸币换成本国铸币;或者把不同的铸币同作为世界货币的、未铸造的纯金或纯银相交换。由此就产业了兑换业,它应该被看成是近代货币经营业的自然基础之一。各国和各地区的商人为了避免自己长途携带货币和自己保存货币所遭到的危险,就把自己的货币交给兑换商保存,或委托他们办理支付与汇兑。由于货币兑换商经常保管大量货币和代商人办理支付、汇兑,这样他们手中集存了大量的货币资金,这些货币就成为他们从事放款业务的基础。于是,货币兑换商人逐渐开始从事信用活动,银行开始萌芽。体现银行本质特征的是信用业务的产生和发展。1580年成立了威尼斯银行,这是历史上首次以"银行"为名的信用机构。以后世界商业中心从意大利移至荷兰及欧洲北部,相继成立了阿姆斯特丹银行(1609年)、纽伦堡银行(1621年)、汉堡银行(1629年)。这些早期银行除了经营货币兑换、接受存款、划拨款项等业务之外,也发放贷款,但那时它们所经营的贷款业务仍带有高利贷性质,而且贷款对象主要是政府和拥有特权的企业,而政府凭借权力常常不归还贷款,这是造成中世纪银行衰落的重要原因之一。

17世纪,随着资本主义经济的发展,近代银行的雏形逐步显现。在资本主义生产方式建立最早的英国,银行最初是从高利贷者与金匠、金商中独立出来的。特别是金匠和金商,经常按客户的要求,代为保管金银,并签发保管金银的收据。后来这种收据逐渐变成了一种支付工具,成了银行票据的雏形。此外,金匠和金商可以按客户的要求,将其所保管的金银移交给第三者。这些经常性的经营活动,使金匠和金商手中经常集存着大量金银,于是他们便将这些贵金属贷出去,收取利息。当时利息率很高,年平均利率在20%~30%之间,这样高的利息率不利于资本主义工商业的发展。但货币经营业务孕育了信贷业务的萌芽,为商业银行的产生打下了基础。以工商业贷款为主要业务的商业银行,是随着资本主义生产关系的产生而产生的。因为前资本主义高利贷性质的银行业不能满足资本主义发展对信用的需求,迫切需要建立能汇集闲置货币资本,并按照适度的利息水平提供贷款的银行。因此,新兴的资产阶级一方面展开反对高利贷的斗争;另一方面呼唤着适应资本主义发展需要的新型银行。与此相应,资本主义银行是通过两条途径产生的:一条途径是高利贷性质的旧式银行在新的条件下,逐步改变自己的经营以适应产业资本和商业资本的需要;另一条途径是新兴的资产阶级按照资本主义经营原则组织股份制银行。1694年在英皇威廉三世的支持下,英国商人集股建立起来的英格兰银行是世界上第一家股份制商业银行,它的建立,标志着资本主义现代银行制度的正式确立,也意味着高利贷在信用领域的垄断地位已被动摇。此后,西方各国纷纷效仿,股份制商业银行逐渐成为资本主义银行的主要形式。这种银行资本雄厚、规模大、利率低,能够大量提供信用资本,极大地推动了资本主义经济的发展。

随着商品经济的发展,今天的商业银行与其当时因发放基于商业行为的自偿性贷款而获得的称谓相比,其内涵更为广泛而深刻。经济发展对资金需求的多样化,对金融服务的新要求,竞争和盈利动机的激励,使商业银行的经营内容、范围以及所具有的功能,都在不断地发展。世界上大多数商业银行都从事着多种综合性银行服务,被称为"百货公司式"的银行。

二、商业银行的组织形式

各国由于社会经济条件不同,商业银行的组织形式也不尽相同,大体说来,主要有以下四种形式。

(一)单元银行制度

单元银行制度又称单一银行制度,指银行业务完全由一个独立的银行机构经营,不设或不允许设立分支机构的银行组织制度。这种银行制度目前仅存于美国。单一银行制度在美国有其历史背景。由于经济发展不平衡,为了满足各州中、小厂商发展的需要,反对金融权力集中和银行间的相互吞并,因此各州都通过银行立法禁止或限制开设分支行。但随着经济的发展,地区经济联系的加强,以及金融业竞争的加剧,许多州对银行开设分支机构的限制有所或正在逐步放宽,如已有近半数的州允许银行在全国范围内设立分支机构,有的州允许有限制地设立分支机构。到底应否实行单元银行制,在美国一直是个有争议的问题。然而,无论争议结果如何,单元制向分支行制发展的趋势确已形成。1994年9月,美国国会通过《瑞格-尼尔跨州银行与分支机构有效性法案》,允许商业银行跨州设立分支机构。2000年以来,设立分支行的限制进一步放松,约三分之一的州准许银行在本州范围内开设分支机构,三分之一的州准许在商业银行总行所在地的城市设立分支机构,其余三分之一的州根本不准许设立分支机构,或者要经过许多审批手续,限制仍严。①

单一银行制在一定程度上限制了银行吞并和垄断,缓和了银行间的竞争和集中,有利于协调地方政府与银行的关系,在业务上具有较大的灵活性和独立性。但它在限制竞争的同时,也限制了银行自身的业务创新和规模的扩大。

(二)分支行制度

分支行制度是指商业银行在各大中心城市设立总行,在本埠、国内、国外普遍设立分

---

① 万解秋.货币银行学通论[M].3版.上海:复旦大学出版社,2015:198.

支机构的制度。分支行制度是目前西方国家普遍采用的一种银行制度。英国、德国、法国、日本、意大利、瑞典等国均采用这种组织形式。

分支行制经营规模庞大,有利于展开竞争,易于采用现代化设备,提供高效率和多层次服务,从而获得规模效益。它也能够在更大范围内及时调度资金,提高资金的使用效益;由于放款总额分散,有利于分散风险。但它在客观上形成了垄断,不利于同业公平竞争;在内部管理上由于层次多而给管理带来一定困难。

(三) 银行控股公司制度

银行控股公司制度又称集团银行制,指由某一集团成立股权公司,再由该公司控制和收购两家以上银行股票的银行制度。这种股权公司既可以由非银行的大型企业组建,也可以由大银行组建。控股公司所拥有的银行在法律上是独立的,保持自己的董事会,对股东负责,接受管理机构的监督,但其业务与经营政策由控股公司统一控制。银行控股公司发端于 20 世纪初,第二次世界大战以后获得长足发展,在美国最为流行。

银行控股公司能够有效地扩大资本总量,增强银行的实力,提高抵御风险和竞争的能力,弥补了单元制的不足。但它容易形成银行业的集中和垄断,不利于银行之间开展竞争。

(四) 连锁银行制度

连锁银行制度指由同一个人或集团购买两家以上银行多数股票,从而控制银行的经营决策而又不以股份公司的形式出现的一种银行组织形式。连锁银行的成员一般都是形式上独立的小银行,它们一般环绕在一家主要银行的周围。其中的主要银行确立银行业务模式,并以它为中心,形成集团内部的各种联合。

三、商业银行的性质和职能

从商业银行产生和发展的历史过程可以看出,商业银行是以追逐利润为目标,以经营金融资产和金融负债为对象的综合性多功能的金融企业。

首先,商业银行具有一般企业的基本特征,是社会经济的重要构成部分。它具有从事业务经营所需的自有资本,依法经营,照章纳税,自负盈亏,与其他工商企业一样,以利润为目标,所以,从这一点看,它与工商企业并无二致。

其次,商业银行与一般的工商企业又有所不同。工商企业经营的是具有一定使用价值的商品,从事商品生产和流通;而商业银行是以金融资产和金融负债为经营对象,经营的是特殊商品——货币和货币资本,经营内容包括货币的收付、借贷及各种与货币运动有关或者与之相联系的金融服务。同一般工商企业的区别,使商业银行成为一种特殊的企业,即金融企业。

第三,商业银行作为金融企业,与专业银行和其他金融机构相比又有所不同。商业银行的业务更综合、功能更全面,经营一切金融"零售"业务和"批发"业务,为客户提供所有的金融服务。而专业银行只集中经营指定范围内的业务和提供专门性服务;其他金融机构,如信托投资公司、保险公司等,业务经营的范围相对来说更为狭窄,业务方式更趋单一。随着各国金融管制的放松,专业银行和其他金融机构的业务经营范围也在不断扩大,但与商业银行相比,仍相差甚远。商业银行在业务经营上的优势,使其业务扩张更为迅速,发展更快。

商业银行的职能,是由它的性质所决定的,商业银行作为金融企业,有着如下特定职能:

1. 信用中介职能

信用中介职能是商业银行最基本、最能反映其经营活动特征的职能。这一职能的实质是通过银行的负债业务,把社会上的各种闲散货币资本集中到银行,再通过资产业务,把它投向社会经济各部门和单位。商业银行是作为货币资本的贷出者与借入者的中介人,来实现资本的融通。

商业银行通过信用中介的职能实现资本盈余和短缺之间的调剂,并不改变货币资本的所有权,改变的只是货币资本的使用权,这种使用权的改变对经济过程形成了多层次的调节转化作用:

第一,通过信用中介职能,可以把暂时从再生产过程中游离出来的闲置资本转化为职能资本,在不改变社会资本总量的条件下,通过改变资本的使用量,扩大再生产规模,扩大资本增值。

第二,通过信用中介职能,可以把不当作资本使用的小额货币储蓄集中起来,变为可以投入再生产过程的巨额资本,把用于消费的收入,转化为能带来货币收入的资本,扩大了社会资本总量,从而使社会再生产以更快的速度增长。

第三,通过信用中介职能,可以把短期货币资本转化为长期货币资本。在利润原则支配下,还可以把货币资本从效益低的部门引向效益高的部门,形成对经济结构的调节。

2. 支付中介职能

商业银行通过存款在账户上的转移,代理客户支付;在存款的基础上,为客户兑付现款等,成为工商企业、团体和个人的货币保管者、出纳者和支付代理人,商业银行成为债权债务关系与支付的中心。

支付中介职能的发挥,大大减少了现金的使用,节约了社会流通费用,加速了结算过程和货币资本的周转,促进了社会再生产的扩大。

3. 信用创造功能

商业银行在信用中介职能和支付中介职能的基础上,产生了信用创造功能。商业银行是能够吸收各种存款的银行,利用其吸收的存款发放贷款,在支票流通和转账结算的基础上,贷款又转化为存款,在这种存款不提取现金或不完全提现的情况下,新增加了商业银行的资金来源,最后在整个银行体系中形成了数倍于原始存款的派生存款。商业银行

不可能无限制地创造信用,更不能凭空创造信用,它要受以下几个因素的制约:

(1) 商业银行的信用创造要以存款为基础。就每一个商业银行而言,要根据存款发放贷款和投资;就整个商业银行体系而言,也是在原始存款的基础上进行创造,信用创造的限度,取决于原始存款的规模。

(2) 商业银行的信用创造,要受中央银行的存款准备金率、自身的现金准备率及贷款付现率的制约。信用创造能力与上述比率成反比。由于这些制约因素的存在,使存款的派生能力受到一定的限制。

(3) 创造信用的条件,是要有贷款需求。如果没有足够的贷款需求,贷款就发放不出去,就谈不上信用创造,因为贷款才派生存款;相反,如果收还贷款,就会相应收缩派生存款,收缩的程度与派生的程度相一致。

因此,对商业银行来说,具有最重要意义的仍然是存款,只有吸收的存款越多,才有可能扩大贷款规模,实现经营目标。商业银行创造信用的实质,从整个社会再生产过程看,是信用工具的创造,并不是资本的创造。它的进步意义在于加速资本周转,节约流通费用,满足经济过程中对流通和支付手段的需要。

4. 金融服务职能

随着经济的发展,工商企业的经营环境日益复杂,银行间的业务竞争也日益剧烈。银行由于联系面广,信息比较灵通,特别是电子计算机在银行业务中的广泛应用,使其具备了为客户提供信息服务的条件,咨询服务、对企业"决策支援"等服务应运而生。工商企业生产和流通专业化的发展,又要求把许多原来属于企业自身的货币业务转交给银行代为办理,如发放工资、代理支付其他费用等。个人消费也由原来的单纯钱物交换,发展为转账结算。现代化的社会生活,从多方面给商业银行提出了金融服务的要求。在激烈的业务竞争压力下,各商业银行不断地开拓服务领域,借以建立与客户的广泛联系,通过金融服务业务的发展,进一步促进资产负债业务的扩大,并把资产负债业务与金融服务结合起来,开拓新的领域。在现代经济生活中,金融服务已成为商业银行的重要职能。

互联网银行的产生和发展

从20世纪80年代末开始,欧美国家的互联网技术迅猛发展,同时金融业务也不断增加,而二者的不断融合促进了互联网金融业务的诞生。在传统金融业务的互联网化当中,则包括互联网银行、互联网券商和互联网保险。在欧美国家率先兴起并逐渐发展壮大的互联网银行新模式,引领着世界互联网金融的浪潮。互联网银行是一种新型的银行业态。它在早期主要依靠信件、电话和自动设备,而在后来逐步发展为通过互联网和移动终端提供相关金融服务,而在这个过程当中,银行实体网点或者柜台逐步减少乃至消失。世界上第一家互联网银行诞生于英国,1989年第一互联网银行(First Direct)通过电话办理银行业务,而没有设立分支网点和柜台,所以这样的互联网银行也可以被称为电话银行。而随后互联网技术迅猛发展,互联网银行开始在美国快速发展。在 1995 年,美国最早的互联网银行——安全第一网络银行(Security First Network Bank,SFNB)建立,它开始尝试通过互联网提供 24 小时的金融服务,成为真正意义上的互联网银行。同年 10 月,美国花旗银行率先在互联网上设立网点,形成了虚拟银行的雏形。

美国安全第一网络银行是当今世界一个典型的网络银行。1995 年 10 月 18 日,美国三家银行 Area Bank 股份公司、Wachovia 银行公司、Hunting Bancshares 股份公司以及 Secureware 和 Five Space 计算机公司联合在互联网上成立全球第一家无实体银行网点的纯互联网银行,即美国安全第一网络银行 SFNB。安全第一网络银行是得到美国联邦银行管理机构批准,在互联网上提供银行金融服务的第一家银行,也是在互联网上提供大范围和多种银行服务的第一家银行。安全第一网络银行开业后的短短几个月,即有近千万人次上网浏览,给金融界带来极大震撼。于是便有若干银行立即紧跟其后,在网上开设银行。随即,此风潮逐渐蔓延至全世界,网络银行走进了人们的生活。1996 年年初,美国安全第一网络银行全面在互联网上正式营业并开展银行金融服务,用户可以采用电子方式开出支票和支付账单,可以上网了解当前货币汇率和升值信息,而且由于该银行提供的是一种联机服务,因此用户的账户始终是动态的。1998 年 1 月,美国安全第一网络银行通过互联网为用户提供一种称为环球网(WEB INVISION)系统的服务。环球网系统是建设在美国安全第一网络银行网络系统之上的一种金融管理系统。利用该系统,用户能够通过互联网访问自己最新的账目信息,获取最近的商业报告或通过直接拨号实时访问资金状况和投资进展情况,不需要在用户端安装特殊的软件。环球网系统主要是面向小企业主和财会人员设计的。这些人可以利用环球网系统了解公司资金的最新情况,还可以利用环球网系统使用他们的电子邮件与美国安全第一网络银行联系,访问拥有全国或地区性的各种经济状况和各种相关数据的数据库。

一般来讲,互联网银行同传统银行相比具有一些比较鲜明的特点,这些特点已经在国外互联网银行的发展过程当中逐步体现出来了:

首先,互联网银行比传统银行更具备价格优势。由于互联网银行没有实体网点,可以节约银行运营的成本。所以,互联网银行一般能够给客户提供更有竞争力的存贷款利率以及更低的手续费用,一般也没有账户管理费用,能够为新开户客户提供具有一定吸引力的礼品或礼金,部分互联网银行还提供全球免费的自动取款等功能。

其次,互联网银行一开始的目标客户是新生代中等收入群体。这些新生代中等收入群体对互联网十分熟悉,而且其中的大部分人已经形成网络购物的习惯,对于网上支付依赖加大。另外,这一群体对于存款利率的变动比较敏感,可能会对多家银行的存款利率进行对比。而且,可能由于工作繁忙的原因,这些群体成员没有足够的时间前往实体银行网点办理业务。因此,互联网银行能够很好地迎合这些群体的偏好特点,不但能够节约办理业务的时间,更提供了具有竞争力的存款利率,因此对于这个群体具有很大的吸引力。

再次,互联网银行提供的产品比较标准化,主要涉及活期定期存款、大额贷款、转账汇款、网上交易支付、按揭贷款和理财投资等。而每个产品种类下面可供客户选择的产品数量也比较少,也不提供个性化、定制化的产品和服务。

最后,互联网银行的服务过程简洁高效。互联网银行的客户往往可以足不出户就能完成各项业务,相对于传统银行柜台的流程,节省了大量的时间和精力。加之互联网银行的网页设计风格简单明了,突出重点,产品种类也精简,客户可以很容易地就找到所需的服务项目。

从国外互联网银行的发展看,可以分为三种方式,即依附传统银行、依附非银行机构和构建纯虚拟互联网银行。

第一种方式是依附于传统银行,主要指传统银行将柜台业务延伸到网上,建立互联网银行,收购纯虚拟银行或采取目标集聚战略,专注于狭小的目标市场。例如,富国银行、加拿大皇家银行旗下的安全第一网络银行等。加拿大皇家银行是加拿大规模最大、盈利能力最强的银行之一。它收购了美国安全第一网络银行,目的在于扩大其在美国金融市场的业务和份额,并顺理成章地步入了美国金融零售业务的市场,利用安全第一网络银行吸收的存款投资于加拿大的中小企业,并从中获取收益。更重要的一点是,它利用这次收购,将业务拓展至一个新兴的、飞速发展的领域。这次收购使加拿大皇家银行立即站在互联网银行发展的最前沿,成为一次低成本、高效益兼并的典范。

第二种依附于非银行机构模式是指保险公司、证券公司等非银行机构利用自身的优势成为新的竞争者。以 Entrust Bank 为例,这是一家位于美国堪萨斯州的社区金融机构。它建立网络银行是将其视为防止当地客户流失的一种手段。当新兴的网络银行出现,产生强大冲击时,发展自己的网络银行以保证在目标客户市场中的份额,是该银行最好的选择。今天其网络客户可以进行远程交易,并随时检查交易情况。

第三种纯互联网银行一般是指没有物理分支机构的银行,它们或者采取全方位发展模式,或者采取特色化发展模式,在激烈的竞争中不断开发新产品或服务,成为创新的前沿。纯互联网银行一般只设有一个办公机构,既无分支机构,也没有营业网点。所有业务都是通过网络来完成。纯互联网银行可以借此来树立自己的品牌,以极其低廉的交易费用实时处理各类交易,提供一系列的投资、抵押和保险综合服务。由于其客户服务等各种成本都非常低廉,纯互联网银行就可以提供更加优惠的存贷款利率。当然,由于无法收付现金,从而加剧了对第三方发展的依赖性,以及客户对纯互联网银行的安全性的担忧,这些都对纯互联网银行的进一步发展造成了影响。

资料来源:《商业银行互联网战略转型研究》,北京大学互联网金融研究中心课题组。

第二节 商业银行的业务构成

随着时间的推移和经营环境的变化,商业银行经营的业务种类越来越多,国外的一些大型商业银行被称为"金融百货公司",反映的也就是金融商品和金融服务的种类越来越多。从资金的吸收到资金具体运用,商业银行的业务大体上可分为负债业务、资产业务、中间业务及表外业务几大类。

一、负债业务

银行的资金来源于银行资本和银行负债两大类。狭义的负债指银行存款和借款等一切非资本性债务,广义的负债是在狭义负债的基础上再加上银行自有资本及资本性票据、长期债务资本。[①]

(一) 银行资本

商业银行的资本是指商业银行自身拥有或者能永久支配使用的资金。一定数额的达到法定要求的资本不仅是商业银行得以建立、开业的基础,而且是其生存、发展、壮大的前提条件。鉴于商业银行在国民经济中的特殊地位,各国金融管理当局往往采取各种手段对其进行规范和控制,其中资本要求就是对商业银行监管的重要一环。

一般认为银行资本有以下四方面的主要用途:(1)当银行破产时,银行资本首先被用于赔偿非保险性存款,因此,银行资本起到了增强公众信心、防止银行倒闭的作用。(2)当银行出现非预期性或意外损失时,银行资本可用于消化这些亏损,从而恢复公众信心,使银行得以继续正常经营。(3)银行资本还用于购置日常金融服务所需的各种装备与设施。(4)在当局关于最低资本限额的规定下,银行资本构成对银行资产无节制膨胀的内在限制。

银行资本由普通股、优先股、盈余、资本性票据和长期债务及各项储备构成。根据巴塞尔协议的规定,实际缴足的、永久性的股东权益属于一级资本,贷款损失准备金、债务资本等属于二级资本。

(二) 存款业务

按存款的支取方式划分,存款分为活期存款、定期存款和储蓄存款三类。

1. 活期存款

活期存款是指无须任何事先通知,存款户即可随时存取和转让的一种银行存款。这

[①] 戴国强.货币金融学[M].4版.上海:上海财经大学出版社,2017:76.

种存款是主要用于交易和支付用途的款项,支用时需要使用银行规定的支票,因而又称之为支票存款。其形式有支票存款账户、保付支票、本票、旅行支票和信用证等。活期存款能满足存款户存取方便、运用灵活的需要,也是客户从银行取得贷款和服务的重要条件。因此,政府、社会团体、公司、合伙企业及个人等都在商业银行开立活期存款账户。但由于该类存款存取频繁,手续复杂,所费成本较高,因此,西方国家商业银行一般都不支付利息,有时甚至还要收取一定的手续费。

虽然活期存款的经营成本较高,但是活期存款是商业银行重要的资金来源,对商业银行有着重要意义。首先,由于活期存款在筹集过程中会形成一笔相对稳定、数量可观的余额,因此,活期存款不仅可以用于短期贷款和投资,还可以将这部分稳定的资金用于中长期贷款和投资。其次,活期存款具有较强的信用创造能力。当存款人以使用支票的形式提取现金,并将支票进行多次转让而并不提现时,这便使商业银行具有了信用创造和扩张能力。最后,活期存款业务有利于密切银行和客户的关系。

2. 定期存款

定期存款是一种由存户与银行预先约定期限,到期偿还本金并支付一定利息的存款。期限通常为三个月、六个月、一年或一年以上不等,并根据不同的期限制定不同的利率,长期存款的利率要高于短期存款,但是无论期限多长,其利率都要高于活期存款。定期存款一般要到期才能提取,对于未到期而提前提取的存款,商业银行将进行一定的罚息,在我国,定期存款可提前支取一次,对于提取部分按活期存款利率计息,对未提取部分仍按原利率不变。

定期存款是货币所有者获取利息收入的重要金融资产,也是银行获取资金的重要渠道,它对于银行而言也有着特殊重要的意义。首先,定期存款是银行稳定的资金来源。这是因为定期存款的期限较长,按规定一般不能提前支取,这样银行就可将这部分资金用于中长期投资或放款而无流动性风险之忧。其次,定期存款的资金利用率高于活期存款。定期存款由于提取有时间限制,故稳定性较强,存款准备金率较低,银行可以把吸收的绝大部分资金都贷出去用以获取收益。最后,定期存款的营业成本低于活期存款。因为定期存款只需开具一张定期存单即可,在存款期间银行几乎不提供任何服务,除了利息之外,银行为定期存款所支付的各种费用很低,有利于提高银行的收益。

3. 储蓄存款

储蓄存款是指为居民个人积蓄货币和获取利息而设定的一种存款业务,通常由银行发给客户存折以作为存款和提现的凭证,其存取没有一定期限,只凭存折便可提现。储蓄存款一般不能据此签发支票,不能透支,支用时只能提取现金或转入存款人的活期存款账户。由于它的流动性介于活期存款和定期存款之间,因此,其利率也介于二者之间,高于活期存款而低于定期存款。

活期存款通常可分为活期储蓄存款、定期储蓄存款和定活两便储蓄存款三种。活期储蓄存款是指开户时不约定期限,存取款数目不受限制,储户可随时存取的一种储蓄方式。活期储蓄存款来源于人们生活待用款项和滞留时间较短的手持现金。活期储蓄具有存取方便、灵活、适应性强、流动性大的特点。活期储蓄分活期存折储蓄、活期存单储蓄和活期支票储蓄三种。定期储蓄存款是指储户在存款时事先约定存期,一次或分次存入,一次或多次支取本金或利息的一种储蓄方式。一般来说,定期储蓄的存期与利率成正比。定期储蓄又分别设置了整存整取、零存整取和存本取息三种。定活两便储蓄存款是开户时不确定存款,存款可以随时提取,利率随实际存期长短而变动的一种储蓄存款。这种存款集合了定期储蓄存款和活期储蓄存款二者的优势,既可以像活期储蓄存款那样随时提取,又可以像定期储蓄存款那样获得按一定比例折扣后的优惠利率。

（三）借款业务

商业银行的非存款性负债又叫借入负债,是指商业银行主动通过金融市场或直接向中央银行融通资金,是商业银行除存款以外的又一重要资金来源。由于非存款性负债大部分无准备金要求,降低了非存款借款筹资成本,且筹资速度快,近年来银行的非存款借款迅速增长。一般来说,商业银行规模越大,越愿意用非存款性负债。

商业银行的借入负债可以按期限长短不同分为短期借入负债和长期借入负债。短期借入负债是指期限在一年以内的借入负债,主要包括同业借款、向中央银行借款、回购协议、出售大额可转让定期存单、票据市场借款、欧洲短期信贷市场借款等。长期借入负债是指期限在1年以上的借入负债。商业银行长期借入负债一般采用发行金融债券的形式,主要包括资本性金融债券、一般性金融债券、国际性金融债券等。

1. 同业借款

同业借款是指商业银行与其他金融机构之间开展的4个月至3年(含3年)的银行间借贷,是同业拆借和转贴现、转抵押的统称。同业拆借是指金融机构(中央银行除外)之间为调剂资金头寸、支持日常性的资金周转而进行的短期借贷,是同业借款的主要形式,也是商业银行传统的、主要的短期借入负债业务。转贴现是指商业银行在资金临时不足时,将已经贴现但仍未到期的票据,交给其他商业银行或贴现机构给予贴现,以取得资金融通。转抵押是指商业银行在临时性资金短缺、周转不畅的情况下,通过转抵押的方式向中央银行之外的金融机构办理的贷款。转抵押贷款的程序与工商企业向商业银行申请抵押贷款的程序基本相同,手续较复杂,技术性也较强。

2. 向中央银行借款

中央银行是一国金融机构体系的领导和核心,作为"最后贷款人",中央银行的重要职能之一就是充当整个金融机构体系的最后贷款人,即当商业银行等金融机构在经营过程中出现头寸不足或资金周转不灵时,可以向中央银行申请借款。商业银行向中央银行借款主要有两种形式:一是再贴现,二是再贷款。再贴现是指商业银行将其从工商企业那里以贴现方式买进的未到期的商业票据再向中央银行进行贴现,也称间接借款。再贴现是中央银行三大传统的货币政策工具之一,中央银行通过调整再贴现利率、票据的质量、期限及种类等,可以影响商业银行的筹资成本,起到影响基础利率的作用。再贴现利率一般略低于再贷款利率。再贷款是指商业银行向中央银行直接借款,是中央银行控制货币供应量的主要途径之一,分为信用贷款、抵押贷款两种。信用贷款是指一家信誉较好的商业银行可以仅以自己的信用作为保证,不需要提供任何抵押品就可以从中央银行那里取得一定量的借款;抵押贷款是指商业银行将其持有的各种有价证券和票据或其企业客户的贷款抵押品再抵押给中央银行而取得的借款。这种抵押贷款融资方式较再贴现更简便、更灵活。

3. 回购协议

回购协议指的是在出售证券的同时,与证券的购买商达成协议,约定在一定期限后按预定的价格购回所卖证券,从而获取即时可用资金的一种交易行为。此种协议实际上是由卖方提供抵押品给买方,就卖方而言,回购协议即为一种抵押贷款形式,对于买方而言,回购协议又称为"逆回购协议"或"反回购协议",即资金供给者在签订协议时交割资金、买回证券等金融资产,而在合同期满时再卖出证券等金融资产换回资金。回购协议可以是隔夜交易,也可以期限长达几个月,大部分回购协议的期限是几天。根据双方协定日期来划分,回购协议又分为双方协定日期为1天的隔夜回购、超过1天的定期回购、未规定期限的开放式回购。

4. 出售大额可转让定期存单

大额可转让定期存单是由商业银行发行的、可以在市场上转让的存款凭证。大额可转让定期存单的期限一般为14天到一年,金额较大,美国为10万美元。大额可转让定期存单是绝对不能提前支取的,如果持有者急需资金,只能将其在二级市场上出售,其转让价格随行就市。大额可转让定期存单的销售对商业银行主要客户的影响是在同一商业银行的存款账户间简单地进行资金转移,这一简单的转账可以使商业银行保持资金来源的稳定性。

5. 欧洲短期信贷市场借款

欧洲信贷市场产生于20世纪50年代,是一种特殊类型的国际商业贷款形式。它是指设在货币发行国国境以外的银行经营的该种货币的贷款,也称离岸金融市场。欧洲信贷市场按其业务可分为欧洲短期信贷市场、欧洲中长期信贷市场和欧洲债券市场。其中,欧洲短期信贷市场形成最早、规模最大,其余两个市场都是在欧洲短期信贷市场发展的基础上衍生形成的。在当前经济全球化、国际金融市场一体化的进程中,商业银行可以利用这种国际金融市场来获取所需的短期资金。信用工具包括固定利率的定期存单、欧洲美元存单、浮动利率的欧洲美元存单和本票等。短期资金信贷的期限一般为1天至1年,借款金额一般以100万美元为起点。

6. 资本性金融债券

资本性金融债券是为弥补银行资本不足而发行的,介于存款负债和股票资本之间的一种债务,《巴塞尔协议》称之为次级长期债务。它的利息以及对银行收益的资产分配要求权优先于普通股和优先股,次于银行存款和其他负债。

7. 一般性金融债券

一般性金融债券是指商业银行为筹集用于长期贷款、投资等业务资金而发行的债券,主要有担保债券和信用债券。担保债券是指由一定保证人作担保而发行的债券。当企业没有足够的资金偿还债券时,债权人可要求保证人偿还。信用债券是指没有抵押品,完全靠公司良好的信誉而发行的债券,也称无担保债券,通常只有经济实力雄厚、信誉较高的企业才有能力发行这种债券。

8. 国际性金融债券

国际性金融债券是指商业银行在国际金融市场上发行的、面额以外币表示的金融债券。主要有欧洲金融债券、外国金融债券等。外国金融债券是指商业银行所在国与发行市场所在国具有不同的国籍并以发行市场所在国的货币为面值货币发行的债券。该债券的特点是发行债券的商业银行在一个国家,而债券的面值则用另一个国家的货币表示,如我国在日本金融市场上发行的日元债券。欧洲金融债券是指商业银行通过其他金融机构,在债券面值表示所用的货币所在国以外的第三个国家发行的金融债券。如我国在伦敦市场上发行的美元债券就是一种欧洲债券,又称欧洲美元债券。

二、资产业务

资产业务是银行运用资金的业务,包括现金资产、贷款资产、证券投资及银行固定资产等类型。

(一) 现金资产

现金资产是银行资产中最富流动性的部分,基本上不能给银行带来直接的收入。它包括库存现金、交存中央银行的存款准备金、同业存款及托收中的款项等项目。

库存现金是指商业银行保存在金库中的现钞和硬币,其作用是应付客户提现和银行本身的日常零星开支,因此,任何一家营业性的金融机构,都必须保持一定数量的现金。商业银行在中央银行的专门准备金由两部分构成:一是法定存款准备金,二是超额准备金。法定存款准备金管理主要是准确计算法定存款准备金的需要量和及时上缴应缴的准备金。在现代商业银行中法定存款准备金率政策已经成为中央银行货币政策的基本工具之一。超额存款准备金是指存于中央银行的超出了法定存款准备金的那部分存款,银行可以用其进行日常的各种支付和放贷活动。超额存款准备金是商业银行最重要的可用头寸,在存款准备金总量一定的情况下,超额存款准备金与法定存款准备金有此消彼长的关系。同业存款是银行之间和其他金融机构之间的相互存款,目的是为了能够顺利办理支票与票据交换、托收、汇款等事宜,资产项目下的同业存款账户指的是本银行存于其他银行的款项。托收中的现金是指银行间的确认与转载账过程中的支票金额,也称在途资金或浮存。当个人、企业和政府部门将其收到的支票转入银行时,不能立即调动该款项,而必须在银行经过一定时间确认后方可提现使用。

银行是高负债运营的金融企业,对其存款客户负有完全债务责任。从银行安全性角度来看,其流动性满足得越好,安全性就越有保障。如果银行的现金资产不足以应付客户的提现要求,就会加大银行的流动性风险,引发挤兑风险,甚至导致银行破产,进而出现货币供给的收缩效应,削弱商业银行创造存款货币的能力,弱化商业银行的社会信用职能,这是商业银行经营过程中应极力避免的情况。

(二) 贷款资产

贷款是商业银行最主要的盈利资产,贷款的种类,可以根据不同的标准进行多种方式的划分。

1. 根据客户申请贷款的数量划分

根据这一划分,可将贷款分为"批发贷款"与"零售贷款"。前者主要针对工商企业与金融机构而言,用于资助工商企业或不动产的经营。后者主要针对个人,包括个人消费贷款、个人购买证券的贷款等。

2. 根据借款者或按借款目的划分

根据这一划分,贷款可分为工商业贷款、不动产抵押贷款、农业贷款、消费者贷款、对金融机构的贷款等,从字面上看,其意义不言而喻。

3. 按归还期限划分

根据这一划分,贷款可分为短期、中期与长期三种。短期贷款规定在1年之内归还,用于支持企业短期流动资金需求或季节性资金需求。中期贷款一般期限为1~5年,通常在贷款期限内分期偿还本息。长期贷款一般指归还期限5年以上的贷款,主要是由银行发放的抵押贷款。

4. 按银行贷款的保障条件来划分

根据这一划分,银行贷款可以分为信用贷款、担保贷款和票据贴现。信用贷款是指银行完全凭借客户的信誉而无须提供抵押物或第三者保证而发放的贷款。这类贷款从理论上讲风险较大,银行要收取较高的利息,而且一般只向银行熟悉的较大的公司借款人提供,对借款人的条件要求较高。

担保贷款是指以一定财产或信用作为还款保证的贷款。根据还款保证的不同,具体分为抵押贷款、质押贷款和保证贷款。银行根据《担保法》中的保证方式向借款人发放的贷款称为保证贷款。《担保法》中规定的保证方式包括一般保证和连带责任保证。当事人在保证合同中约定,债务人不能履行债务时,由保证人承担保证责任的,为一般保证。当事人在保证合同中约定保证人与债务人对债务承担连带责任的,为连带责任保证。银行发放保证贷款,贷款保证人就应当按照法律规定承担债务的一般保证或连带责任保证,当债务人不能履行还款责任时,由保证人负责偿还。抵押是指债务人或者第三者不转移抵押财产的占有,将该财产作为债权的担保。银行以抵押方式作担保而发放的贷款,称为抵押贷款。在质押方式下,受质押人在债务全部清偿以前拥有债务人用作质押财产的占有权,而且在某些情况下,受质押人还有权出卖该财产,以《担保法》中规定的质押方式发放的贷款称为质押贷款。

担保贷款由于有财产或第三者承诺作为还款的保证,所以贷款风险相对较小。但担保贷款手续复杂,且需要花费抵押物(质物)的评估、保管以及审核费用,贷款成本比较高。

票据贴现是一种特殊的贷款方式。它是指银行应客户的要求,以现金或活期存款买进客户持有的未到期的商业票据的方式发放贷款。票据贴现实行预扣利息,票据到期后,银行可向票据载明的付款人收取票款。如果票据合格,且由具有良好信誉的承兑人承兑,这种贷款的安全性和流动性就比较好。

5. 按照贷款的质量和风险程度划分

根据这一划分,银行贷款可以分为正常贷款、关注贷款、次级贷款、可疑贷款和损失贷款五类。1998年4月,中国人民银行在比较了各国商业银行在信贷资产风险分类做法的基础上,结合我国的国情,制定了《贷款风险分类指导原则》。该原则规定:中国人民银行将正式采用新的贷款风险分类方法,按风险程度将贷款划分为五类,即正常、关注、次级、可疑、损失,后三种为不良贷款。

正常贷款是指借款人能够履行借款合同,有充分把握按时足额偿还本息的贷款。这类贷款的借款人财务状况无懈可击,没有任何理由怀疑贷款的本息偿还会发生任何问题。

关注贷款是指贷款的本息偿还仍然正常,但是发生了一些可能会影响贷款偿还的不利因素。如果这些因素继续存在下去,有可能影响贷款的偿还,因此,需要对其进行关注,或对其进行监控。

次级贷款是指借款人依靠其正常的经营收入已经无法偿还贷款的本息,而不得不通过重新融资或拆东墙补西墙的办法来归还贷款,表明借款人的还款能力出现了明显的问题。

可疑贷款是指借款人无法足额偿还贷款本息,即使执行抵押或担保,也肯定要造成一部分损失。这类贷款具备了次级贷款的所有特征,而且程度更加严重。

损失贷款是指在采取了所有可能的措施和一切必要的法律程序后,本息仍然无法收回,或只能收回极少部分。这类贷款银行已没有意义将其继续保留在资产账面上,应当在履行必要的内部程序之后,立即予以冲销。

6. 按费用定价方法划分

根据这一划分,可分为固定利率贷款与浮动利率贷款。固定利率贷款,顾名思义,客户根据与银行商定的利率还本付息。浮动利率贷款分为两种情况:一种是对资信状况极好又与银行有长久合作关系的客户,一般实行优惠利率,即在银行贷款标准利率的基础上向下浮动;另一种情况是在市场利率不稳定的条件下为了使双方都避免一定的利率风险,在基础利率的基础上进行浮动。

(三)投资业务

商业银行的投资主要指的是证券投资。投资与贷款相比,具有较强的主动性、独立性,不像贷款那样有时迫于客观因素或人情的影响。而且由于投资证券的流动性较强,即变现能力较强,加上购买证券时银行不是唯一债权人,风险较小。以上种种,使得商业银行乐于进行证券的投资。西方商业银行投资的证券主要有以下几大类:

第一类是政府债券,即国债,由中央政府发行。这种证券较安全,信用风险低,流动性较强,亦有较好的收益,还可作为中央银行再贷款的抵押,所以很受商业银行的欢迎。政府债券分为国库券(1年以内)、中期债券(1~10年)、长期债券(10年以上)三种。银行的国库券持有量较大。

第二类为政府机构债券。政府机构债券是中央政府以外的其他政府部门或有关机构发行的债务凭证。一般来说,政府提供担保,因而该类证券的信誉较好,商业银行也愿意接受。政府机构债券期限较长而收益高于政府债券,商业银行投资于这种债券主要是为了获利。

第三类为地方政府债券,又称市政债券。这是由地方政府发行的,为发展地方经济筹集资金的债券,由于其免征国家所得税与地方所得税,虽然利息看起来较低,但税后利润颇高,很受商业银行重视。

第四类为公司证券,包括公司债券与公司股票。商业银行对公司债券的兴趣不是太大,因为公司债券风险较大而且期限一般较长,又不可免税。对于公司股票,不同国家有不同规定,多数国家禁止商业银行投资公司股票,但日、法、德等国是允许的,有些国家如英、美等国,允许商业银行将资本金的一定比例用作股票投资。我国《商业银行法》规定商业银行不得从事股票业务。

第五类为金融债券,这是商业银行为贷款筹集资金而发行的债务凭证,同业间可以相互持有。日本一般规定只有长期信贷银行才可以发行金融债券,在我国,商业银行发行金融债券需经批准。

第六类为混合证券。这种证券由企业发行,既有债券的性质,又有股票的性质,包括股息固定的优先股、可转换为股票的债券、可调整利率的债券以及商品价格证券。

三、中间业务与表外业务

(一)中间业务

传统的中间业务是指银行不需动用自己的资金,代理客户承办支付和其他委托事项而收取手续费的业务,可分为国内业务与国际业务。银行办理中间业务一般无风险,能够获得稳定的手续费收入,中间业务的手续费收入成为商业银行日益重要的收入来源。

中间业务主要有以下种类:

1. 结算业务

结算业务是各经济单位之间因交易、劳务、资金转移等原因所引起的货币收付行为。这种结算按地点可以分为同城结算与异地结算两种。同城结算是指收款人与付款人在同一城市或地区的结算,主要通过支票进行结算,如收付双方不在同一银行开支,则结算要通过票据交换所进行。票据交换所是银行同业间为提高支票结算效率而设立的机构,而现在更先进的系统是一种票据交换的自动转账系统,结算速度更快。

异地结算是指收款人与付款人不在同一地区的结算。异地结算有汇兑、托收和信用证结算三种方式。汇兑是指付款人将现款交付承汇银行,由银行将款项支付给异地收款人的一种结算。而托收则由收款人开出汇票,并连同有关的单据一起交付给托收银行,委托其代为收款。信用证结算业务则主要在国际贸易结算中使用,它是指一种由银行提供付款保证(开证)的结算业务。在国际贸易过程中,银行根据买方的申请,开给卖方保证支付货款的书面凭证,以解决买卖双方身处异地互不信任的问题。在信用证内,银行授权卖方在符合信用证规定的条件下,签发以该行或其指定银行为付款人的汇票,并随附信用证规定的装运单据,按时在指定地点收取货款。这是在国际贸易中使用最为广泛的一种支付方式。商业银行在为客户办理信用证的过程中,收取客户的一定押金或其他担保,手续费是办理信用证业务的最主要收入来源。必须注意,信用证业务是独立于买卖合同之外的,并不涉及货物买卖,而纯粹是银行的一项单据业务。

2. 代收业务

在国际贸易的支付过程中,卖方开出汇票,委托银行向买方收取货款的行为称作托收。而银行在这一过程中的行为就是代收。代收业务的对象还包括支票、票据、有价证券等。代收支票款项是客户收到其他银行的支票,委托自己的开户行代为收款;票据代收业务是指银行接受客户委托,负责收取票据款项;有价证券代收业务是客户把有价证券交存银行,委托银行代收利息与股息等。

3. 信用卡业务

信用卡是银行发放消费信贷的一种工具。发卡银行为消费者提供"先消费、后付款"的便利,并允许一定的善意透支。消费者在商店购买物品或接受服务以后,由计算机系统提供清算,银行汇总向顾客收款。现在特约商号一般都通过销售终端机(POS)与发卡单位联网,持卡人购物或消费后,货款将自动从持卡人的账户中转入特约商号的账户中。这样大大方便了消费者,也减少了现金在流通中的数量。

4. 租赁业务

租赁业务是指以收取租金为条件而出让物品使用权的经济行为。一般可分为经营性租赁与融资性租赁两类。经营性租赁是出租人将物件反复出租给承租人并收取租金的行为。而融资性租赁则是由银行或租赁公司根据企业要求,筹措资金购买企业设备租给企业并收取租金,待租赁期满后再将物件作价出售给企业,这是一种带有融资目的的租赁活动,商业银行一般介入的就是这种融资性租赁。

5. 信托业务

信托业务是指商业银行接受个人、企业或社会机构的信任委托,代其管理、运营和处理所托资产,并为其谋利的活动。信托业务涉及信托贷款与信托投资,银行只是通过信托业务收取相关的手续费,而经营收入归委托人或指定的受益人。信托业务可分为个人信托、公司信托与公益信托。信托关系中发生的委托关系使信托财产的处置权从委托人转到了受托人手中,银行按委托关系来经营与运作信托资产。目前世界上多数国家的商业银行都设有信托部,介入信托业务。我国自1994年起实行分业制经营,商业银行已退出信托领域。

(二) 表外业务

商业银行除了中间业务外,还从事表外业务。它是指在银行资产负债表上没有反映,但能为银行带来额外收益并同时承受额外风险的业务。表外业务与中间业务同样是收取手续费的业务,都不反映在银行的资产负债表中,但两者的性质是不同的。中间业务不涉及资产、负债业务及其风险,而表外业务虽不直接改变资产负债表,却是一种潜在的资产或负债活动,并产生相应的风险。

目前商业银行主要的表外业务有以下几类:

1. 贸易融通类业务

贸易融通类业务主要有银行承兑业务与商业信用证业务。银行的承兑业务是由银行为客户开出的商业汇票提供承兑服务,即承诺兑付,经银行承兑后的票据,可贴现流通,承兑银行成为票据的第一支付人,承兑行再向客户收取款项。银行提供承兑业务可获得收入,但其同时也必须承受客户的信用风险,一旦客户支付困难,银行将无法收回已支付的款项。商业信用证即在国际贸易中由银行开出一种支付保证书,在前文已有介绍。

2. 金融保证类业务

金融保证类业务主要由备用信用证、贷款承诺、保函业务以及贷款销售等构成。

备用信用证是银行应客户要求为其开立的信用保证书,属一种信用担保。当客户与其受益人达成某种协议时,表明客户对受益人员有偿付义务,客户为确保自己的信誉,可要求银行为其开立备用信用证,保证客户在未能按协议进行支付时,由银行代客户向受益人进行偿付,银行为此支付的款项变成了向客户的贷款。银行开立备用信用证,提高了客户的信誉,银行据此可收取手续费。备用信用证与商业信用证的不同之处在于,商业信用证业务中银行承担的是第一支付人的责任,而在备用信用证业务中,银行只承担了支付的连带责任,只有在客户无法履行支付义务时,才由银行代为支付。

贷款承诺是指由银行向客户做出承诺,保证在未来一定时期内,根据一定条件,随时应客户的要求提供贷款。银行提供这种承诺的同时,要按一定比例向客户收取承诺费,即使在规定期限内客户并未申请贷款,也需交纳承诺费。在通常情况下,贷款承诺只是提供一个信贷额度(Line of Credit),在此额度内,银行根据企业要求进行贷款,但承诺是一个非正式协议,是可以撤销的。还有一种贷款承诺称作票据发行便利(Note-issuance Facilities),它是银行与客户之间的循环融资保证协议,银行保证客户在一定时期内以一定的利率发行商业票据、筹集资金,如果票据未能全部售出,银行将购入其未售出部分,予以融资。

保函业务是一种较简单的担保业务,银行为客户的融资或其他活动出具保函,提供信用担保,并收取担保费,一旦客户到期不能履约支付,银行具有连带支付责任。

贷款销售或资产证券化业务则是指银行可将贷款以证券方式转售给第三方,以提高资产的流动性,银行也可为"售出后贷款"提供收取本息的服务。转售贷款可分为保留追索权的贷款与无追索权的贷款销售,它们代表着不同的风险与收益水平。

3. 金融衍生工具交易业务

金融衍生工具(Financial Derivatives)是一种交易合约,其价值取决于作为合约标的物的金融工具的价格变动状况。目前主要的衍生金融工具有远期合约、期货合约、期权合约、认股权证、互换协议以及可转换证券等。

远期合约(Forwards Contract)是一种较简单的金融衍生工具,它指买卖双方在未来某一确定日期,按照确定的价格买卖一定数量的某种资产的协议,目前较普通的是外汇市场上的远期合约,用以防止汇率波动的风险。远期合约的买卖双方即为多头与空头,其协议价格即为远期合约的成交价格。一般来说,远期合约是一种必须交割的交易合同。而远期资产实际的市场价格会影响合约双方的盈亏。

期货合约(Futures Contract)是在远期合约基础上发展起来的标准化买卖合约。它与远期合约一样是约定在未来某一日期以某一确定的价格买卖一定数量的某种资产(金融工具)。但期货合约是一种标准化的合约,资产的种类质量、交货地点、方式都是统一的、标准化的,只有价格是可变的,而且期货交易是在交易所集中进行的,参与交易的机构较多,其合约往往大部分都是相互冲销的,实际交割的合约比例极低,大致为1%~2%。因此,期货合约更多地体现的是一种投资或投机活动。

期权合约(Options Contract)是一种权利的买卖。它赋予购买者在未来一定期限内,以协定的价格向期权合约出售者买入或卖出一定量的商品或金融资产。期权的买入者要获得这个权利,必须支付费用,即期权合约费用。期权买入者在规定的期限内可行使权利,买入或卖出金融资产,也可以在价格不利时放弃该权利,从而损失期权费用。期权买卖双方的权利与义务是不对称的。它需通过合约的具体讨价还价来加以调整。

互换协议(Swaps Agreement)有货币互换协议和利率互换协议两种形式。货币互换可以分为外汇市场货币互换与资本市场货币互换两种。外汇市场货币互换是指交易双方按照既定的汇率交换两种货币,并约定在未来一定日期按照该汇率相互购回原来的货币。外汇市场货币互换一般期限较短,不需支付利息,但售出看跌货币的一方要向售出看涨货币的一方支付一定的手续费。资本市场的货币互换与外汇市场相同,只是其交易的期限较长,如5~10年,因而需支付购入币种的利息。利率互换是指交易双方将自己拥有的债权(务)的利息收入(或支付)同对方所拥有的债权(务)的利息收入(或支付)相交换。交易双方的债权(债务)的本金价值是同等的,但利息支付条款不同,而通过互换交易,可以满足双方对调整各自资产或负债结构的需要,如将浮动利率资产转换成固定利率资产,或将固定利率资产转换成浮动利率资产。互换交易可调整银行的资产负债结构,并据此规避市场汇率与利率的风险。金融衍生工具交易本身也具有一定的风险,因而各国金融监管当局对交易的态度有所不同,但总的趋势是逐步开放与自由化。这对我国商业银行发展表外业务有着直接的借鉴意义。

我国商业银行的存款新产品——结构性存款

结构性存款也可称收益增值产品(Yield Enhancement Products),是运用利率、汇率产品与传统的存款业务相结合的一种创新存款。该产品适合于对收益要求较高,对外汇汇率及利率走势有一定认识,并有能力承担一定风险的客户。

所谓外汇结构性存款是指在普通外汇存款的基础上嵌入某种金融衍生工具(主要是各类期权),通过与利率、汇率、指数等的波动挂钩或与某实体的信用情况挂钩从而使存款人在承受一定风险的基础上获得较高收益的业务产品。它是一个结合固定收益产品与选择权组合形式的产品交易。它透过选择权与固定收益产品间的结合,使得结构性产品的投资报酬与连接到的标的关联资产的价格波动产生联动效应,可以达到在一定程度上保障本金或获得较高投资报酬率的功能。

在结构性存款发展初期,银行只能对等值300万美元以上的大额外汇存款提供这种产品。从2004年年初开始,小额外汇结构性存款在我国流行起来,它们的名称各异,例如,中行的"汇聚宝"、工行的"汇财宝"、建行的"汇得利"都属于外汇结构性存款。从各行推出的这类产品看,它的特点是存款期限较长,短则1年(由银行决定),长则3至5年。现阶段投资者将资金以存款方式交于银行后,一般由银行向国外代理行续做结构性存款,并给予大致在2.53%至2.63%之间(高于同期利息率1~2倍)的固定收益。由于有高出同期存款数倍的较高收益,在目前外汇投资渠道狭窄、风险较高、收益较低的情况下,外汇结构性存款自然深受投资者的青睐和追捧。

结构性存款产品的分类:

(1)按照可提前终止的次数划分,目前市场上的外汇结构性存款可分为一次可提前终止结构性存款和多次可提前终止结构性存款。结构性存款的一个典型特征是银行有权力提前终止存款,普通的定期存款是客户有权提前终止存款。普通的定期存款不限制客户提前支取的时间和次数,但外汇结构性存款一般对提前终止的时间和次数有限制,只有一次提前终止权力的就是一次可提前终止结构性存款,有多次提前终止权力的则是多次可提前终止结构性存款。

(2) 按照本金有无风险划分,目前市场上的外汇结构性存款可以分成两种类型,即"本金有风险类"和"本金无风险类"。

(3) 按挂钩标的划分,目前有与汇率挂钩的结构性存款,与利率挂钩的结构性存款,与其他标的物挂钩的结构性存款,如与国际市场黄金价格挂钩、与英国北海原油价格挂钩、与特定地区天气状态挂钩等。投资于这类产品需对选定的挂钩标的物的波动趋势有深入的了解,判断失误将会导致收益率的降低。

(4) 按收益率的类型划分,在收益率的选择上,银行设计了两种类型:一种是收益固定型,即承诺××%的回报;另一种是收益递进型,与前者不同的是,在整个投资期内,采取投资收益分段计息、分次支付的方式。如中行推出的"聚宝盆",承诺第一个半年有6%的回报,以后则按特定算法逐年变化,直到总收益达到8%终止合同。

资料来源:MBA智库百科。

第三节 商业银行经营管理

一、商业银行经营管理原则

商业银行的经营目标是指流动性、安全性和盈利性目标,即我们通常所说的"三性"目标。三性目标也是商业银行进行日常管理的三个原则,是由其经营的特殊商品——货币商品的特殊要求以及商业银行在社会经济活动中的特殊地位所决定的。

(一) 安全性原则

安全性原则要求商业银行在经营活动中必须保持足够的清偿能力,经得起重大的风险和损失,能随时应付客户提款的要求,使客户对商业银行保持坚定的信任。商业银行之所以必须坚持安全性原则,是因为:(1)商业银行自有资本较少,经受不住较大的损失;(2)商业银行经营条件的特殊性,尤其需要强调安全性;(3)商业银行在经营过程中会面临各种风险,如国家风险、信用风险、利率风险、汇率风险、经营风险以及法律风险等。

因此,为了保证商业银行经营管理的安全性,应该做到:第一,合理安排资产规模和结构,注重资产质量。通过保持一定比例的现金资产和持有一定比例的优质有价证券来改善银行的资产结构。第二,提高自有资本在全部负债中的比重,提高银行抗风险的能力。第三,必须遵纪守法,合法经营,一旦发生风险可以得到中央银行的援助而免受更大的风险打击。

(二) 流动性原则

流动性是指商业银行能够随时满足客户提取存款等要求的能力，它包括资产的流动性和负债的流动性两重含义。资产的流动性是指资产在不发生损失的情况下迅速变现的能力，它既包括速动资产，又包括在速动资产不足时，其他资产在不发生损失的情况下转变为速动资产的能力。衡量资产流动性的标准有两个：一是资产变现的成本，某项资产变现的成本越低，则该资产的流动性就越强；二是资产变现的速度，某项资产变现的速度越快，即越容易变现，则该项资产的流动性就越强。

同时，由于商业银行负债经营的特征，其资金来源的主体部分是客户的存款和借入款。为了能够随时满足客户提取存款的要求，商业银行资金运用即资产必须保持相应的流动性。商业银行主要通过主动性负债来提高负债的流动性。

(三) 盈利性原则

盈利性原则是指商业银行的经营管理者在可能的情况下追求利润最大化。盈利性原则是商业银行经营活动的最终目标。商业银行的利润是收入与经营成本的差额。商业银行的收入大致可分为资产收入与服务费收入两部分。资产收入是指从投资与贷款等业务中所获取的收入，例如，贷款利息收入、证券投资收入、同业存款收入、外汇交易收入等，这是商业银行业务收入的主要部分；服务费收入则是指商业银行从事咨询、代理、租赁、信托等业务获取的收入。20世纪末以来，服务费收入在商业银行业务收入中所占的比重有逐渐增大的趋势。业务支出则包括利息支出、同业拆借利息支出、职员工资支出、业务费用支出、固定资产折旧等。

因此，商业银行实现盈利的途径主要有：(1) 尽量减少现金资产，扩大盈利资产的比重；(2) 以尽可能低的成本，获得更多的资金；(3) 减少贷款和投资损失；(4) 加强内部经济核算，提高银行职工的劳动收入，节约管理费用开支；(5) 严格操作规程，完善监管机制，减少事故和差错，防止内部人员因违法和犯罪活动造成银行的重大损失。

衡量商业银行盈利水平高低的指标主要包括利润率、资本收益率、资产收益率等。除了商业银行内部因素之外，各种外部因素对商业银行的利润也有很大影响，如一国宏观经济形势、货币政策的松紧、证券市场行情、金融业的竞争情况等。因此，必须注意处理长期利润与短期利益、收益与风险的关系问题。不能单从利润率的高低来评判银行管理的质量，银行管理者也不能仅着眼于短期盈利，还要考虑长远发展。

(四) "三性"原则之间的关系

从根本上说，商业银行经营管理的"三性"原则是统一的，它们共同保证了商业银行正常有效的商业活动。主要表现在以下三个方面：(1) 安全性是基础，只有保证了资金的安全性，才能获得正常的盈利；(2) 流动性是手段，只有保证了资金正常流动，才能确立商业银行信用中介的地位，银行各项活动才能顺利进行；(3) 盈利性是目的，商业银行之所以要保持安全性和流动性，目的就是为了盈利。所以，安全性是基础，流动性是手段，盈利性是目的,三者缺一不可。

商业银行是经营货币信用的特殊企业,这使得商业银行在实现这个目标的过程中受到流动性与安全性的制约。如果单纯追求盈利,商业银行的经营必然陷入混乱。现代商业银行在追求盈利性目标的同时,必须兼顾安全性和流动性。没有流动性,银行就没有了安全性;没有盈利性,银行就不存在;没有了安全性,银行就不能获得源源不断的生息资金。

商业银行经营管理的安全性、流动性和盈利性三者之间又是相互矛盾的。流动性较大的资产,风险就小,安全性也就高,但盈利性低。而盈利性较高的资产,由于时间一般较长,风险相对较高,因此,流动性和安全性就比较差。如何协调这个矛盾体,使商业银行经营管理的"三性"达到最佳组合,在保持流动性、保证安全性的前提下,实现商业银行的盈利性,需要银行家的智慧和能力,关键是把好一个"度"。

二、商业银行经营管理理论的演变

西方商业银行经营管理理论在不断变化和创新的过程中大致经历了四个阶段:资产管理、负债管理、资产负债综合管理、资产负债表内外统一管理。

(一) 资产管理理论

资产管理理论产生于商业银行建立初期,一直到20世纪60年代,它都在银行管理领域占据着统治地位。随着经济环境的变化和银行业务的发展,资产管理理论的演进经历了几个阶段,有商业性贷款理论、资产转移理论和预期收入理论,后期还产生了超货币供给理论。

1. 商业性贷款理论

这一理论又称真实票据理论,是一种确定银行资金运用方向的理论。商业性贷款理论认为,银行的业务应集中于短期自偿性贷款,即基于商业行为而能自动清偿的贷款。具体来说就是发放短期流动资金贷款,这类贷款能随着商品周转、产销过程的完成,从销售收入中得到偿还。其理由是:银行大多数存款是活期存款,客户随存随取,只有发放短期自偿性贷款才能保证银行资产的高度流动性,从而不致出现挤兑风险。因此,银行不宜发放长期贷款和消费性贷款,即使有十分必要发放,其数量也应严格限制在银行自有资本和储蓄存款范围之内。同时,这种理论强调,办理短期贷款一定要以真实的交易作基础,要用真实的商业票据作抵押,以保证银行资产安全。

商业性贷款理论为保持银行的流动性与安全性找到了依据,有了这一理论,银行可以减少资金运用的盲目性,从而避免或降低因流动性不足或安全性不够带来的风险。而且,由于这种理论强调以真实商品交易为基础,它能使银行信贷资金投入随商品交易的变化而自动伸缩,即当社会生产扩大,商品交易增加时,银行信贷会自动增加;当生产缩小,商品交易减少时,银行信贷会自动减少。这样既不会产生通货膨胀,也不会产生通货紧缩,因而这种理论对中央银行也具有吸引力,在相当长的时期内,一直占据主流地位,成为一些国家中央银行制定和执行货币政策的基础。

由于商业性贷款理论产生于商业银行发展的初期,时代背景使它存在着诸多缺陷,一方面没有把贷款需求的多样化、存款的相对稳定性、贷款清偿的外部制约条件等因素充分考虑进去,这不仅制约了银行业务的延伸,而且也使短期贷款的清偿机制显得单一;另一方面,商业性贷款理论有可能加剧经济波动,如果银行发放贷款完全依据商品需求而自动伸缩,在经济景气时,信贷会自动膨胀并刺激物价上涨,反之,在经济不景气时,银行信贷会自动收缩,这无疑加剧了经济波动的幅度,与中央银行的逆周期调节货币政策相悖。

2. 资产转移理论

资产转移理论又称资产转换能力理论,是一种保持资产流动性的理论。最早是由美国的莫尔顿于1918年在《政治经济学》杂志上发表的《商业银行及资本形成》一文中提出的。资产转移理论认为,保持银行资产流动性的最好办法是购买那些可以随时出售的资产,只要银行持有能随时在市场上变现的资产,它的流动性就有较大的保证。这类资产一般具备以下条件:信誉好、期限短、易于出售。政府发行的短期债券就是符合这些要求的理想资产。

这一理论与短期证券市场的发展密切相关。以前,西方国家不存在短期证券市场,银行除依靠现金保持流动性外,还要求贷款具有一定流动性,以满足流动性需要。20世纪30年代大危机和第二次世界大战后,一方面各国政府竞相发行短期政府债券;另一方面客户对银行贷款的需求削弱,这就为银行以短期债券代替短期贷款作为资产流动性的主要来源创造了条件。

资产转移理论的重要意义在于找到了保持银行流动性的新方法。根据这个理论,银行购入一部分短期证券来保持流动性,这一方面消除了依靠贷款保持流动性的压力,可腾出一部分资金作长期贷款;另一方面又可减少持有非营利的现金资产,将一部分现金转为有价证券,不仅保证了流动性,还增加了银行收益。正因为如此,资产转移理论得到广泛推行。在第二次世界大战后的一段时间内,西方商业银行持有的证券曾一度超过了贷款,成为银行资产的重要支柱。但是,在实践中,银行一方面难以确定短期证券的合理持有量;另一方面,银行资产能否变现,证券转让能否实现,要取决于银行之外的市场,即依赖于第三者的购买。如果证券市场需求不旺,转移就成了问题,资产流动性也无法保证。因此,在经济停滞或出现危机时,短期证券市场往往萧条。如果中央银行不出面干预,商业银行的流动性就很难保证,即使证券勉强变现,也要以重大损失为代价。

3. 预期收入理论

预期收入理论是1949年普鲁克诺在《定期放款与银行流动性理论》一书中提出的一种关于银行资产投向选择的理论。这种理论认为,贷款并不能自动清偿,贷款的清偿依赖于借款人与第三者交易时获得的收益。贷款的安全性和流动性取决于借款人的预期收人。如果一项贷款的预期收入有保证,即使期限较长,银行仍然可以接受。根据这一理论,商业银行不仅可以发放短期商业性贷款,也可以发放中长期贷款,还可以发放非生产性的消费贷款,只要借款人的预期收入可靠,还款来源有保证。

预期收入理论深化了对贷款清偿的认识,明确提出了贷款清偿来源于借款人的预期收入,这是商业银行经营管理理论的一个重大进步,与那种粗略地依靠贷款期限来认识资产安全性和流动性的商业性贷款理论相比,无疑更为深刻,更为具体。同时,预期收入理论促进了贷款形式的多样化,加深了银行对经济的渗透和控制,这种格局既强化了商业银行自身的阵地,也是对其他金融机构力量的一种抗衡。预期收入理论的最大问题在于,预期收入难以把握,或者说难以预期。由于客观经济条件变化或突发事件的发生,借款人将来收益的实际情况往往与银行预期有一定的差距,甚至相差甚远,这种情况在长期贷款中表现尤为突出。因此,按照这种理论经营贷款,往往会增加银行信贷风险。

4. 超货币供给理论

20世纪60年代以来,超货币供给理论作为一种新的银行资产管理理论悄然兴起。该理论认为,银行信贷提供货币只是它达到经营目标的手段之一,除此之外,它不仅有多种可供选择的手段,而且有广泛的同时兼达的目标,因此,银行资产管理应超越货币的狭隘空间,提供更多的服务。

根据超货币供给理论,银行在购买证券和发放贷款以提供货币的同时,应积极开展投资咨询、项目评估、市场调查、信息分析、财务顾问、电脑服务、委托代理等多方面全方位的配套服务,使银行的资产管理达到一个相当的广度和深度。在非银行金融机构侵入银行竞争领域的时候,超货币供给理论使银行获得了相抗衡的新武器,从而改善了银行的竞争地位。但是,这一理论容易产生两种偏向:一是诱使银行涉足过于宽泛的业务范围,导致集中和垄断;二是加大了银行在自己不熟悉的领域遭受挫折的可能性。

(二) 负债管理理论

负债管理理论认为银行保持流动性不需要完全靠建立多层次的流动性储备资产,一旦有资金需求就可以向外借款,只要能借款,就可获得资金来源,再通过增加贷款获利。

20世纪50年代后,西方资本主义经济逐渐进入快速发展阶段,企业偿债能力明显提升,此时银行业的重点是如何才能有更多的资金满足银行放款需要。负债管理理论产生的动因在于:(1)竞争的激烈与利润的驱使。随着经济的发展,商业银行之间,商业银行与其他众多非银行金融机构之间为争夺客户展开了日趋激烈的竞争,竞争必然使利润下降,在这样的外在竞争压力和内在利润驱动下,商业银行必然要寻求一种能够指引其在竞争的环境中获得利润的理论,而负债管理理论的产生恰恰在很大程度上缓和了商业银行流动性与盈利性之间的矛盾。(2)通货膨胀加剧与严格的管制。到20世纪60年代,通货膨胀成了困扰各国经济发展的难题,受到利率限制的商业银行,使用存款利息来吸引存款的能力非常有限;同时由于经济发展使得商业银行对资金需求加大,单靠传统的存款方式已经不能满足需要,客观上要求商业银行采取负债多样化。

1. 存款理论

存款理论曾经是商业银行负债的主要正统理论。其基本观点是:(1)存款是商业银行最主要的资金来源,是银行各项业务经营活动的基础,没有存款,商业银行经营就成了无源之水,无本之木。(2)银行在吸收存款过程中是被动的,为保证银行经营的安全性和稳定性,银行的资金运用必须以其吸收存款沉淀的余额为限。(3)存款应当支付利息,作为对存款者放弃流动性的报酬,付出的利息构成银行的成本。

这一理论的主要特征是它的稳健性和保守性,强调应按照存款的流动性来组织贷款,将安全性原则摆在首位,反对盲目存款和贷款,反对冒险谋取利润。存款理论的缺陷在于它没有认识到银行在扩大存款或其他负债方面的能动性,也没有认识到负债结构、资产结构以及资产负债综合关系的改善对于保证银行资产的流动性、提高银行盈利性等方面的作用。

2. 购买理论

购买理论是在西方国家出现了经济滞胀的局面下出现的,它与存款理论完全相反,标志着银行负债管理思想的重大转变。该理论认为,银行可以主动负债,主动购买外界资金。银行购买资金的目的是增强流动性,购买对象即资金供给者的范围十分广泛。在存款利率管制的条件下,直接或间接地抬高资金价格来吸收存款,是购买资金的有效手段。商业银行主动吸收资金的适宜时机是在通货膨胀的情况下。

购买理论产生于西方发达国家经济滞胀年代,它对于促进商业银行更加主动地吸收资金,刺激信用扩张和经济增长,以及增强商业银行的竞争能力,具有积极的意义。但是,其缺陷在于助长了商业银行片面扩大负债,加重了债务危机,导致了银行业的恶性竞争,加重了经济通货膨胀的负担。

3. 销售理论

销售理论产生于20世纪80年代。以往的负债管理理论无论是存款理论还是购买理论,都是单纯地着眼于资金,而销售理论则不同,它认为银行是金融产品的制造企业,银行负债管理的中心任务是推销这些产品,以获得所需的资金和所期待的收益。其基本观点是:银行是金融产品的制造企业,银行负债管理的中心任务就是迎合顾客的需要,努力推销金融产品,扩大商业银行的资金来源和收益水平。

该理论是金融改革和金融创新的产物,它给银行负债管理注入现代企业的营销观念,即围绕客户的需要来设计资产类或负债类产品及金融服务,并通过不断改善金融产品的销售方式来完善服务。它反映了20世纪80年代以来金融业和非金融业相互竞争与渗透的情况,标志着金融机构正朝着多元化和综合化发展。

(三)资产负债综合管理理论

20世纪70年代后期,金融创新不断,市场利率大幅上升,使得负债管理理论的缺陷越来越明显地暴露出来,单纯的负债管理已经不能满足银行经营管理的需要。随着西方金融自由化浪潮的涌现,商业银行在金融市场上主动融资的权力增加,同时银行面临着利率风险。在市场利率波动的环境下,资产和负债的配置状态极有可能对商业银行的经营状况和利润产生影响,片面地强调资产管理或负债管理中的一方而忽视另一方不利于银行经营目标的实现。

资产负债综合管理理论(The Assets and Liabilities Management Theory)不像资产管理理论和负债管理理论那样,只将资产负债管理的重点放在资产方或负债方,也不是对资产管理理论、负债管理理论的否定,而是吸收了前两种管理理论的合理内容,并对其进行了深化和发展。商业银行追求的目标是财富最大化,或者说是预期净值的最大化,而银行的净值是资产和负债的差额,因此,资产负债综合管理理论认为,单靠资产管理或负债管理都难以达到流动性、安全性、效益性的最优均衡,只有兼顾了银行的资产方和负债方,强调资产和负债两者之间的整体规划和协调搭配,通过资产结构和负债结构的共同调整以及协调统一管理,才能控制市场利率波动的风险,保持资产的流动性,实现利润最大化或银行市场价值最大化的经营目标。这就是资产负债综合管理理论的主要思想①。

资产负债综合管理强调以下几个方面的内容:(1)银行管理层应尽可能对资产和负债的数量、结构、收益及成本进行统一控制和管理,以便实现银行的短期、长期目标;(2)银行管理层必须有效协调资产和负债两个方面的管理和控制,使两者具有内部统一性,有助于银行的资产收益和负债成本之间的差额最大化;(3)资产负债表两边的每一项业务都与收入或成本相关,所以,应该分析所有项目、所有服务的成本和收益,并对其实行统一、有效的管理,以实现银行的盈利目标。

(四)资产负债表内表外统一管理

资产负债表内表外统一管理(In Balance-sheet and off Balance-sheet Management)产生于20世纪80年代末。在金融自由化浪潮中,商业银行为了控制利率和汇率变动的风险以及由于竞争加剧、存贷利差收窄而引致的传统业务成本上升、收益率下降的经营风险,纷纷大力拓展承诺、担保以及金融衍生产品交易等表外业务。虽然金融衍生产品和其他表外业务可以被用来控制风险,增加收益,但其本身也蕴含着风险。

为了对商业银行的经营风险进行控制和监管,同时也为了规范不同国家的银行之间同等运作,1987年12月巴塞尔委员会通过了如何衡量和确定国际银行资本及监管标准的协议草案,并于1988年7月正式通过了《统一资本计量与资本标准的国际协议》,即《巴塞尔协议Ⅰ》。达成《巴塞尔协议Ⅰ》的目的在于:一是通过统一各国对银行资本、风险评估及资本充足率标准的界定,促进银行公平竞争及世界金融稳定;二是将银行的资本要求与其业务活动的风险,包括表外业务的风险系统地联系起来。一旦所有银行资产和表外

---

① 薛誉华,郑晓玲. 现代商业银行经营管理[M]. 上海:复旦大学出版社,2012:19.

项目都进行了风险分类,并标明了风险权数,就可以加总计算银行的"经风险调整后的资产总额"。《巴塞尔协议Ⅰ》要求银行资本必须满足以下两个要求:一是其拥有的核心资本或一级资本(由股权资本构成)必须不低于经风险调整后的资产总额的4%;二是其拥有的总资本(即一级资本和二级资本之和,二级资本主要由贷款损失准备金和次级债务构成)不能低于经风险调整后的资产总额的8%。

《巴塞尔协议Ⅰ》是第一个强调资本充足率在银行风险管理中的重要意义的金融监管国际协议,也是第一个不仅对表内不同种类资产规定了风险权数及所需要的资本充足率,同时对表外业务确定了不同风险权数以及相应资本充足率的国际协议。《巴塞尔协议Ⅰ》标志着商业银行资产负债管理理论与风险管理理论的完善和统一,推动和促进了商业银行更加注重对资产负债表内及表外业务的统一管理和风险控制。2004年6月巴塞尔委员会发布的《巴塞尔新资本协议》,即《巴塞尔协议Ⅱ》,以最低资本要求、监督检查、市场纪律三大支柱为监管框架,在以资本充足率为核心的监管方向指引下,进一步推动了商业银行资产负债管理和全面风险管理的结合。2010年11月巴塞尔委员会正式发布了《巴塞尔协议Ⅲ》,对于经历了金融危机洗礼的全球银行而言,《巴塞尔协议Ⅲ》的作用不仅体现在更严格的监管指标上,更可促使商业银行全面推动和进一步改善资产负债综合管理和风险管理。

本章小结

1. 银行业最早出现于文艺复兴后期的意大利城市,后逐渐发展到欧洲与北美。商业银行的发展经历了一个从传统到现代的过程,17世纪末在英国最早出现了股份制商业银行,此后即迅猛发展,随着时间的推移和经营环境的变化,商业银行的业务内容也在不断丰富和发展。

2. 商业银行在发展过程中,逐步形成了其独特的经营组织体系,主要的形式有单一行制、总分行制、银行控股公司、连锁银行制等形式,目前世界上绝大多数国家的商业银行采用总分行制。

3. 商业银行作为以追求利润为目标的综合性金融企业,既具有与一般企业相同的经营特征,又具有与一般工商企业不同的特征。作为金融企业,商业银行具有信用中介职能、支付中介职能以及信用创造功能与金融服务职能。

4. 商业银行是经营综合性金融业务的机构,商业银行的广义负债业务主要由银行资本、存款、借入资金及其他借款所构成,其资产业务即资金的运用主要由现金资产、贷款、投资及其他资产构成。中间业务是指商业银行以中介人的身份代理客户办理各种事项并收取手续费的业务,中间业务一般不需要银行垫付资金并承担风险。表外业务是那些在银行资产负债表中没有反映,但能给银行带来额外收益与额外风险的业务,它可以分为贸易融通类、金融保证类和金融衍生工具三类业务。

5. 商业银行经营管理遵循的基本原则是安全性、流动性与盈利性,三者之间的关系体现了商业银行经营中风险与收益的平衡,经营管理的目标就是要在风险得到控制的条件下追求收益的最大化。商业银行经营管理理论,经历了从单纯资产管理到单纯负债管理,再到资产负债联合管理的过程,资产负债联合管理强调的是资产业务与负债业务之间的平衡与联系。《巴塞尔协议Ⅰ》标志着商业银行资产负债管理理论与风险管理理论的完善和统一,推动和促进商业银行更加注重对资产负债表内及表外业务的统一管理和风险控制。

复习思考题

1. 解释下列概念:商业银行、银行控股公司制、活期存款 储蓄存款、信用贷款、担保贷款、抵押贷款、质押贷款、次级贷款、可疑贷款、票据贴现、中间业务、表外业务、金融衍生工具、资产负债综合管理。
2. 商业银行发展中的基本组织形式有哪些?
3. 商业银行的性质和职能是怎样的?
4. 商业银行作为经营实体,其功能与一般工商企业相比有何异同?
5. 请具体分析说明商业银行资产负债表的结构。
6. 商业银行的现金资产包括哪些?
7. 商业银行资产业务的重点是什么?
8. 商业银行的担保贷款有哪些不同的担保方式?
9. 为什么商业银行的存款必须实行法定准备金缴存制度?
10. 如何理解商业银行经营管理的三性原则及其关系?
11. 商业银行的经营管理理论演变过程是怎样的?

第六章 中央银行

> **学习目标**

1. 理解中央银行产生的必要性。
2. 了解中央银行的性质和组织制度。
3. 掌握中央银行的职能。
4. 理解中央银行的资产负债业务。

> **本章导读**

在各种金融机构中,中央银行属于特殊的一类,虽然也被称为"银行",但它并非商业银行那种意义上的"银行",而是一个政府管理机构。在本章中,我们将考察现代中央银行的产生与发展、中央银行的性质和组织结构、中央银行的职能和主要业务等。通过对中央银行的介绍,将为后面关于货币供给、货币政策等的讨论奠定基础。

第一节 中央银行概述

一、中央银行产生的必要性

中央银行的出现要晚于现代商业银行,它的出现是为了解决在经济和金融发展过程中遇到的一系列迫切需要解决的问题,总体来看,其产生是为了解决以下几方面的问题。

(一)银行券的发行问题

最初,每家私人商业银行都有发行银行券的权利。随着经济的发展,分散的银行券发行逐步暴露出其严重的缺点。首先,一些信用实力薄弱的银行发行的银行券,往往不能得到兑现,尤其在危机时期,不能兑现的情况屡屡发生,从而导致货币流通领域出现混乱。其次,市场上流通着不同种类的银行券,增加了交易者识别银行券真伪的难度,加大了社会流通成本。最后,一般银行限于其信用活动的范围,所发银行券只能在当地和较近地区流通,不利于大范围的商品流通。这些问题在客观上要求有一个资金实力雄厚并有权威的银行发行一种能在整个社会流通并保证随时兑现的货币。

（二）票据清算问题

随着商品经济的发展和银行业务的扩大,银行每天收受票据的数量也急速增加,各银行之间的债权债务关系日趋复杂,票据的结算业务也日趋繁重。同城结算和当日轧差尚且有困难,异地结算更是难上加难。这在客观上要求建立一个统一的清算机构来快速清算银行间的各种票据,从而使资金顺畅,保证商品经济的快速发展。

（三）最后贷款人问题

受经济运行不确定性的影响,商业银行在其经营过程中难免会有资金周转不灵、清偿能力不足等情况,虽然各银行也会保存一定的准备金以备不时之需,但这无法抵御银行的清偿能力危机,最终极有可能导致银行挤兑,造成银行倒闭破产。而且随着银行业务规模的扩大和业务活动的复杂化,因一家银行支付困难而波及多家银行甚至整个金融业发生支付危机的现象也可能发生。这在客观上需要有一家权威性机构,适当集中各银行的一部分现金准备作为后盾,在银行出现难以克服的支付困难时,集中给予必要的贷款支持,充当银行的"最后贷款人"。

（四）货币与金融管理问题

金融业是一个较为特殊的行业,金融风险的产生往往会对经济造成极大的破坏。为了保证金融稳定、经济发展,政府需要对金融业进行必要的管理。由于这方面的专业性和技术性很强,这种管理是一般的政府机关所不能胜任的,必须要有专门的机关来对全国的货币金融活动做必要的管理和监督。

为了解决以上问题,经过 200 多年的发展和完善,才形成了现代的中央银行,中央银行是在实践过程中逐渐成长起来的,随着经济的不断发展,中央银行的功能势必也会不断完善。

二、中央银行的产生与发展

中央银行是伴随着资本主义银行业的发展而产生的,独占银行券的发行权是其产生的第一个标志。[①] 各国中央银行建立和发展的道路是不尽相同的,其产生主要有两条渠道:一是由信誉好、实力雄厚的大银行逐步演变而成。商业银行在发展过程中不断地密切与政府的关系,不断得到政府的首肯和特权,最终演变成中央银行,如瑞典国家银行、英格

---

① 卜小玲.金融学基础[M].北京:清华大学出版社,2012:164.

兰银行等。二是政府直接出资建立中央银行,世界上包括美国在内的大多数国家的中央银行都是通过这种方式建立起来的。

(一) 中央银行的初创期

如果从1656年成立的瑞典银行开始算起,到1913年美国联邦储备体系建立,中央银行的初创时期经历了257年的曲折历程。在这一阶段,最具代表意义的中央银行有3家,即瑞典国家银行、英格兰银行和美国联邦储备体系。

最早具有中央银行名称的是瑞典国家银行,它成立于1656年,最初是由私人创办的。1668年由政府出面改造为瑞典国家银行,因此,有些学者认为瑞典国家银行是世界上最早的中央银行,但直到1897年瑞典国家银行才垄断货币发行权,成为真正的中央银行。

英格兰银行成立于1694年,比瑞典银行晚38年,但却是最早全面执行中央银行功能的银行,被称为近代中央银行的鼻祖。1844年英国首相皮尔主持通过了《英格兰银行条例》,又称《皮尔条例》,赋予了英格兰银行独家垄断货币发行权的地位。随着英格兰银行地位的提高,许多商业银行都把自己的部分现金准备存入英格兰银行,这就使英格兰银行又成了集中其他商业银行一部分存款准备金的银行,奠定了其作为中央银行的基础。1854年,英格兰银行成为英国银行业的票据交换中心。1872年,它开始向资金周转困难的其他商业银行提供资金支持,充当"最后贷款人"的角色,并同时具有了全国性金融管理机构的色彩,逐渐发展成为现代意义上的中央银行。

美国的中央银行制度建立较晚,但却是现代中央银行发展史上的里程碑。1913年12月美国国会通过了《联邦储备条例》以后,美国正式成立了中央银行——美国联邦储备系统。联邦储备系统由三个主要部分构成,即联邦级的联邦储备委员会、联邦公开市场委员会和地方级的12家联邦储备银行及其分支机构。联邦储备委员会是联邦储备系统的最高决策机构,直接对国会负责,制定货币政策,行使领导和管理金融业的职能。它和联邦公开市场委员会的其他成员一道控制着最重要的货币政策工具——公开市场业务。在地方一级,美国联邦储备系统将50个州和哥伦比亚特区划分为12个联邦储备区,每一个区设立一家联邦储备银行,联邦储备银行在各自的辖区内履行中央银行的职责。

在中央银行创立的初期,世界上约有29家中央银行相继成立,且主要产生在欧洲国家,如芬兰银行、荷兰银行等,这主要是因为当时欧洲的经济、金融要比其他地区发达得多。

(二) 中央银行的推广期

中央银行制度的普遍推行时期,是从20世纪初第一次世界大战爆发,到第二次世界大战结束为止这一时期。

第一次世界大战爆发后,许多国家经济与金融发生了剧烈波动,面对世界性金融危机和当时严重的通货膨胀,1920年在比利时首都布鲁塞尔召开的国际经济会议上,提出了各国应努力使财政收支平衡,消除通货膨胀的根源,货币发行银行要摆脱政府的控制,未设立中央银行的国家应尽快建立中央银行,实行稳定的金融政策。1922年在瑞士日内瓦召开的国际经济会议上,又重申和强调了布鲁塞尔会议所形成的决议,由此出现了中央银行形成和发展的又一次浪潮。同时,第一次世界大战后产生了一些新的国家,也先后设立了自己的中央银行。1929—1933年世界性经济危机使西方各国开始强调中央银行作为"最后贷款人"的职能,强化中央银行对金融体系的集中统一管理。1930年,在瑞士巴塞尔成立了国际清算银行,各国中央银行作为本国金融机构的代表,加强国际合作,中央银行制度又进一步得到强化和完善。

世界上主要国家差不多都在这一时期建立了中央银行。这一时期改组或设立的中央银行约有43家,其中欧洲16家,美洲15家,亚洲8家,非洲2家,大洋洲2家。主要有波兰国家银行(1924年)、墨西哥银行(1925年)、新西兰银行(1934年)、加拿大中央银行(1935年)、埃塞俄比亚银行(1942年)等。中央银行作为发行的银行、银行的银行和政府的银行等职能在这段时期发展迅速并趋于完善。

(三) 中央银行的强化期

第二次世界大战结束后,中央银行制度走向进一步完善的新阶段。随着各国政治形势的重大变化,中央银行的权力与责任也大大加强了。从1994年布雷顿森林体系的建立到20世纪70年代该体系解体的近30年间,中央银行制度的发展主要体现在以下两个方面:一是欧美国家中央银行以国有化为主要内容的改组和加强;二是亚非等新独立国家普遍设立中央银行。除了少数殖民地、附属国外,几乎所有的国家都设立了自己的中央银行,中央银行制度成为世界各国的一项基本经济制度,其权力与责任大大加强,体制功能得到强化和完善,成为国家干预和调控经济的工具。

我国中央银行的演变历史

1. 清政府时期的中央银行

(1) 户部银行。户部银行是清末官商合办的银行,1905年8月在北京开业,它是模仿西方国家中央银行而建立的我国最早的中央银行。

(2) 大清银行。1908年,户部银行改为大清银行。

2. 辛亥革命时期和北洋政府时期的中央银行

(1) 中国银行。1911年的辛亥革命,促使大清王朝灭亡,大清银行改组为中国银行。

(2) 交通银行。交通银行始建于1908年,成立之初,曾自我标榜为"纯属商业银行性质",但事实上,它后来成了北洋政府的中央银行。1913年,交通银行取得了与中国银行同等地位的货币发行权。1914年,交通银行改定章程,已经具备了中央银行的职能。

以上两行,共同作为北洋政府的中央银行。

3. 孙中山创立的中央银行

1924年8月,孙中山领导的广东革命政府在广州创立中央银行。1926年7月,国府移迁武汉,同年12月在汉口设中央银行。原广州的中央银行改组为广东省银行。1928年,汉口中央银行停业。

4. 国民党统治时期的中央银行

(1) 1928年11月1日,南京国民政府成立中央银行,总行设在当时全国的经济金融中心——上海,在全国各地设有分支机构,法定中央银行为国家银行,行使中央银行职责。

(2) 1949年12月,"中央银行"随国民党当局撤往台湾地区。

5. 革命根据地的中央银行

(1) 1927年大革命失败后,共产党建立了革命根据地,并成立了人民的银行,发行货币。1927年冬,闽西上杭县蛟洋区农民协会创办了农民银行。

(2) 1932年2月1日,苏维埃国家银行正式成立,苏维埃国家银行还在各地设分支机构,以带动根据地银行走向集中和统一。

(3) 1934年10月,苏维埃国家银行跟随红军长征,1935年11月,它改组为中华苏维埃共和国国家银行西北分行。同年10月,国家银行西北分行改组为陕甘宁边区银行,总行设在延安。

(4) 随着解放战争的胜利,解放区迅速扩大并逐渐连成一片,整个金融事业趋于统一和稳定。1948年11月,成立中国人民银行。

6. 新中国成立后的中央银行

(1) 1948—1978年的中国人民银行。1948年12月1日,中国人民银行在石家庄正式宣告成立。1949年2月,中国人民银行总行随军迁入北京,以后按行政区设立分行、中心支行和支行(办事处),支行以下设营业所,基本上形成了全国统一的金融体系。

这一时期的中国人民银行,一方面集中了全国农业、工业、商业短期信贷业务和城乡人民储蓄业务;另一方面既发行全国唯一合法的人民币,又代理国家财政金库,并管理金融行政,这就是所谓的"大一统"的中央银行体制。

(2) 1979—1983年的中国人民银行。中国共产党十一届三中全会后,各专业银行和其他金融机构相继恢复和建立,对过去"大一统"的银行体制有所改良,但从根本上说,在中央银行的独立性、宏观调控能力和政企分离等方面并无实质性进展。同时,随着各专业银行的相继恢复和建立,"群龙无首"的问题也亟待解决。

(3) 1984—1998年的中国人民银行。1983年9月,国务院决定中国人民银行专门行使中央银行的职能,不再兼办工商信贷和储蓄业务,专门负责领导和管理全国的金融事业。1984年1月1日,中国工商银行从中国人民银行分离出来,正式成立,中国人民银行专门行使中央银行的职能。

(4) 1998年以后的中国人民银行。1998年10月开始,中国人民银行及其分支机构在全国范围内进行改组,撤销中国人民银行省级分行,在全国设立9个跨省、自治区、直辖市的一级分行,重点加强对辖区内金融业的监督管理,一个以中央银行为领导,以商业银行为主体,多种金融机构并存、分工协作的具有中国特色的金融体系已经形成。

资料来源:卜小玲.金融学基础[M].北京:清华大学出版社,2012:166.

第二节 中央银行制度

一、中央银行的组织制度

虽然现在绝大多数国家都建立了中央银行,但由于各个国家政治、经济、社会、文化等方面的差异,各国中央银行的组织制度各不相同。

(一) 复合式中央银行制度

复合式中央银行制度是指在一国国内不设立专门的中央银行机构,而是由一家大银行同时扮演中央银行和商业银行两个角色,即"一身二任"。该制度主要存在于冷战时期的苏联和东欧国家,我国在1983年以前也实行这种制度,现在已较少有国家采用这种制度。

(二) 单一式中央银行制度

单一式中央银行制度是指国家设立专门的中央银行机构,使其全面、纯粹地使中央银行职能的制度。单一式中央银行制又有如下两种形式:

一元式中央银行制。这种制度是在一个国家内只建立一家统一的中央银行,机构设置一般采取总分行制。总行拥有绝对的权利,地方一级中央银行只是执行机构,不拥有独立的权利。目前世界上绝大多数中央银行都实行这种体制,如英国、法国、日本等。我国的中央银行也实行这种体制。

二元式中央银行制。这种体制是在一国建立中央和地方两级中央银行机构,中央一级机构是最高权利或管理机构,地方一级机构也有一定的独立权利。中央和地方两级机构按照规定分别行使职权,这实际上是一种联邦制的中央银行制度。实行这种制度的国家有美国、德国等。

(三) 跨国中央银行制度

跨国中央银行制度是指由参加某一货币联盟的所有成员国联合组建一家中央银行,由这家中央银行在其成员国范围内行使全部或部分中央银行职能的中央银行制度。这种制度通常和某一货币联盟有关,如西非货币联盟、中非货币联盟所设的中央银行,欧洲经济共同体建立的欧洲中央银行。

欧洲中央银行

欧洲中央银行(European Central Bank, ECB)是根据1992年《马斯特里赫特条约》的规定于1998年7月1日正式成立的,其前身是设在法兰克福的欧洲货币局。欧洲央行的职能是维护货币的稳定、管理和主导利率、储备和发行货币以及制定欧洲货币政策;其职责和结构以德国联邦银行为模式,独立于欧盟机构和各国政府之外。欧洲中央银行是世界上第一个管理超国家货币的中央银行。独立性是它的一个显著特点,它不接受欧盟领导机构的指令,不受各国政府的监督。它是唯一有资格允许在欧盟内部发行欧元的机构,1999年1月1日欧元正式启动后,11个欧元国政府失去了制定货币政策的权力,而必须实行由欧洲中央银行制定的货币政策。

欧洲中央银行的组织机构主要包括执行董事会、欧洲央行委员会和扩大委员会。执行董事会由行长、副行长和4名董事组成,负责欧洲央行的日常工作;由执行董事会和12个欧元国的央行行长共同组成的欧洲央行委员会,是负责确定货币政策和保持欧元区内货币稳定的决定性机构;欧洲央行扩大委员会由央行行长、副行长及欧盟所有15国的央行行长组成,其任务是保持欧盟中欧元国家与非欧元国家的接触。

欧洲央行委员会的决策采取简单多数表决制,每个委员只有一票。货币政策的权力虽然集中了,但是具体执行仍由各欧元国央行负责。各欧元国央行仍保留自己的外汇储备。欧洲央行只拥有500亿欧元的储备金,由各成员国央行根据本国在欧元区内的人口比例和国内生产总值的比例来提供。

资料来源:李雅丽.金融学(货币银行学)[M].上海:上海财经大学出版社,2013:89.

(四)准中央银行制度

准中央银行制度是指一个国家或地区没有建立通常意义上的中央银行,而是由政府授权的商业银行或专门的机构执行中央银行相关职能。世界上只有少数国家和地区实行准中央银行制度。例如,在新加坡是由金融管理局和货币委员会两个机构共同行使中央银行的职能,其中,金融管理局被称为"不发行货币的中央银行",它执行的是除货币发行之外的中央银行的主要职能,而货币委员会则专门执行货币发行的职责。在中国香港,金融管理局负责制定和执行货币政策,而货币发行的职能则由汇丰银行、渣打银行和中国银行香港分行三家商业银行执行。除此之外,实行这种制度的还有斐济、马尔代夫、伯利兹、利比里亚、莱索托等国家和地区。

二、中央银行的资本组成类型

按照中央银行资本金的构成方式不同,各国的中央银行可划分为以下三大类。

(一)属于国家所有的中央银行

资本属于国家所有是目前世界上大多数国家的中央银行所采取的所有制形式。有些设立较早的中央银行,开始是一些私人股份商业银行,国家为了加强对经济的干预,对这些银行逐渐实行国有化。第二次世界大战以后,许多新成立的中央银行,由国家直接投资创建。西方主要国家中,国有的中央银行有英、法、德、荷等国的中央银行。中央银行国有化已成为一种发展趋势。

(二) 属于半国家性质的中央银行

这些中央银行的资本,部分股份是由国家持有,部分股份由私人持有。如日本银行,55%的股份由政府认购,其余45%由民间认购,其私人股东唯一的权利是按规定每年领取最高为5%的股息。又如,比利时的中央银行,国家资本占资本总额的50%,董事由国家任命。

(三) 属于私人股份资本的中央银行

中央银行的资本全部是由私人股东投入的,如意大利和美国等国家。意大利的中央银行——意大利银行,就是由股份公司组织转变为按公法管理的中央银行,资本为30万股,每股面值为1 000里拉,由储蓄银行和全国性银行等金融机构认购。美国的中央银行——美国联邦储备银行,它的资本是由参加联邦储备体系的各个会员银行所认购的股份形成的,这种中央银行在实质上也是一种属于私人股份资本的中央银行。

第三节 中央银行的性质和职能

一、中央银行的性质

中央银行的性质一般可以表述为:中央银行是国家赋予其制定和执行货币政策的职能,对国民经济进行宏观调控和监督管理的特殊的金融机构。[1] 中央银行的特殊性表现在以下几个方面。

(一) 地位的特殊性

中央银行处于一个国家金融体系的中心环节,居于一般金融机构之上,它是统领全国货币金融的最高权力机构,也是全国信用制度的枢纽和金融管理最高当局。中央银行代表政府,对整个国民经济进行宏观调控和监督管理,以实现金融业的稳健经营和规范发展,并参与国际之间的货币金融合作。

(二) 业务的特殊性

从业务对象看,服务对象是金融机构和政府部门,不直接与工商企业和居民个人发生

---

[1] 曾红燕,李绍昆. 货币银行学[M]. 2版. 北京:中国人民大学出版社,2017:125.

业务往来;从业务经营目的看,不以盈利为目标,以促进经济稳定健康发展和稳定货币为宗旨;从业务经营特征看,中央银行不经营普通商业银行的业务,中央银行享有政府赋予的若干特权,如发行货币、代理国库、保管存款准备金等。

(三) 管理的特殊性

中央银行与一般的政府管理机构不同,一方面中央银行在行使这些管理职能时,都是以"银行"的身份出现,而不仅仅是一个行政管理机构;另一方面中央银行不是仅凭行政权力行使职能,而是通过其特定的金融业务活动发挥其管理作用,对金融和经济的管理基本上是采用经济手段,如调整利率和存款准备金率、进行公开市场业务操作等。中央银行在行使管理职能时,处于特殊地位,不偏向任何一家银行。

二、中央银行的职能

中央银行的职能是中央银行性质的具体体现。从中央银行业务活动的特征分析,中央银行有发行的银行、银行的银行、政府的银行三大职能。

(一) 发行的银行

发行的银行主要具有两个方面的含义:一是国家赋予中央银行集中与垄断货币发行的特权,它是国家唯一的货币发行机构;二是指中央银行必须以维护本国货币的正常流通与币值稳定为基础。集中和垄断货币发行是中央银行最基本和最重要的标志,也是中央银行发挥其全部职能的基础。

这一职能与百姓生活息息相关,中央银行不能想当然地滥发货币。货币发行过少,不能满足日常流通的需要,公众没有足够多的钱去购买商品和劳务;货币发行过多,容易引起货币贬值,导致通货膨胀。要使发行的货币恰好保证够用,这句话说起来容易,做起来却相当困难。

(二) 银行的银行

银行的银行有以下几层含义:一是中央银行的业务对象不是一般企业和个人,而是商业银行和其他金融机构及特定的政府部门;二是中央银行与其业务对象之间的业务往来仍表现出银行固有的"存、贷、汇"等业务特征;三是中央银行在为商业银行和其他金融机构提供支持和服务的同时,也对其进行监督管理。作为银行的银行,中央银行的职能具体体现在以下几方面:

1. 集中存款准备金

为了保证存款人的资金安全,防止银行发生挤兑而倒闭,实行中央银行制度的国家通常以立法的形式,要求商业银行将其吸收的存款必须按照法定的比率向中央银行缴存存款准备金,即中央银行具有为各经营存款业务的金融机构集中保管一部分准备金的特权。随着中央银行作用的强化,调控法定存款准备金率成为中央银行影响商业银行的现金准备数量,从而控制全国信贷规模和货币供应量的重要手段之一。

2. 承担"最后贷款人"责任

"最后贷款人"思想最早是由法兰西斯·巴林于1797年提出的。1873年,沃尔特·白哲特在《伦巴底街》一书中强调中央银行在管理危机时被赋予"最后贷款人"职能的必要性。他主张当某家银行出现流动性不足时,中央银行有责任对其进行贷款支持,以帮助其渡过难关,从而避免因银行破产倒闭而带来的巨大负面效应。"最后贷款人"责任的最初目的是避免银行倒闭引发金融危机。后来其内涵逐步扩展,发展为中央银行与商业银行之间短期资金融通的渠道,从而使商业银行又增加了一条从外部获得流动性的重要途径。

中央银行主要通过票据再贴现和票据再抵押两种途径为商业银行提供资金支持,中央银行则成为整个社会信用的"最后贷款人"。中央银行向商业银行发放贷款的资金主要来源于国库存款和商业银行缴存的存款准备金,如果中央银行资金不足,则可以通过增发货币的方式解决。中央银行的"最后贷款人"角色确立了中央银行在金融体系中的核心和主导地位,确定了中央银行对金融机构实施监督管理的必然性和必要性。

3. 组织和管理全国票据清算

1854年英格兰银行采取了对各银行之间每日清算差额进行结算的做法,大大简化了各银行之间资金往来的清算程序。这一做法后来被其他国家相继效仿而推广开来。存款准备金制度建立后,由于各商业银行都在中央银行开设了往来存款账户,各银行之间发生的资金往来业务,都要通过中央银行划拨转账,中央银行于是成为全国的票据清算中心。中央银行通过组织全国银行系统的资金清算,一方面减少了清算费用,提高了清算效率,解决了单个银行资金清算所面临的困难;另一方面也便于中央银行利用清算系统强化对整个金融体系的监管和控制。关于这个问题,在本章第四节还将讨论。

(三) 政府的银行

政府的银行是指中央银行根据法律授权制定和实施货币政策,对金融业实施监督管理,中央银行代表本国政府参加国际金融组织,参与国际金融事务与活动,为本国政府代理国库,办理政府所需要的银行业务。具体表现为以下几个方面:

1. 代理国库

国家财政收支一般不另设机构经办具体业务,而是由中央银行代理。政府的收入和支出均通过财政部门在中央银行开立的各种账户进行,具体包括:按照国家预算要求代收国库款项,为国库办理支付和结算,向财政部门反映预算收支执行情况,等等。

2. 向政府融通资金

在政府财政收支不平衡、出现财政赤字时,中央银行一般负有向政府融通资金、提供信贷支持的义务。其方式主要有两种:

(1) 直接向政府放款或透支。但这种做法很容易引发货币的过量供给,不利于金融环境的稳定。因此,许多国家都明确规定,中央银行应竭力避免用发行货币的方式来弥补财政赤字。

（2）购买政府债券。这包括两种情况：一是直接在一级市场上购买，这其实等同于直接向政府融资，因此，有的国家就禁止中央银行以直接的方式购买政府债券；二是间接在二级市场上购买，即公开市场业务，它一般不会导致通货膨胀，反而成为中央银行调控货币供应量的有效手段。

3. 代表政府管理国内外金融事务

中央银行通过宏观金融管理来强化对经济的干预，保证物价和汇率的稳定；代表政府检查和监督各金融机构的业务活动；中央银行还代表政府参加国际金融组织，出席各种国际会议，从事国际金融活动，以及代表政府签订国际金融协定。

4. 为国家持有和经营管理国际储备

国际储备包括外汇、黄金、本国尚未动用的特别提款权等。世界各国的国际储备一般由中央银行集中保管。中央银行对国际储备的管理包括：调控储备资金总量，使之与国内货币发行和国际贸易等所需的支付数量相适应；对储备资产结构进行调节；对储备资产进行经营管理，负责储备资产的保值及经营收益；保持国际收支平衡和汇率基本稳定。

5. 充当政府金融政策的顾问和参谋

由于中央银行特殊的地位，通过中央银行渠道获得的资料和研究报告真实可靠，具有权威性。因此，政府在进行决策时，中央银行是信息和决策建议的重要来源。

第四节　中央银行的主要业务

中央银行所从事的业务大致可分为：负债业务、资产业务和中间业务。

一、负债业务

中央银行的负债是指中央银行在某一时点上对社会各经济主体的负债。中央银行的负债业务主要包括货币发行业务、存款业务和其他负债业务。

（一）货币发行业务

发行货币既是中央银行的基本职能，也是中央银行主要的资金来源。一般而言，中央银行发行的货币主要是通过再贴现、再贷款、购买证券、收购金银外汇等投入市场，从而形成流通中的货币。这些现金货币投入市场后，都是中央银行对社会公众的负债。虽然对于社会公众来说，手中持有中央银行发行的货币并不认为是持有中央银行的债权，倒认为是占有社会财富，因为在他们看来，货币随时可以用来采购自己所需要的商品和劳务，但这不过是财富从一种形式转化为另一种形式。因此，货币发行成为中央银行一项重要的负债业务。

中央银行虽然垄断了货币发行权,但货币发行也必须符合国民经济发展的客观需要。为此各国都采用了相应的方法对货币的发行加以控制。例如,采用比例发行准备制度、最高发行额限制度、外汇准备制度、有价证券保证制度等。我国人民币的发行并无发行保证的规定,其事实上的保证是国家信用和中央银行的信用。

我国现行货币发行围绕发行库和业务库进行。发行库是存放发行基金,即待发行的货币的金库,而业务库是商业银行办理收付业务而存放现金的金库。通过一系列金融业务活动,使发行基金从发行库下放到业务库成为现金,或者使现金从业务库缴存发行库成为发行基金,进而实现货币发行的扩大或收缩。人民币的发行与回笼程序如图 6-1 所示。

图 6-1 我国人民币的发行与回笼程序

(二)存款业务

存款业务是中央银行的主要负债业务之一,对于履行中央银行职能、实现货币政策目标、加强金融监管、便于资金清算都有非常重要的意义。中央银行的存款主要来自两个方面:一是政府和公共部门,二是金融机构。

政府和公共部门在中央银行的存款包括财政金库存款以及政府和公共部门经费存款。由于中央银行代理国家金库和财政收支,所以国库的资金以及财政资金在收支过程中形成的存款也属于在中央银行的存款。

金融机构在中央银行的存款包括法定存款准备金和超额存款准备金。法定存款准备金是由法定存款准备金率及商业银行存款总额决定的,这部分准备金必须存在中央银行的存款准备金账户上。最初,中央银行集中存款准备金只是为了保证银行业的清偿能力。后来,中央银行开始利用存款准备金率的调整来调节商业银行的放款能力。超额存款准备金是商业银行存在中央银行准备金账户上的、超过法定存款准备金的那部分存款,这部分数额是由商业银行自愿存在中央银行账户上的,主要是为了满足资金清算或同业资金往来的需要。

(三)其他负债业务

中央银行的其他负债业务主要有:吸收国外存款、非银行性金融机构存款和特种存款;发行中央银行债券;筹集、维持和补充自有资本;等等。

二、资产业务

中央银行的资产是指其在一定时点上所拥有的各种债权。中央银行的资产业务主要包括贷款业务、再贴现业务、有价证券买卖业务以及黄金、外汇储备业务。

(一) 贷款业务

贷款是中央银行运用资金的重要方式之一。能够取得中央银行贷款的只有商业银行和经过特殊批准的其他金融机构以及政府。在某种情况下,经过批准,中央银行可以向特定的非金融机构提供贷款。

对商业银行的贷款也称再贷款,是中央银行为了解决商业银行在信贷业务中发生的临时性资金周转困难而发放的贷款,是中央银行作为"银行的银行"职责的具体表现。通常,为了宏观金融调控的需要,各国都对商业银行的贷款作了具体的规定,如规定贷款的最高限额等,或以各种手段予以约束,如提高贷款利率等。我国的《中国人民银行法》规定,中国人民银行根据执行货币政策的需要,可以决定对商业银行贷款的数额、期限、利率和方式,但贷款的期限不得超过1年。

中央银行对政府的贷款是政府弥补资金亏空的应急措施之一,但如果对这种贷款不加限制,会削弱中央银行的宏观金融调控能力。因此,各国中央银行法对此都有明确的规定。在我国,中国人民银行不得对政府财政透支,不得直接认购、包销国债和其他政府债券,不得向地方政府和各级政府部门提供贷款。

(二) 再贴现业务

再贴现业务是指中央银行买进商业银行已贴现的票据,即当商业银行资金周转困难时,把从客户手中贴现来的票据再拿到中央银行办理贴现,又称重贴现。各国中央银行的再贴现业务在业务对象、申请和审查、再贴现利率、票据种类、再贴现的额度等方面都有明确的规定。中央银行通过办理再贴现,一方面可以向商业银行提供资金,满足商业银行的资金需要;另一方面还可以根据需要决定是否给予贴现或调整再贴现率,以达到控制、引导资金流向和规模的目的,最终实现对国民经济的宏观调控。一般来说,再贴现是中央银行向商业银行融资的重要方式之一。

(三) 证券买卖业务

所谓证券买卖业务,也就是中央银行公开市场业务,即中央银行在金融市场上买卖各种有价证券。一般来说,中央银行应持有优质且流动性较好的证券。中央银行持有证券和买卖证券的目的并不在于盈利,而是为了调节市场银根松紧和控制货币供应量,中央银行在公开市场上买进证券就是直接投放了基础货币,而卖出证券则是直接回笼了基础货币。为了保证手中握有优质证券,中央银行在公开市场上买卖的证券主要是政府公债、国库券以及其他流动性很强的有价证券。在我国,中国人民银行依法在公开市场上买卖国债和其他政府债券及外汇。证券买卖是中央银行一项重要的货币政策工具,也是中央银行的一项经常性资产业务。

(四) 黄金、外汇储备业务

由于黄金、外汇储备是各国进行国际支付和稳定国内货币币值的重要保证,所以各国都把它们作为储备资产,由中央银行保管和经营。黄金、外汇储备业务是中央银行的一项重要资产业务。目前,世界各国国内市场上并不流通和使用金币,纸币也不能兑换黄金,而且在多数国家实行不同程度的外汇管制,纸币一般也不能随便地兑换外汇,在国际收支发生了逆差时一般也不直接支付黄金,而采取出售黄金换取外汇来支付。因此,在该业务下,各国的黄金外汇都集中到中央银行储存,需要黄金外汇者,可向中央银行申请购买。中央银行可通过买卖黄金、外汇来集中储备,达到调节货币资金、改善经济和外贸结构、稳定汇率和金融市场的目的。所以,一国的黄金、外汇储备是否雄厚,是该国经济实力强弱的一个重要标志。

三、中间业务

中央银行的中间业务主要是指资金清算业务,即中央银行为商业银行和其他金融机构办理资金的划拨清算和资金转移。中央银行是全国的清算中心,中央银行组织的全国银行清算业务主要有三大类:集中办理票据交换、结清交换差额和办理异地资金转移。

(一)集中办理票据交换

由中央银行参与的集中办理票据交换业务一般是在票据交换所进行的。票据交换所是同城内各银行之间集中清算应收应付款项的场所,最初根据银行之间的共同协议而设置,中央银行成立后,便演化成其重要部门之一。表6-1可以说明其工作原理。

从表6-1可以看出,假设同一城市有一个由A、B、C、D共4家银行组成的票据交换系统,其中,A银行应向B、C、D银行分别收款20、10、40个单位,共计70个单位的款项,同时A银行应向B、C、D银行分别付款30、20、10个单位,共计60个单位的款项,两者轧差,它最后的应收款项只有10个单位。同理,B银行应收合计100个单位的款项,应付合计120个单位的款项,两者进行轧差,B银行应付20个单位的款项。C银行应收10个单位的款项,D银行应收应付平衡。所以,只要把A和C银行应收10个单位的款项和B银行应付20个单位的款项结清后,应收和应付各350个单位的款项就可全部结清。所以,票据交换既节约了人力、物力,又节约了资金。

表6-1 中央银行票据交换原理

应收行＼应付行	A	B	C	D	应收合计	应付差额
A	0	20	10	40	70	—
B	30	0	50	20	100	20
C	20	80	0	10	110	—
D	10	20	40	0	70	—
应付合计	60	120	100	70	350	
应收差额	10	—	10	—	20	—

(二)结清交换差额

各清算银行都在中央银行开有独立于法定存款准备金账户的往来存款账户,票据交换后的差额由该账户的资金来结清。票据交换所总清算员将应收行和应付行的明细表提交给中央银行后,会计人员便开始进行账务处理。当某家银行为应付行时,则减少其往来账户的资金;反之,则增加其往来账户的资金。该账户上的金额被视为商业银行的超额存款准备金。当应付账户上的资金不足时,中央银行便做退票处理,并按有关规章予以处罚。

(三) 办理异地资金转移

中央银行除了组织同城票据交换和资金清算外,还要在全国范围内办理异地资金的转移。中央银行通过在全国范围内办理资金清算、转移,在为各地、各银行提供服务的同时,也对全国的经济、金融情况和商业银行的情况加强了了解,有利于更好地实施监督管理。

本章小结

1. 中央银行的出现是为了解决在经济和金融发展过程中遇到的一系列迫切需要解决的问题:银行券发行问题、票据清算问题、最后贷款人问题、货币与金融管理问题等。

2. 中央银行的产生主要有两条渠道:一是由信誉好、实力雄厚的大银行逐步演变而成;二是政府直接出资建立中央银行。

3. 中央银行制度可分为:单一式中央银行制度、复合式中央银行制度、跨国中央银行制度和准中央银行制度四种类型。

4. 中央银行是国家赋予其制定和执行货币政策的职能,对国民经济进行宏观调控和监督管理的特殊的金融机构。

5. 中央银行具有发行的银行、银行的银行和国家的银行三大基本职能。

6. 根据中央银行资产负债表的主要项目,可把中央银行业务分为:资产业务、负债业务、中间业务。

7. 一般而言,中央银行发行的货币主要是通过再贴现、再贷款、购买证券、收购黄金外汇等投入市场,从而形成流通中的货币。

复习思考题

1. 解释下列概念:发行的银行、银行的银行、政府的银行、复合式中央银行制度、单一式中央银行制度、跨国中央银行制度、准中央银行制度、发行库、业务库、再贴现业务。
2. 简述中央银行产生的客观必要性。
3. 中央银行的组织制度有哪几种类型?
4. 如何理解中央银行是"特殊的金融机构"?
5. 简述中央银行的职能。
6. 中央银行有哪些资产负债业务?

第七章　银行业监管

学习目标

1. 了解银行业监管的必要性及目标。
2. 理解银行业监管的理论依据。
3. 掌握银行业监管的主要内容。
4. 了解巴塞尔协议的演变及主要内容。

本章导读

2008年金融危机以后,各国出台了大量针对金融业的监管措施,让我们知道了金融业是受到最严格监管的行业之一。而其中,银行又是受到最严格管制的金融机构之一。在本章我们首先将了解银行监管的概念,解释银行业监管的必要性;然后,介绍几种重要的银行业监管理论以及银行业监管的主要内容;最后,讨论银行业监管的国际合作产物——巴塞尔协议的演变及主要内容。

第一节　银行业监管概述

一、银行业监管的概念

银行业监管有广义和狭义两种理解。从狭义上讲,银行业监管是指国家金融监管机构对银行业金融机构进行监督和管理的总称,主要包括市场准入与机构合并、银行业务范围、风险控制、流动性管理、存款保护以及危机处理等方面。① 广义的银行业监管则不仅包括国家金融监管机构的外部监管,也包括银行业金融机构内部的自我监管。

二、银行业监管的必要性

银行业监管包括自我监管和外部监管两个方面。那么为什么在自我监管的基础上,还需要有金融监管当局的外部监管呢?

这是由银行业的特殊性所决定的。银行不同于一般的工商企业,一是它所经营的商品是货币及货币资本,而不像一般企业经营的是普通商品;二是银行的经营主要靠发展负债增加资产业务,自有资本占总资产的比例一般较低,一旦市场不稳定,将引起挤兑等风险;三是银行业是国民经济中牵一发而动全身的举足轻重的部门,带有公共性和社会性,银行业一旦发生问题,将会对整个社会产生巨大影响,银行的破产倒闭给社会带来的危害要比普通行业大得多。② 正是出于以上原因,政府对银行业的监管可以称得上是各行业中最为严格的。在理论上,存在着多种解释银行监管的观点,对此将在本章第二节介绍。

三、银行业监管的目标

(一)促进银行和银行体系的安全稳健运行

银行业监管的首要目标是促进银行和银行体系的安全稳健运行。这是银行业监管的基本目标,也是维护金融业正常发展的前提。银行等金融机构具有内在的脆弱性,极易造成金融风险。只有有效的银行业监管才能规范银行主体的行为,使其按照银行法律法规从事业务并参与社会的公平竞争,将危机产生的可能性降到最低。

(二)保护存款人的利益

与金融机构相比,银行存款人在信息获取渠道、交易地位和资金的拥有量等方面均处于弱势地位。有关银行经营状况和银行资产质量的信息在存款人和银行之间的分布是不对称的。银行从事的是高风险的业务,过度的冒险行为会导致呆账死账的增加,在带来高额利润的同时,也可能使银行陷入困境,最终可能会侵害存款人的利益。所以,各国的监管当局都把保护存款人的利益作为银行监管的重要目标。

(三)提高银行业的运行效率,促进银行体系公平有效竞争

全球化使各国银行业不仅面临着国内其他金融机构的挑战,也面临着来自世界各国金融机构的竞争。在确保金融秩序安全和稳定的前提下,各国的银行业监管当局开始侧重于提高银行业的运行效率,在更深层次上促进银行体系的公平有效竞争,并把它作为本国银行业监管的目标之一。

---

① 冯科.金融监管学[M].北京:北京大学出版社,2015:4.
② 许邦贵,黄旭东,罗开位.金融监督管理:国外的经验与借鉴[M].长沙:中南工业大学出版社,1995:2.

第二节 银行业监管的理论基础

在理论上,存在着多种解释银行业监管的观点,从而形成了银行业监管理论。目前,银行业监管的理论依据主要有:社会利益论、金融风险论、投资者利益保护论、管制供求论和公共选择论。它们的论证各有自己的侧重点,但相互之间也有一定的交叉。①

一、社会利益论

社会利益论假定政府拥有完全信息,政府是为社会整体福利服务的以及政府具有完全信用。在这三个假设基础上,该理论认为只有通过政府对金融机构的监管,才能够克服市场失灵所带来的负面影响,并改善金融机构的治理水平,从而提高金融运行的效率以及维护金融体系的稳定。其理由包括以下两个方面。

(一) 社会公众利益的高度分散化和市场的失灵

社会利益论认为,金融监管的基本出发点是要维护社会公众的利益。一方面由于存款者数量众多且分散,社会公众利益存在高度分散化缺陷。而且,相对于银行而言,存款者力量弱小,在法律诉讼存在固定成本的情况下,单个存款者很难运用法律武器来保护自己。另一方面市场是有缺陷的,表现为市场存在着信息不对称、交易成本以及不完全竞争等情况,私人不可能去监管那些实力雄厚的金融机构。因此,代表公众利益的政府有必要在一定程度上介入金融领域,通过管制来纠正或消除市场缺陷,以达到提高社会资源配置效率的目的。

(二) 单个金融机构的行为往往存在着一定的负外部性

历史经验表明,单个金融机构的行为往往存在着一定的负外部性。例如,在其他条件不变的情况下,一家银行可以通过资产负债的扩大、资产对资本比例的扩大来增加其盈利能力,这当然会使风险增大。但由于全部的风险成本并不会完全由该银行来承担,而是由整个金融体系乃至整个社会经济体系来承担,这就会使该银行具有足够的动力通过增加风险来提高其盈利水平。如果不对其实施监管和必要的限制,社会公众的利益就很有可能受到损害。

社会利益论的基本思想主要体现在两个方面:一方面鼓励政府参与银行的经营和管理,实现对金融的直接控制;另一方面通过强化政府金融监管的权力,发挥政府在金融监管中的作用,可以弥补市场不完全所带来的负面影响。

---

① 蒋先玲. 货币金融学[M]. 2版. 北京:机械工业出版社,2017:225.

当然,管制也会带来额外的成本,可能会对金融体系运行的效率产生不利影响。但该理论认为,只要监管适度,就可以在增进社会公众整体利益的同时,将管制的成本降到最低水平。

二、金融风险论

该理论主要从关注金融风险的角度,论述了对金融业实施监管的必要性。该理论的观点包括以下两个方面。

(一)银行业是一个特殊的高风险行业

如前所述,银行业的资本只占其资产很小的比例,大量的资产业务都要靠负债来支撑,这种高负债率的特点,决定了银行业是一个特殊的高风险行业。在银行经营过程中,面临着利率风险、市场风险、流动性风险等,使得银行业成为风险集聚的中心。而且,银行机构为获取更高收益而盲目扩张资产的冲动,加剧了银行业的高风险和内在不稳定性。当社会公众对其失去信任而挤提存款时,银行就会发生支付危机甚至破产。

(二)银行业具有发生支付危机的连锁效应

银行业作为整个国民经济的中心枢纽,任一环节出问题,都会引起牵一发而动全身的后果。不仅单个金融机构陷入某种危机,还极易给整个金融体系造成连锁反应,进而引发普遍的金融危机。进一步讲,由于现代信用制度的发达,一国的金融危机还会影响到其他国家,并可能引发区域性甚至世界性金融动荡。2007年美国次贷危机演变成2008年全球金融危机就是例证。

因此,金融风险的这些内在特性,决定了必须要有一个权威机构对银行业实施适当的监管,以确保整个金融体系的安全与稳定。

三、投资者利益保护论

投资者利益保护论主要是基于银行合约的参与者——存款者的微观视角,着眼于保护一般存款者及金融商品消费者的合法权益的角度,来论述银行监管的必要性的。该理论的观点包括以下两个方面。

(一)银行与存款者之间存在着复杂的委托—代理关系

该理论认为,银行作为金融商品的提供者,与金融商品的消费者即存款者之间实际上存在着委托—代理关系:存款者是委托人,银行是代理人。存款者把钱存入银行,希望银行能按自己的利益选择行为。但是,由于商业银行经营业务的特殊性,委托—代理关系更为复杂,即商业银行往往能以很少的自有资本吸收大量的存款,债权融资在商业银行的资金中占有相当高的比重。这意味着商业银行在其公司治理结构中自然要面对众多的债权人,这有别于一般的企业。因此,为避免银行经营者在使用存款者资金时损害众多中小债权人(委托人)的利益,政府需要对银行进行监督。

(二) 银行与存款者之间信息不对称

现实中,银行与存款者及各种金融商品消费者之间存在着严重的信用不对称现象。例如,银行经营者对自己银行经营风险的了解会比存款者更全面、更透彻,存款人无法知道银行的经营状况,也无法监管资金的用途。特别是广大中小存款者,他们无法得到关于银行安全性、合理性的信息。因此,银行就有可能利用这一信息优势为自己牟取利益,而将风险或损失转嫁给存款者。

因此,该理论认为有必要对信息优势方(主要是银行金融机构)的行为加以规范和约束,以此为投资者创造公平、公正的投资环境,保护投资者利益,从而促进整个金融体系的健康发展。

四、管制供求论和公共选择论

(一) 管制供求论

管制供求论将银行监管本身看成是存在着供给和需求的特殊商品,是经济学供求分析法在银行监管理论中的运用。

银行监管需求,是指从监管中获利的行为主体。比如,现有的银行机构可能希望通过银行监管来限制潜在的竞争者,从而提高自己的垄断利益;银行服务的消费者希望通过监管促使银行提高服务质量、降低服务收费来为自己获得利益。

银行监管供给,是指为了某种目的而愿意提供监管服务的监管机构。比如,监管者为了得到对自身政绩的肯定而愿意提供监管服务,有些监管人员为了得到某种额外好处也愿意加强银行监管等。

因此,管制供求论认为,是否提供管制以及管制的性质、范围和程度最终取决于管制供求双方力量的对比。根据管制供求论,监管者具有通过过度监管来规避监管不力的动机。

(二) 公共选择论

公共选择论与管制供求论有很多相似之处:同样运用供求分析法来研究各利益集团在监管制度提供过程中的相互作用。二者的不同之处在于:公共选择论强调"管制寻租"的思想,即监管者和被监管者都寻求管制以牟取私利。监管者将管制当作一种"租",主动地向被监管者提供以获益,被监管者则利用管制来维护自身的既得利益。

总的来说,银行监管理论是现代经济学的前沿理论之一,经济学家对监管问题的研究日益重视,但到今天还没有形成统一、完整的理论体系。随着人们对监管问题的重视,相信会有更多的研究成果问世。

第三节 银行业监管的主要内容

政府监管银行的目的主要是保护存款人利益和保持银行体系的稳定等。前者被称为微观审慎性监管,后者被称为宏观审慎性监管。政府监管银行的方式主要由两大部分组成,即审慎性监管体系与政府安全网,后者又包括存款保险制度和最后贷款人制度。

一、审慎性监管体系

审慎性监管体系主要包括市场准入监管、业务范围监管、经营过程的审计检查和对有问题金融机构的处理。

(一)市场准入监管

市场准入,即对银行金融机构的开业申请加以审查,将不合格的申请人挡在银行业大门之外的监管措施。由于银行业巨大的外部性,使得银行业效率的提高不能主要依靠银行业内部的优胜劣汰方式来实现,大量的银行进入或退出不利于金融业的稳定,也会给经济发展带来巨大隐患。因此,银行业不应是一个自由进入的行业,而需实行严格的市场准入制度。

审批制已经成为现代商业银行准入的通行制度。一般来说,审批新的商业银行要着重考虑以下几个因素:(1)最低注册资本限额。(2)完善的公司治理结构和内控制度。(3)高级管理人员素质。(4)银行业竞争状况和经济发展状况。例如,《中华人民共和国商业银行法》第十一条规定,设立商业银行,应当经国务院银行业监督管理机构审查批准。未经国务院银行业监督管理机构批准,任何单位不得从事吸收公众存款等商业银行业务,任何单位不得在名称中使用"银行"字样。

(二)业务范围监管

监管当局对银行业务活动范围的监管,是指金融机构一旦成立,应按照许可的营业范围从事金融活动,不得越线。例如,许多国家的金融法律都规定,存款货币银行只能经营短期信贷业务,长期融资由投资银行办理,非银行金融机构不得经营创造存款货币功能的支票存款业务;一般银行业务与信托业务必须分开,机构必须分设。

当然,自20世纪90年代以来,随着金融自由化的发展,商业银行已经通过多种途径渗透到证券、保险等行业,金融业之间的界限日益模糊,金融机构业务范围的监管有放松趋势。

(三)经营过程的审计检查

银行一经批准成立和注册登记,领取营业执照,就要按规定定期向监管当局提交经营报告,披露银行的资产负债、收入和红利、产权结构、外汇经营等详细情况。监管当局还要对银行进行至少每年一次的审计检查,以确定银行的经营状况。对银行的审计检查包括现场检查和非现场检查两种。

1. 现场检查

现场检查,是指监管人员直接深入金融机构进行业务检查和风险判断分析。监管人员亲临现场,通过查阅报表、账册、文件等资料,进行咨询调查,分析、检查和评价银行的经营情况。现场检查有定期全面检查和不定期专项检查。

现场检查是银行监管的重要手段和方式。检查人员主要检查银行账目,看其持有资产是否符合有关规定。如果检查出银行持有高风险资产,检查人员可以强制银行将其清理。如果查出某些贷款无法收回,检查人员可以强制银行宣布这些贷款无价值,并从账面上加以清除。检查完毕后,检查人员要写出关于银行"有没有问题"的检查报告。如果检查人员认定银行没有充足的资本或者认定银行有不诚实的行为,则可以在报告中宣布该银行是"有问题的银行",这一检查结果将会使该银行受到更加频繁的检查。

现场检查的主要特点是较强的直观性、及时性、灵活性和深入性。

2. 非现场检查

非现场检查,也称常规检查,是指银行监管当局对银行金融机构报送的报表、数据按一定的标准和程序进行分析,从而揭示银行经营过程中出现的情况。检查内容各国有所不同。以美国为例,1978年以后,美联储制定出《同一鉴别法》,统一了对商业银行的检查标准,并进一步从资本充足率、资产质量、经营管理水平、盈利水平和流动性五个方面,逐渐形成了一套统一的、规范化的商业银行业务综合等级评价体系,这就是现在很多国家都参照的银行评级系统。这一系统的正式名称是"联邦监督管理机构内部统一银行评级体系",由于这五个方面的英文第一个字母合在一起正好构成一个英文单词"骆驼"(CAMEL),故俗称为"骆驼"评级体系。

(1) 资本充足性监管。对银行实行资本充足性监管是十分必要的。这是因为,银行的自有资本在其经营活动中具有重要的意义。它可以为银行的损失提供最后一道保障;可以提高公众对银行的信心,维护银行的稳健性;可以为银行的资产业务提供低成本的资金;等等。因此,各国监管当局都十分重视商业银行的资本充足程度。在具体监管过程中,各国监管当局采用了不同的比率要求,主要有资本与资产比率、资本与存款比率等。《巴塞尔协议》所提供的一系列为防范信用风险、市场风险、操作风险而必须保持的资本充足率最低要求,已逐渐成为各国普遍接受并采纳的资本充足标准。资本充足率,是指银行的资本总额与风险加权资产的比率。按照《巴塞尔协议》的规定,总资本包括核心资本和附属资本两部分,风险资产等于各项资产余额与其对应的风险权重的加权平均。

(2) 资产质量监管。资产质量,即资产的优劣程度。对贷款资产而言,它具有三重含义:一是反映贷款资产的安全性,即商业银行收回贷款本金的可能性程度;二是反映贷款资产的合法合规性,及时发现商业银行贷款业务有无违法违规行为;三是反映贷款资产的效益性,着重反映商业银行贷款资产的增值和盈利能力。这三重含义的有机统一,构成贷款质量概念的完整内涵。

通常,衡量贷款资产质量的方法是贷款的五级风险分类法,即根据内在风险程度将商业银行贷款划分为正常、关注、次级、可疑、损失五类。其具体内容见第五章。

(3)经营管理水平监管。经营管理水平是一个综合指标,它反映的是银行经营者的决策能力、协调能力、技术能力、风险控制能力和适应环境变化的能力,主要考察银行业务政策、业务计划、管理者经历与经验及水平、职员培训情况等一些非定量因素。

因为没有量化指标和比率,对管理指标的评估过程就像其重要性一样难以捉摸。大多数监管者并不深谙银行复杂的管理工作,比如激励人的艺术,驾驭多变的营运过程,如何令客户满意和积累收益,而且很难直接从数量上对各种管理能力进行界定,所以评估过程就变得非常困难。

(4)盈利水平监管。盈利水平主要考察银行在过去一两年里的净收益情况,以资产收益率为主要监管指标,它是指税后净收益与银行总资产之比。资产收益率的高低决定着股东的收入情况及银行弥补损失和充足资本的能力。一般来说,其根据金融机构资产规模的大小加以区别。例如,对于总资产小于1亿美元的银行,此比例在1.15%以上为一等,达到0.95%为二等,达到0.75%为三等,小于0.75%为四等,净亏损则为五等。

(5)流动性监管。对银行流动性的监测和控制是金融监管的重要内容。各国金融管理当局一般都规定了法定存款准备金率,即银行必须将其存款的一定比例以库存现金和在中央银行存款的形式持有,以此作为保持银行流动性的最低要求。此外,各国还规定了其他一些比例性指标来确保商业银行的流动性,如现金比率、流动比率、速动比率、贷款集中度比率等。例如,《中华人民共和国商业银行法》2015年修订版规定,我国商业银行贷款应当遵守以下管理规定:①流动性资产余额与流动性负债余额的比例不得低于25%。②对同一借款人的贷款余额与商业银行资本余额的比例不得超过10%。

随着金融创新的发展,为了对迅速增加而又广泛复杂的经营风险进行监控,从1991年起,美国联邦储备委员会及其他监管部门对"骆驼"评级体系进行了重新修订,增加了第六个评估内容,即市场风险敏感度(Sensitivity of Market Risk),从而形成了一个新的"CAMELS"评级体系。市场风险敏感度,主要考察利率、汇率、商品价格及股票价格的变化对金融机构的收益或资本可能产生不良影响的程度。

(四)对有问题金融机构的处理

对有问题金融机构的处理机制,包括制裁与市场退出机制,主要有购买、兼并、担保及破产清算等方式。

各国监管当局都非常重视对有问题金融机构的挽救,避免因单个金融机构经营不善而引起大的社会震动。对于那些面临严重困境的金融机构,监管当局除责令其采取纠正措施之外，还可能从维护行业稳定的考虑出发，通过提供临时性贷款予以必要的紧急援助。如果这些措施仍不能使其摆脱困境，监管当局则可能尽力促成其他金融机构对该金融机构进行兼并或收购。如果这种努力仍未见效，监管当局或者直接出面接管该金融机构，或者宣布该机构倒闭，并对其进行清算。归纳起来，对危机金融机构的拯救方式有以下几种。

1. 重新注资

对于陷入暂时流动性困境的银行金融机构，通过重新注入资金的办法，改善其资产负债结构，以此缓解金融困境，渡过危机难关。

"政府对银行注资"这一问题产生的背景源于《巴塞尔协议》。自《巴塞尔协议》出台以来，各国政府和银行界为得到国际社会的普遍认可，竞相通过政府注资或政策推动使国内银行业，特别是国有银行业达到《巴塞尔协议》标准，并以获得更高档次的评级目标左右改革方向，这就是所谓的《巴塞尔协议》约束效应。后来，当银行金融机构陷入流动性困境时，政府便广泛运用这一手段拯救危机银行，一般可采取中央银行注资、政府"输血"、存款保险机构注资等方法。

2. 接管

接管，是指金融监管当局通过一定的接管组织，依照法定的条件和程序，全面控制被接管银行金融机构的业务活动。一般有两种情况：一种是银行经营不善而濒临破产时，由中央银行指定的其他银行接管；另一种是中央银行或其指定银行对严重违法的银行进行接管。金融机构被接管之后，可以选择：(1) 拍卖。(2) 请求政府或者存款保险机构重新注入资金，改组并转让给其他金融机构。(3) 宣布破产清算，使该金融机构完全退出市场。

接管是以保护金融机构债权人利益，恢复金融机构的正常经营能力为目的的一种行政性挽救措施，被接管的银行金融机构的债权债务关系不因接管而变化。因此，从法律上讲，对银行的接管是中央银行依法对金融机构业务经营实施的强制性干预措施，体现了中央银行对金融业实施监管的法律职能。

3. 收购或合并

收购，是指一家健康的金融机构以现金或股票交易的方式，收购危机金融机构的全部或大部分股权。例如，2008年9月14日，美国银行宣布以大约440亿美元的价格收购已有94年历史的美林公司。

合并，则是指一家健康的金融机构与一家陷入困境的金融机构合并其全部资产与负债，形成一家新的金融机构。正常情况下的合并，是指两家以上的金融机构依据契约及法令归并为一个金融机构的行为。例如，1998年4月6日，美国花旗公司和旅行者公司宣布合并，合并后的新集团定名为花旗集团，能够提供包括商业银行、保险、基金管理、证券交易等业务在内的全方位金融服务。

收购与合并是较受各国推崇的危机金融机构处理方式。首先,通过金融机构的收购与合并,可以用较低的成本稳定金融秩序,防止金融机构退出市场的负效应在整个金融体系蔓延。其次,收购与合并避免了金融机构的破产,从而保留了金融机构多年经营产生的商誉、人力资本等无形资产的价值。

4. 破产清算

破产清算,是指金融机构不能偿还到期债务或者资不抵债,不能正常经营时,由法院宣布其破产并组成清算组对金融机构法人进行清理,将破产财产公平地分配给债权人,并最终消掉金融机构法人资格的程序。

破产清算的目的是对无偿还能力的金融机构实行强制性管理,防止挤兑。破产清算将导致以下后果:金融机构的股东失去全部股本或部分股本,附属债务的债权人将失去部分或全部资金,没有参加存款保险的银行存款者将得不到补偿,金融机构的剩余资产将被拍卖偿还债务。

选择让金融机构破产这一危机处理方式,不仅对危机金融机构本身和债权人利益带来损害,而且对国民经济体系影响深远。因此,各国推崇的还是拯救或者提供适当的优惠政策,促使危机金融机构兼并重组,尽量使危机金融机构转危为安。破产清算作为金融机构市场退出方式的最后选择,是各国都竭力避免的。

二、政府安全网

银行业监管的政府安全网由存款保险制度和最后贷款人制度构成。

(一) 存款保险制度

由政府提供存款保险是防范银行危机的最主要措施。存款保险制度属于辅助性的事后稳定器。

1. 存款保险制度的界定

所谓存款保险制度,是指一种为存款者利益提供保护和稳定金融体系的制度安排。在这一制度安排下,吸收存款的金融机构根据其存款的数额按规定的保费率向存款保险机构投保,当存款机构破产而无法满足存款人的提款要求时,由存款保险机构承担支付法定保险金的责任。

美国是世界上最早建立存款保险制度的国家。在20世纪初的经济大萧条中,美国先后有9 755家银行倒闭,存款人损失约14亿美元,美国金融体系遭受重创。为了应对危机,美国国会采取了一系列行动,包括1933年6月通过了《格拉斯-斯蒂格尔法》。根据这一法案,由联邦政府出面于1934年创建了联邦存款保险公司,从而开创了世界现代银行存款保险制度的先河。20世纪60年代中期以来,随着金融业日益自由化、国际化的发展,金融风险明显上升,绝大多数西方发达国家相继在本国金融体系中引入存款保险制度,印度、哥伦比亚等部分发展中国家也进行了这方面的有益尝试。

建立存款保险制度的目的主要是为了保护存款人利益，稳定银行体系。一方面，存款保险制度使存款人在银行发生危机时，可以从保险公司得到补偿；另一方面，存款保险制度也在一定程度上降低了公众去银行挤提存款的可能，从而有利于银行体系的稳定。

2. 存款保险机构的运行机理

(1) 存款保险制度的构成要素。存款保险制度由保险人、投保人、受益人、保险标的构成。

保险人，即存款保险公司，经营存款保险业务，与投保银行签订保险合同，收取保险费，投保人倒闭时对存款人进行补偿。保险人的权利包括：决定是否承保与保险费率高低；要求投保人按规定交纳保险费；取消投保人的保险资格；检查投保人的财务与业务状况，有权要求投保人提供有关财务与业务报告；等等。同时，保险人的义务有：投保人出现困难后，有责任予以援助；投保人倒闭后调查原因和损失情况；组织力量进行破产清偿；支付保险赔偿；等等。

投保人，即自愿或强制投保的银行，与保险人签订保险合同，交纳保险费。

受益人，即在存款保险中直接受益的存款者和间接受益的投保机构和金融体系。

保险标的，即投保银行存款人的存款。

(2) 存款保险制度的框架结构。存款保险制度的框架结构主要包括机构设置、保险资格、保险费率、保险额度及对有问题投保银行的处理等方面的规定。

存款保险机构的设置一般有三种方式：一是政府出资设立，以美国、英国为代表；二是银行机构自发设立，以德国、法国、意大利为代表，通常是银行同业出资，以协会形式存在；三是政府与银行机构共同设立，以日本为代表，政府和商业银行共同出资。

保险资格的确定也有三种情况：一是强制投保，如日本、英国；二是自愿投保，如德国、意大利；三是强制与自愿相结合，对某些机构要求强制投保，对某些机构实行自愿投保。但是，大多数国家都通过法律形式建立了强制存款保险制度，要求商业银行参加存款保险，并接受存款保险制度的管理。例如，美国法律要求国民银行、联邦储备体系会员银行必须参加存款保险，不是联邦储备体系成员的州立银行和其他金融机构可自愿参加保险。目前，新成立的银行都必须投保。实际上，美国几乎所有的银行都参加了保险。

保险费率的确定大致有两种情况：一是固定费率，即对不同风险水平的投保银行按同一费率计算保险费；二是差别费率，即根据不同银行的风险水平确定不同的保险费率，目的是要在存款保险体系中引入定价机制，限制投保银行过度涉险。以美国联邦存款保险公司为例，1999年以前保费按固定比例收取，后来改按差别比例收取。收取比例确定的依据是，先按资本充足情况将投保银行分为上、中、下三组，再按监管情况分为A、B、C三组，然后分别确定不同档次的保费收取比例。

至于存款保险额，绝大多数国家实行非全额赔偿的部分存款保险制度，即对每位存款户承保的存款数额规定有最高保险额。最高保险额因各国经济发展水平、居民储蓄状况和保险制度完善程度的不同而不同。其具体又有四种情况：一是以美国为代表的限额内完全赔偿；二是以德国为代表的限额内简单比例赔偿；三是以爱尔兰和意大利为代表的分段比例递减赔偿；四是以英国为代表的比例与限额相结合赔偿，按存款的75%计算赔偿金额，同时规定每一存款人获得的赔偿最高不超过2万英镑。

对有问题投保银行的处理一般有以下方法：一是资金援助法，即投保银行出现暂时性清偿力不足时，通过贷款提供资金援助使其渡过难关；二是兼并转让法，即对于问题严重的投保银行，存款保险机构主持由健康银行进行兼并或转让；三是清算赔偿法，即投保银行被依法宣布倒闭，存款保险机构受托对该银行进行清算，支付存款赔偿。

3. 我国的存款保险制度

我国国务院于2015年2月17日发布《存款保险条例》，规定自2015年5月1日起施行。

（1）投保机构。该条例规定在中华人民共和国境内设立的商业银行、农村合作银行、农村信用合作社等吸收存款的银行业金融机构（以下统称投保机构），应当依照本条例的规定进行存款保险。投保机构应当按照存款保险基金管理机构的规定费率，每6个月交纳一次保费。

（2）存款保险基金。投保机构向存款保险基金管理机构交纳保费，形成存款保险基金，存款保险基金管理机构向存款人偿付被保险存款，并采取必要措施维护存款以及存款保险基金安全。被保险存款包括投保机构吸收的人民币存款和外币存款。但是，金融机构同业存款、投保机构的高级管理人员在本投保机构的存款以及存款保险基金管理机构规定不予保险的其他存款除外。

（3）保额规定。存款保险实行限额偿付，最高偿付限额为人民币50万元。同一存款人在同一家投保机构所有被保险存款账户的存款本金和利息合并计算的资金数额在最高偿付限额以内的，实行全额偿付；超出最高偿付限额的部分，依法从投保机构清算财产中受偿。

（二）最后贷款人制度

最后贷款人制度，是中央银行的一项职责，是指中央银行（或货币当局）向暂时出现流动性困难的银行提供紧急援助的一种制度安排，其目的是确保银行体系的稳定。

虽然政府安全网可以保护储户和其他债权人，防止危机发生或者减轻危机影响，但是政府安全网也会引起一系列问题，如道德风险问题、逆向选择问题、"太大而不能倒闭"问题等。因此，对政府安全网的评价褒贬不一。

"冤死"的雷曼：美联储输掉了赌局，雷曼兄弟破产

2008年，美国第四大投资银行雷曼兄弟由于投资失利，在谈判收购失败后宣布申请

破产保护，引发了全球金融海啸。

市值曾经位列美国第四的雷曼兄弟公司因投资次级抵押住房贷款产品不当，蒙受巨大损失。2008年9月10日，财务报道显示，雷曼兄弟第二季度损失39亿美元，是它成立158年来单季度蒙受的最惨重损失，雷曼兄弟股价较2007年年初最高价也已跌去95%。

2008年9月15日，对闻名遐迩的华尔街而言，这是一个具有历史意义的日子。这一天清晨，上班时间还没有到，人们便迫不及待地涌入大厦。他们当中，有些一如既往西装笔挺，有些却一反常态，身着休闲服来到公司。不过，有一点是一样的，他们手中都多了两样东西——空背包和行李箱。人们面色凝重、不多言语，纷纷进入各自的办公室，将个人物品整理打包。看上去，这一幕就像是在集体搬家。当人们提着箱子走出公司大门时，钉在黑色墙面上的金属招牌依然闪闪发光——"LEHMAN BROTHERS"（雷曼兄弟）。面对6 130亿美元的负债和一夜之间轰然倒塌的公司，两万多名员工除了离去，别无选择。在严重的次贷危机面前，在苦苦寻找买家却始终没有结果的情况下，公司董事会不得不做出申请破产保护的决定。有着158年悠久历史，在美国抵押贷款债券业连续40年独占鳌头的第四大投资银行——雷曼兄弟正式宣布申请破产保护。随即，两万多名职员开始了撤退，很多人面临失业、再择业。

在雷曼兄弟破产五年后的纪念日上，美联储前主席伯南克曾为自己为何不出手救助雷曼兄弟做过多次辩护。他反复阐述的主要原因都集中于他无法提供任何救助，因为雷曼兄弟已经丧失了偿还能力。"雷曼兄弟本身可能是太大而不能倒闭，从某种意义上说，雷曼兄弟的倒闭会对全球金融体系产生巨大的负面影响。但我们却束手无策，因为雷曼兄弟本质上已经资不抵债。"

但是，事实是在宣布破产六年之际，雷曼兄弟欧洲国际集团（LBIE）即将向无担保债权人全额支付债务，预计支付完上述债务之后，雷曼兄弟欧洲国际集团还将剩余50亿英镑。普华永道在雷曼兄弟破产进展报告中表示：作为拥有158年历史的华尔街第四大投行，雷曼兄弟一直拥有庞大的资产，只是人们并没有给它时间将这些资产变现，让其走上了绝路。雷曼兄弟的破产并不是因为偿付能力有问题，而是因为流动性不足。

据悉，在谈论放任雷曼兄弟破产的决定时，美联储官员表现得十分左右为难。在金融危机调查委员会发现的电子邮件中显示，美联储其实一直在考虑用2 000亿美元贷款来保住雷曼兄弟，然而这个决定却迟迟没能实现。"如果决定帮助那些陷入困境的银行，会有道德风险，而如果不这样，则会给金融系统以及整个经济造成非常严重的后果。"

美联储官员将此决定视作一场赌博，然而雷曼兄弟却似乎成了这场赌博的赌注。接下来的事情众所周知，美联储输掉了赌局，最终在市场的压力下放弃了道德约束，与美国财政部联手，向大型商业银行开始源源不断地注入资金。在政府的救助之下，华尔街的大型银行基本得以保存，而似乎它们的生机都是以雷曼的冤死换得的。

资料来源：蒋先玲.货币金融学[M].2版.北京：机械工业出版社，2017：246.

第四节 银行业监管的国际合作

金融业的国际化和跨国银行的发展必将导致金融监管的国际合作。由国际清算银行发起成立的巴塞尔委员会为金融监管的国际合作提供了可能的条件。

一、《巴塞尔协议Ⅰ》

(一)《巴塞尔协议Ⅰ》产生的历史背景

1974年,联邦德国赫斯塔特银行和美国富兰克林国民银行倒闭,这是两家著名的国际性银行。它们的倒闭使监管机构在惊愕之余,开始全面审视拥有广泛国际业务的银行监管问题,最终使银行监管的国际合作从理论认识上升到了实践层面。1975年2月,来自比利时、加拿大、法国、德国、意大利、日本、卢森堡、荷兰、瑞典、瑞士、英国和美国的代表会聚瑞士巴塞尔,商讨成立了巴塞尔银行监管委员会(简称巴塞尔委员会)。巴塞尔委员会虽然不是严格意义上的银行监管国际组织,但事实上已成为银行监管国际标准的制定者。自成立以来,巴塞尔委员会制定了一系列重要的银行监管规定。这些规定虽不具备法律约束力,但已得到世界各国监管机构的普遍认同。中国于2009年3月加入巴塞尔委员会。

巴塞尔协议就是由巴塞尔委员会成员国的中央银行在瑞士巴塞尔达成的若干重要协议的统称。其目的在于:第一,通过制定银行资本与其资产间的比例,确定计算方法和标准,以促进国际银行体系的健康发展;第二,制定统一的标准,以消除国际金融市场上各国银行之间的不平等竞争。巴塞尔协议的实质性进步体现在1988年7月通过的《关于统一国际银行的资本计算和资本标准的报告》,简称《巴塞尔协议Ⅰ》。

(二)《巴塞尔协议Ⅰ》的主要内容

1. 资本的分类

该协议把银行资本划分为核心资本和附属资本两档。

第一档:核心资本,又称一级资本,包括股本和公开储备,这部分至少占全部资本的50%。股本,包括已经发行并全额缴付的普通股和永久性非累积的优先股;公开储备,是指以公开的形式,通过保留盈余和其他盈余,如未分配利润、资本公积、盈余公积和少数股权等形式形成的资本。

第二档:附属资本,又称二级资本,包括未公开储备、资产重估储备、普通准备金、混合资本工具及次级债券等。未公开储备,是指未在银行资产负债表中公开标明的储备。这部分储备未公开,缺乏透明度,所以只能算作附属资本。资产重估储备,一般通过两种形式生成：一种是反映在资产负债表上的银行自身房产的正式重估；另一种是隐蔽价值或者潜在的重估储备，是银行持有证券的市场价值相对于历史成本的名义增值。因为这种潜在收益尚未实现，证券市价和历史成本价的差额一般打55%的折扣后才能记入附属资本。普通准备金，是指银行为应付意外损失而从收益中预先提留的资金。混合资本工具，是指具有股本和债务混合特性的资本工具，优先股是这种资本工具最典型的例子。作为混合资本工具，它们必须是无担保的、从属的，并且是足额缴付的；它们不可由持有者主动要求赎回，也不可在未经监管当局同意的情况下赎回；其利息或股息虽不可以减免，但在银行经营状况不佳时可以延迟支付。次级债务，是指偿还次序优于公司股本权益，但低于公司一般债务的一种债务形式。

为便于与银行资产负债表中的所有者权益区分，人们通常将核心资本和附属资本称为监管资本。

2. 风险权重的计算标准

该协议制定出对资产负债表上各种资产和各项表外项目的风险度量标准，并将资本与加权计算出来的风险挂钩，以评估银行资本所应具有的适当规模。

该协议根据资产类别、性质以及债务主体的不同，将银行资产负债表的表内项目划分为0、10%、20%、50%和100%五个风险档次。

对于表外资产项目，规定四级"信用换算系数"，即0、20%、50%和100%，用以将表外资产转化为表内资产风险程度，即表外风险资产 = Σ表外资产额×信用换算系数×表内同等性质资产的风险系数。

在此基础上，该协议提出了风险资产的概念，风险资产 = Σ资产类型×风险权重。

3. 资本与资产的标准比例

该协议提出了资本充足率的概念，银行资本充足率 = 总资本/风险加权资产，规定了资本对风险资产的比率，即资本充足率不得低于8%，其中核心资本对风险资产的比重不得低于4%。

在推进全球银行监管一致化和可操作性方面，《巴塞尔协议Ⅰ》具有划时代的意义。它在国际银行界建立了一套国际通用的以加权方式衡量表内外风险的资本充足率标准，极大地影响了国际银行监管和风险管理的进程。但随着金融领域竞争的加剧与金融创新的日新月异，《巴塞尔协议Ⅰ》的主要不足之处也逐渐显现出来。例如，它忽略了市场风险和操作风险，片面强调信用风险，而且对信用风险的判断过于简单化，对信用风险的划分也不细致；针对市场风险的规定过于笼统，并且缺乏可操作性；而对于破坏性极大的操作风险，相关的考虑更是接近空白；等等。

二、《巴塞尔协议Ⅱ》

(一)《巴塞尔协议Ⅱ》出台的背景

自20世纪90年代以来，国际银行的运行环境和监管环境发生了很大变化，主要表现在以下三个方面。

1. 《巴塞尔协议Ⅰ》中风险权重的确定方法遇到了新的挑战

这表现在信用风险依然存在的情况下,市场风险和操作风险等对银行业的破坏力日趋显现。在银行资本与风险资产比率基本正常的情况下,以金融衍生商品交易为主的市场风险频频发生,诱发了国际银行业中多起重大银行倒闭和巨额亏损事件。而《巴塞尔协议Ⅰ》主要考虑的是信用风险,对市场风险和操作风险考虑不足。

2. 危机的警示

亚洲金融危机的爆发和危机蔓延所引发的金融动荡,使得金融监管当局和国际银行业感到重新修订现行的国际金融监管标准已刻不容缓,需要加强金融监管的国际合作,以维护国际金融体系的稳定。

3. 技术可行性

学术界以及银行业自身都在银行业风险的衡量和定价方面做了大量细致的探索性工作,建立了一些较为科学而可行的数学模型。现代风险量化模型的出现,在技术上为巴塞尔委员会重新制定资本框架提供了可能性。

在以上背景下,1999年6月,巴塞尔委员会推出了《巴塞尔协议Ⅱ》第一个征求意见稿。新协议提出了一个对风险计量更敏感并与当前市场状况相一致的新资本标准,明确将市场风险和经营风险纳入风险资本的计算和监管框架,并要求银行对风险资料进行更多的公开披露,从而使市场约束机制成为监管的有益补充。经过2001年、2002年多次征求意见与修改后,于2004年6月26日,十国集团的央行行长一致通过《巴塞尔协议Ⅱ》的最终稿,并于2006年年底开始实施。

(二)《巴塞尔协议Ⅱ》的主要内容

《巴塞尔协议Ⅱ》的基本内容由三大支柱组成:最低资本金要求、监管当局的监管、市场约束。

1. 第一大支柱——最低资本金要求

新协议保留了《巴塞尔协议Ⅰ》中关于资本形成的定义以及资本充足率为8%的要求,但风险范畴有所拓展,包括了信用风险、市场风险和操作风险;在具体操作上与《巴塞尔协议Ⅰ》相同,计算风险加权资产总额时,将市场风险和操作风险的资本乘以12.5(即最低资本比率8%的倒数),转化为信用风险加权资产总额。

银行资本充足率 = 总资本/[信用风险加权资产 + (市场风险资本 + 操作风险资本)×12.5]

2. 第二大支柱——监管当局的监管

第二大支柱是为了强化监管过程,通过监管银行资本充足状况,确保银行有合理的内部评估程序,便于正确判断风险,促使银行真正建立起依赖资本生存的机制。在新协议中,巴塞尔委员会制定了针对银行风险监督检查的主要原则、风险管理指引和监督透明度及问责制度,以及如何处理银行账户中利率风险、操作风险和信用风险有关方面(包括压力测试、违约定义、剩余风险、贷款集中风险和资产证券化)的指引。

3. 第三大支柱——市场约束

市场约束的关键是信息披露,要求银行不仅要披露风险和资本充足状况的信息,而且要披露风险评估和管理过程、资本结构以及风险与资本匹配状况的信息;不仅要披露定量信息,而且要披露定性信息;不仅要披露核心信息,而且要披露附加信息。

新协议认为,市场约束的有效性,直接取决于信息披露制度的健全程度。只有建立健全的银行业信息披露制度,各市场参与者才能估计银行的风险管理状况和清偿能力。为了提高市场约束的有效性,巴塞尔委员会致力于推出标准统一的信息披露框架。

贯穿于巴塞尔新资本协议三大支柱的核心是:鼓励银行改善风险管理系统,应用先进的风险计量方法正规、系统地分析各种风险暴露的违约概率和损失率,进而更加有效地管理和更加精准地控制银行面临的各种风险,以获得更强的核心竞争力,取得更好的收益。

三、《巴塞尔协议Ⅲ》

2008年全球金融危机爆发后,原有国际银行业监管准则中核心资本充足率偏低、银行高杠杆经营缺乏控制、流动性监管标准缺失等问题暴露出来。针对这些情况,巴塞尔委员会对银行业监管标准进行了全面的完善和修订。2010年9月,巴塞尔委员会通过了《增强银行业抗风险能力》和《流动性风险计量、标准与监测的国际框架》两个文件,简称《巴塞尔协议Ⅲ》。

《巴塞尔协议Ⅲ》对银行业监管提出了以下方面的要求:(1)由普通股构成的核心一级资本占风险加权资产的比重由原来的2%提高到4.5%。(2)一级资本占风险加权资产的比重由原来的4%提高到6%,并限定一级资本只包括普通股和永久优先股。(3)为了确保有充足的资金用于吸收金融危机和经济危机时期的损失,要求商业银行建立2.5%的资本留存缓冲。(4)为了防止银行信贷增长过快并导致系统性风险的积累,要求银行在经济上行期按贷款额0~2.5%的比例提取缓冲资本,并可以在经济下行期释放,以减缓信贷紧缩对实体经济的冲击。(5)为了降低银行"太大而不能倒闭"带来的道德风险,对系统重要性银行提出1%的附加资本要求。(6)为了防止银行以较少资本支撑较大资产的高杠杆化行为,要求商业银行的杠杆率(核心资本/资产总额)不低于3%。(7)针对金融危机前流动性风险监管的缺失,为了保持必要的流动性,对商业银行提出流动性覆盖率(优质流动性资产储备/未来30日的资金净流出量)和净稳定资金比率(可用稳定资金/业务所需的稳定资金)的考核要求。两个流动性比率指标均为100%,旨在约束商业银行资金来源与资金运用的过度期限错配,增加长期稳定性资金来源,提高银行抵御流动性风险的能力。

本章小结

1. 银行业监管有广义和狭义两种理解。从狭义上讲，银行业监管是指国家金融监管机构对银行业金融机构进行监督和管理的总称。广义的银行业监管则不仅包括国家金融监管机构的外部监管，也包括银行业金融机构内部的自我监管。

2. 银行业监管的必要性在于银行业的特殊性，主要体现在三个方面：一是它所经营的商品是货币及货币资本，而不像一般企业经营的是普通商品；二是银行的经营主要靠发展负债增加资产业务，自有资本占总资产的比例一般较低，一旦市场不稳定，将引起挤兑等风险；三是银行是国民经济中牵一发而动全身的举足轻重的部门，带有公共性和社会性，银行业一旦发生问题，将会对整个社会产生巨大影响，银行的破产倒闭给社会带来的危害要比普通行业大得多。

3. 银行业监管的理论依据主要有社会利益论、金融风险论、投资者利益保护论以及管制供求论与公共选择论。

4. 政府监管银行的方式主要由两大部分组成，即审慎性监管体系与政府安全网，后者又包括存款保险制度和最后贷款人制度。

5. 1988年，《巴塞尔协议Ⅰ》将银行资本划分为核心资本和附属资本两档；制定出对资产负债表上各种资产和各项表外项目的风险度量标准；并提出了资本充足率的概念，银行资本充足率 = 总资本/风险加权资产，规定了资本对风险资产的比率，即资本充足率不得低于8%，其中核心资本对风险资产的比重不得低于4%。

6. 2004年6月26日，十国集团的中央银行行长一致通过了《巴塞尔协议Ⅱ》的最终稿，它包括最低资本金要求、监管当局的监管和市场约束三大支柱。

7. 2010年9月，巴塞尔委员会通过了《巴塞尔协议Ⅲ》。协议将一级资本充足率的下限从当时要求的4%上调至6%。另外，协议维持资本充足率8%不变，但是对资本充足率加资本缓冲要求在2019年以前从当时的8%逐步升至10.5%。

复习思考题

1. 解释下列概念：银行业监管、现场检查、非现场检查、接管、破产清算、政府安全网、存款保险制度、最后贷款人制度、核心资本、附属资本。
2. 银行监管的目标有哪些？
3. 金融监管理论主要有哪几种？
4. 银行监管当局监管银行的主要内容有哪些？
5. 简述存款保险制度的主要内容。
6. 简述《巴塞尔协议Ⅰ》《巴塞尔协议Ⅱ》《巴塞尔协议Ⅲ》的主要内容。

第八章 金融市场

学习目标

1. 了解金融市场的基本特征及功能。
2. 理解货币市场的特点及主要构成。
3. 理解一级市场发行制度。
4. 了解证券交易的类型及基本特征。

本章导读

金融市场是统一市场体系的一个重要组成部分,属于要素市场。它与消费品市场、生产资料市场、劳动力市场、技术市场、信息市场、房地产市场、旅游服务市场等各类市场相互联系、相互依存,共同形成统一市场的有机整体。在整个市场体系中,金融市场是联系其他市场的纽带。认识并理解金融市场的特征、功能和分类,有助于更好地发挥金融市场的作用。

第一节 金融市场概述

金融市场(Financial Market)是指由货币资金的供需双方以金融工具为交易对象所形成的市场。金融市场有广义与狭义之分。广义的金融市场是由货币资金的借贷、有价证券的发行和交易以及外汇与黄金买卖活动所形成的市场。狭义的金融市场特指由债券与股票组成的证券市场,包括证券的发行市场与交易市场,其中最重要的部分是证券交易所。

一、金融市场的特征

现代金融市场是资金交易的载体,其主要的特征表现如下。

(一)金融市场的原动力为信用活动

没有信用活动存在,各种资金的融通就无法进行。银行与其他金融机构,以信用的授、受为其主要业务,来调节资金的供求。证券的发行与交易也同样在资金的供给者与需求者之间实行融通与转让。

(二)金融市场的交易对象为资金

金融市场的交易对象为资金,其所使用的交易工具为各种金融工具。资金供应者的资金,经常是可贷资本,资金需求者所借入的资金可能为生产资本,或为货币。而金融市场则是由供需者通过各种中介机构进行资金交易的一种公开市场。其交易条件,完全取决于供需双方的自由竞争。

(三)交易价格表现为资金的合理收益率

金融市场上交易对象的价格体现为不同期限资金借贷的合理收益率。在金融市场上,金融资产的交易过程就是它的定价过程,而金融资产的价格反映了货币资金需求者的融资成本和货币资金供应者的投资收益。因而,金融资产的定价机制也是金融市场的核心机制。无风险资产的收益一般指无风险收益率——基础收益,而风险资产的收益率还包括风险溢价——风险收益。

(四)交易场所表现为有形或无形

传统的商品市场往往是一个有固定场所的有形市场,而金融市场不一定都有固定的场所。金融市场大致分两种情况:一是交易所方式,或称有形市场,即交易者集中在有固定地点和交易设施的场所内进行金融产品交易,如常见的银行、证券交易所就是典型的有形市场;二是柜台方式,或称无形市场,是指交易者分散在不同地点(机构)或采用电信手段进行交易的市场,如场外交易市场和全球外汇市场就属于无形市场。

金融市场有两大构成要素:一是金融市场的主体,即金融市场的参加者,也就是资金的供应者和需求者;二是金融工具,即金融市场的交易对象,以金融资产的形式出现,根据等价交换的原则进行自由买卖。资金的价格(利率),反映的是资金的供求关系。

二、金融市场的主体

在金融市场上,有资金的供给者和需求者。金融市场最主要的参与者是金融中介机构,它也是组织者。另外还有中央银行、政府部门、企业和个人。

(一)金融中介机构

金融市场与金融机构是紧密结合在一起的。作为金融市场最主要的参与者,金融机构是最重要的资金需求者和供应者。其中吸收存款的中介机构,如商业银行、储蓄银行,它们吸收存款、发放贷款或进行投资;办理投资的中介机构,如投资公司、财务公司,它们出售股票,将所得资金用于金融资产投资,或向消费者、工商企业放款;保险公司、退休基金会等用契约方式向参与者提供保险、储存退休金等服务,借以集聚资金,然后投资于公债、股票、公司债券以及房地产等。

(二) 中央银行

中央银行参与金融市场不是单纯的资金供求者,而主要是以管理者的身份出现。因为中央银行作为国家的银行和银行的银行,有贯彻执行国家货币政策和负责管理金融市场的义务,其参与的主要目的不是盈利。比如,代财政部发行公债和国库券,实施公开市场业务,对商业银行办理再贴现业务,管理外汇和汇率等。

(三) 政府部门

政府是主要的资金需求者,它通过发行公债在金融市场上筹集资金,用于弥补国家财政赤字或其他支出。当财政收支出现临时性不平衡时,它发行国库券在金融市场筹资。另一方面,政府及政府机构在收支过程中也经常发生资金临时闲置,在这种情况下,它又作为资金供应者,将闲置资金或存于银行,或在市场上收回、买入短期证券。

(四) 企业

企业是金融市场最大的资金需求者,也是资金供应者。一方面,企业需要大量的银行贷款,需要发行长期债券和股票来筹集长期资金;另一方面,企业经营过程中必然会有部分闲置资金,它可以存入银行或投资于金融资产。

(五) 个人

从国外金融市场看,个人往往是最大的资金供应者,也是需求者。个人购买政府、企业、金融机构发行的各种债券和股票,也在金融市场上出售证券。

可见,金融市场主体是多样化的。但这些主体参与金融市场的目的则各有不同。如中央银行是以管理者的身份参与;政府部门主要是筹资;企业、个人则有筹资、投资、保值、投机等目的;而金融中介机构不仅有盈利的目的,还有组织的义务。

三、金融工具及其特性

金融工具是金融市场的交易工具,也是金融市场的客体。在金融市场上,资金的需求者与供应者之间进行资金的融通,必须有合法凭证,以证明债权、债务关系或所有权关系(如股票),这种凭证就是金融工具,也称金融证券。融资关系是一种信用关系,如果把股票融资也视为一种信用关系,那么金融工具也是信用工具。

传统信用工具是以书面形式发行和流通,用以证明债权债务信用关系的书面凭证。在早期的信用活动中,借贷双方仅凭口头协议或承诺而产生信用关系。这种口头协议或承诺因无任何凭证作依据,也无法律上的保障,极易引起纠纷与争执。为解决上述缺陷,就出现了书面形式的信用工具。随着金融业务的发展,信用工具的形式和内容不断丰富。

金融工具成为金融市场的客体表现形式,既包括债权债务关系,也包括所有权关系。

金融工具的经济功能在于将资金盈余单位的剩余资金转移给不敷单位使用,把社会的剩余资金吸引到生产投资中去。

(一)金融工具种类

金融工具可按不同的标准进行分类。如按期限可划分为短期金融工具(商业票据、国库券等)和长期金融工具(政府债券、公司债券、股票等);按发行者性质可分为直接(金融)工具和间接(金融)工具等。这里以发行者性质分类来介绍金融工具种类。

1. 直接金融工具

直接金融工具是指非金融机构如政府、工商企业及个人所发行或签署的金融工具,如公债、国库券、公司债券、股票、抵押契约、借款合同和其他多种形式的借据。事实上,非金融机构是直接以最后借款人的身份向最后贷款人借钱,直接用于生产投资和消费,这种融资也叫直接融资或直接金融。可以说,直接融资所用的工具,就是直接金融工具。常见的直接金融工具有以下几类:

(1)商业票据。它是商业信用的工具。在商业信用中,以信用出售商品的债权人,为了保证自己的债权,往往要掌握一种书面的债务凭证。这种表明债务人按规定期限无条件地支付一定款项的义务的书面债务凭证,就是商业票据,它又有商业期票和商业汇票之分。

商业期票是一种承诺式的信用凭证,即出票人(债务人)承诺支付一定的金额给受款人(债权人)的凭证,经"背书"可以转让、贴现。它是金融市场短期工具之一。

商业汇票则是一种命令式的信用凭证,由出票人(债权人或债务人)签发,命令付款人向受款人支付一定款项的凭证,经"承兑""背书"后,可转让、贴现,它也是金融市场短期工具之一。经银行承兑过的商业汇票是银行承兑汇票,它是商业票据的主要形式。

(2)债券。它是指债券发行人为了筹集资金,承诺按一定利率和一定日期支付利息,并在特定日期偿还本金的书面债务凭证。由政府发行的称为政府债券、公债或国债;由企业发行的称为公司债券或企业债券。

政府债券是政府为了筹集预算资金而发行的债券。它主要用于平衡预算收支、弥补财政赤字和用于非生产性或生产性开支。偿还期在1年以内的叫国库券或短期公债,它们已成为金融市场上交易量最大、利率最低、风险最小、流动性最强的证券。偿还期在1年以上的为中长期公债或公债券,占公债发行量的大部分。政府债券还包括政府机构债券和地方政府债券。

公司债券是公司(或企业)对外举债并承诺在一定期限还本付息的凭证。依据不同的分类标准,公司债券可分为不同的类型:

第一,依公司债券的发行方式分类,按发行时有无记录债权人的姓名分为记名公司债券和无记名公司债券;按可否转换成公司发行的股份分为可转换公司债券和不可转换公司债券。

第二,依公司债券有无担保可分为有担保公司债券和无担保公司债券。前者按抵押品不同又可分为不动产抵押公司债券、动产抵押公司债券和信托抵押公司债券(以其他债券或股票作为抵押品)。

第三,依公司债券本金的偿还方式不同划分为一次还本公司债券、分期还本公司债券和通知还本公司债券。

第四,依公司债券持有者享受的利益不同分为所得公司债券和利益参与公司债券。前者对债券持有人享受的利益不予确定,期满后,债券持有人可全部收回本金,但利息收入以公司取得收益作为条件,若公司未取得收益,可不支付利息,公司取得较大收益则多支付利息,收益较小可少支付利息;后者对债券持有人享受的利益不予确定,公司除了支付事先规定的利息外,还允许债权人参与公司的盈利分配。

第五,依公司债券利率是否确定分为固定利率债券和浮动利率债券。

(3) 股票。它是股份企业(公司)发行的所有权证书,是发给股东证明其所入股份的一种凭证,是有权取得股息和红利的一种有价证券。按不同的分类标准,股票也可分成不同的类型:

第一,按发行形式不同分为记名股票与无记名股票,记名股票上有股东的姓名。

第二,按票面上是否标明金额数分为面值股票和无面值股票。

第三,按股东权利不同分为普通股票和优先股票。普通股票享有红利分配权、企业管理参与权及认股优先权。优先股票的优先权在于通常有一个固定的股息率,在公司解散时,剩余财产的分配优先于普通股,但是持有优先股的股东一般在股东大会上没有表决权,不能参与企业经营管理。

股票和债券均为有价证券,从债务人的角度看都是获得所需资金的一种筹资手段,从债权人角度看,都是获得一定报酬的投资工具。不同之处在于:第一,发行目的不同。发行股票是股份公司筹集资本金的需要;发行债券是追加资金的需要。第二,持有者身份不同。股票持有者是股份公司的股东;债券仅仅是一种借款凭证,它只表示一种债权,不涉及所有权问题。第三,持有者与企业的关系不同。股票持有者与企业是投资关系,有权参与企业管理,并承担投资风险(指普通股);债券持有者与企业是借贷关系,无权参与管理,一般也不承担风险。第四,收回本金的办法不同。股票一般不能退股,只能转让;债券到期可以向发行者收回本金。第五,取得收益的稳定性不同。股票持有人的收益随公司的效益浮动;债券持有人则可获得固定的投资报酬,并在时间上先于股票,当企业破产时,债券必须首先得到偿还。

除了商业票据、债券和股票三类直接金融工具外,放款凭证也是工商业发出而由银行和其他金融机构所持有的直接工具。

2. 间接金融工具

间接金融工具是指金融机构所发行的证券及债务凭证,如钞票、存款、可转让存款证、人寿保险单、基金股份和其他各种形式的借据。在这里,金融机构在最后贷款人与最后借款人之间充当了媒介,这种融资也称间接融资或间接金融,间接融资所用的工具就是间接金融工具。主要的间接金融工具有以下几种:

(1) 钞票。它是非典型的银行券,是中央银行的债务凭证。也有财政部发行的钞票。

(2) 存款。它是银行等金融机构发行的债务凭证。存款种类很多,最重要的分类是按货币性强弱分为活期存款和定期存款。活期存款被社会当作货币使用,与流通中的现金(钞票)共同构成流通中的货币供应量(M1)。支票是活期存款的支付凭证,是活期存款的代表。可以取现的为现金支票,只能转账的为转账支票。

(3) 可转让大额存单(CD)。即可以作为流通工具使用的大额定期存款凭证。

人民银行推出大额存单

2015年6月2日,央行发布《大额存单暂行管理办法》。大额存单是指由银行业存款类金融机构面向非金融机构投资人发行的、以人民币计价的记账式大额存款凭证,是银行存款类金融产品,属一般性存款,纳入存款保险的保障范围。

大额存单采用标准期限的产品形式,采用电子化的发行方式。个人投资人认购大额存单起点金额不低于30万元,机构投资人认购大额存单起点金额不低于1 000万元。大额存单期限包括1个月、3个月、6个月、9个月、1年、18个月、2年、3年和5年共9个品种,发行利率将以市场化方式确定。

不同于银行理财产品,大额存单需缴准和纳入存贷比考核,但也可转让、质押,是具有流动性的存款,与理财产品相比有流动性溢价,其发行利率将低于同期限理财产品。根据该《办法》,大额存单发行利率以市场化方式确定。固定利率存单采用票面年化收益率的形式计息,浮动利率存单以上海银行间同业拆放利率(Shibor)为浮动利率基准计息。

资料来源:证券时报[N].2015-06-03.

(4) 银行本票。它是由银行签发的以银行本身为付款人的票据。银行本票按票面是否载明受款人姓名,分为记名本票和不记名本票;按票面有无到期日期,又可分为定期本票和即期本票。在有效期内(一般为短期,如1个月),持票人可凭银行本票办理转账结算,也可到银行支取现金。

(5) 金融债券。它是金融机构发行的一种中长期债券,用以筹集较稳定的资金。

(6) 银行汇票。它是银行办理汇款业务的工具,如用于异地购货的结清等,汇款解付前银行可无息占用,因而也是融资的一种工具。

(7) 人寿保险单。它是人寿保险公司发行的人寿保险凭证。

(8) 基金股份。它是投资公司、储蓄和放款协会等金融机构发行的一种"股份"。

随着金融业务的进一步发展,在上述金融工具的基础上,又发展出了衍生金融工具,如期货、期权和互换合约等。

(二) 金融工具的特性

金融工具种类繁多,是因为各种工具都有其自身的特点,能满足多种债权人和债务人的不同需要。不管是直接工具还是间接工具,都有以下四个特性。

1. 偿还期

偿还期指债务人必须在全部偿还债务之前所经历的时间。以金融工具(证券)发行日开始计算的偿还期为绝对偿还期,这是发行时就规定的;以发行后某个时点(如在二级市场购买的日期)开始计算的偿还期为相对偿还期。对债务人来说,他所关心的是金融工具的绝对偿还期,这个期限决定了借来的资金可供他使用多长的时间。而对债权人来说,他所关心的是接受这种工具时所剩的偿还期,即相对偿还期。

2. 流动性

流动性是说明金融工具转变为现金而不至于亏损的能力。钞票和活期存款有完全的流动性,其他工具或短期不易变卖,或变卖时易受价格波动的损失,或在变现过程中耗费相当的交易成本,其流动性也相应减弱。一般来说,流动性与偿还期成反比,即偿还期愈长,流动性愈弱;流动性与发行人(债务人)信誉成正比,发行人信誉愈高,流动性就愈强。

3. 安全性

安全性是指收回本金的保障程度,或避免其市场价格下跌的风险性。一种是违约的风险,即债务人不履行合同,不能按规定还本付息;另一种是市场风险,即因市场利率上升所导致的证券市场价格下跌的风险。另外,期限长的证券受市场利率波动的机会就多。所以一般来说,安全性与偿还期成反比。

4. 收益性

收益性通过收益率来表示,它是指金融工具给持有者带来的净收益与预付的本金之比率。

四、金融市场的功能

金融市场通过组织金融工具的交易,发挥着重要的经济功能。

(一) 融通资金功能

融通资金功能,即实现储蓄向投资转化的功能,这是金融市场最重要、最基本的功能。金融市场借助市场机制,聚集了众多交易主体,创造和提供了各种金融工具和融资平台,为投资者和筹资者开辟了广阔的投融资途径。在这个过程中,金融市场发挥着融通资金的"媒介器"作用。金融市场为资金供需双方提供了调节资金余缺的市场交易机制,从而可促进储蓄向投资转化,进而促进经济发展。

(二) 优化资源配置功能

优化资源配置功能,是指金融市场通过定价机制自动引导资金的合理配置,进而引导资源从低效益部门向高效益部门流动,从而实现资源的合理配置和有效利用。假定金融市场上证券的交易价格能反映企业真实的内在价值(包括企业债务的价值和股东权益的价值),则通过金融市场的价格信号,就能引导资金流向最有发展前景、经济效益最好,并且能为投资者带来最大利益的行业和部门(因为此类公司的证券价格会一路走高,吸引人们购买),从而引导资金合理流动,实现资源的有效配置和合理利用。

(三) 信息传递功能

信息传递功能,是指金融市场发挥经济信息集散中心的作用,成为一国经济、金融形势的"晴雨表"。首先,从微观角度看,金融市场能够为证券投资者提供信息。例如,通过上市公司公布的财务报表来了解企业的经营状况,从而为投资决策提供充分的依据。其次,从宏观角度看,金融市场交易形成的价格指数作为国民经济的"晴雨表",能直接或间接地反映出国家宏观经济运行状况。

(四) 分散和转移风险功能

分散和转移风险功能,是指金融市场的各种金融工具在收益、风险及流动性方面存在差异,投资者可以很容易地采用各种证券组合来分散投资于单一金融资产所面临的非系统风险,从而提高投资的安全性和盈利性。但需要明确的是,金融市场只能针对某个局部分散或转移风险,而非从总体上消除风险。同时,金融市场也发挥着提供流动性的功能,其中包括长短期资金的相互转换、小额资金和大额资金的相互转换及不同区域之间的相互转换。这种转换有利于灵活调度资金,为投资者和筹资者进行对冲交易、套期保值交易等提供便利,使其可以利用金融市场来转移和规避风险。

(五) 经济调节功能

金融市场为宏观管理当局实施宏观调控提供了场所。例如,金融市场能从总体趋势上反映国家货币供给量的变动趋势,中央银行可以根据金融市场上的信息反馈,通过公开市场业务操作、调整贴现率等手段来调节资金的供求关系,从而保持社会总供求的均衡。在中央银行货币政策工具中,以短期国债为主要交易工具的公开市场业务操作就需要借助货币市场平台。中央银行可以在该平台上影响商业银行的超额准备金和同业拆借市场利率,进而影响金融机构的信用扩展能力。

五、金融市场的分类

金融市场是一组经营资金借贷和买卖各种金融商品(工具)的市场总称,按照不同的标准,金融市场可以进行各种不同的分类。按照对资金需求期限的长短,可以把金融市场分为货币市场(期限在1年以内的短期金融市场)和资本市场(期限在1年以上的长期金融市场);按照交易对象的不同,可以分为股票市场、债券市场、本币市场、外汇市场和黄金市场;按交易的层次,可以分为初级市场和二级市场;按交易的范围不同,可以分为国内金融市场和国际金融市场;按交易的方式不同,可以分为现货市场、期货市场及期权市场;按交易的场所不同,还可分为有形市场和无形市场。

金融市场的划分方法由于是从不同的角度去概括金融活动的某一方面特性,因而每个市场往往又同时兼备其他几种市场的属性,各种市场彼此之间表现出交叉存在。例如,债券市场,就既存在债券的初级市场,又存在债券的二级市场;既可细分为债券的现货市场,又可细分为债券的期货市场。

第二节 货币市场

货币市场(Money Market),即期限在1年以内的短期金融市场。货币市场的功能主要是为了保持资金的流动性,以便随时可以变换成现实的货币。它一方面满足借款者的短期资金需要;另一方面为贷款者的临时多余资金寻找出路。货币市场交易凭证大都是政府和银行以及工商企业发行的短期证券,以流动性高和风险性小为特征。由于用于交易的工具随时可以在市场上出售变现,从这个意义上来讲,它们近似于货币,故将融通短期资金的市场称为货币市场。

货币市场的重要性在于,它是整个金融体系调剂流动性的重要渠道,为中央银行实施公开市场操作提供场所;另外,货币市场利率在整个利率体系中也占重要地位。[①] 货币市场按交易的内容和方式不同可分为银行同业拆放市场、短期证券市场和贴现市场。

一、银行同业拆放市场

银行同业拆放市场(Interbank Market)是银行及其他金融机构之间进行临时性资金拆借的市场。在这个市场中相互拆借的资金,主要是各银行和其他金融机构经营过程中暂时闲置的资金和支付的准备金。拆借的目的是为了弥补头寸暂时不足和灵活调度资金。银行同业拆放期限多为日拆,以1~2天为限,多则1~2周。也有不事先约定拆放期限的,借款银行可以随时还款,放款银行也可以随时通知借款银行还款,期限最多为1个月。

拆放利率由融资双方根据资金供求关系及其他因素自由议定。日拆利息每天不同,甚至每时都不同,拆息率的高低,灵敏地反映着市场资金的供求松紧状况。

资金拆放的方式,一般是由拆入资金的银行开给拆出资金的银行一张本票,拆出资金的银行则开给拆入资金的银行一张它在中央银行存款的支票。这样就可以把拆出资金的银行在中央银行的超额准备金转给拆入资金的银行使用。归还时,从拆入者账户划出,转入拆出者账户。

---

① 曾红燕,李绍昆. 货币银行学[M]. 2版. 北京:中国人民大学出版社,2017:70.

美国的银行同业拆放市场叫"联邦基金市场"。根据美国银行法,参加联邦储备系统的会员银行除需保持一定的法定准备金外,还需在联邦储备银行保持一定存款准备金,供票据交换每日轧账之用,这种存款准备称为"超额准备金",又叫"联邦基金"。会员银行可以自由运用超额准备金,当某会员银行的存款准备金不足时,可以向有超额准备金的会员银行拆借,从而形成了联邦基金市场。对商业银行来说,联邦基金市场已成为它们调剂存款准备金余缺的市场,有些银行还把联储资金视为一个较长期的资金来源。一些经常缺乏资金的银行,同一些经常资金有余的银行建立了定期和连续合同两种较长期的交易,但绝大多数交易还是属于短期日拆性质。由于银行同业间相互拆借资金具有灵活、及时的特点,一个商业银行存款准备金不足时,可以立即从有超额准备金的银行拆入款项,这不仅可及时解决资金不足的困难,而且商业银行不必经常保留大量超额准备金,从而可以提高资金的使用效益。

上海银行间同业拆放利率简介

上海银行间同业拆放利率(Shanghai Interbank Offered Rate,简称Shibor),从2007年1月4日开始正式运行,是由信用等级较高的银行组成报价团自主报出的人民币同业拆出利率计算确定的算术平均利率,是单利、无担保、批发性利率。中国人民银行成立Shibor工作小组,依据《上海银行间同业拆放利率(Shibor)实施准则》确定和调整报价银行团成员,监督和管理Shibor运行,规范报价行与指定发布人行为。全国银行间同业拆借中心授权Shibor机构进行报价计算和信息发布。目前,对社会公布的Shibor品种包括隔夜、1周、2周、1个月、3个月、6个月、9个月及1年。

Shibor报价银行团现由18家商业银行组成。报价银行是公开市场一级交易商或外汇市场做市商,在中国货币市场上人民币交易相对活跃、信息披露比较充分。

Shibor促进了我国货币市场的快速发展。目前,Shibor与货币市场发展已经形成了良性互动的格局。Shibor在市场化产品定价中得到广泛运用:一是Shibor对债券产品定价的指导性持续增强。二是以Shibor为基准的金融创新产品成交活跃。三是票据转贴现、回购业务初步建立了以Shibor为基准的市场化定价机制。四是报价行的内部资金转移价格已经不同程度地与Shibor结合。我国金融市场正在形成以Shibor为基准的定价群,各种利率之间的比价关系日趋合理、清晰。

资料来源:360百科。

二、短期证券市场

短期证券市场(Short-term Securities Market)是期限在1年以内的短期证券发行、交易的市场。按交易内容划分,可分为商业票据市场、银行承兑汇票市场、大额可转让定期存单市场、政府短期债券市场、回购协议市场等。

(一) 商业票据市场

商业票据市场是货币市场中历史最悠久的短期金融市场,在这个市场上买卖的商业票据通常是以信誉较好的大公司或工商企业为出票人,承诺在指定日期按票面金额向持票人付现的一种无抵押担保票据。

商业票据是货币市场上一种重要的融资工具,它具有三个特点:

第一,商业票据是一种融资性票据,出票人签发票据的目的是要解决生产经营中短期周转资金的问题,是出于融通资金的考虑。

第二,商业票据是一种市场票据,它是在市场上公开发行、流通的,一般无特定销售对象。在货币市场上流通的商业票据大多是以持票人为收款人,票据到期时,发行人不得以任何理由要求延期或转期。

第三,商业票据是一种短期票据,在市场上流通的商业票据平均期限在1个月左右,最长一般不超过9个月。其票面为固定金额,如美国最低为25 000美元,一般为10万美元,再大的金额是整数倍。

商业票据经市场投资者购买后,资金流入公司供其周转使用,待票据到期日,发行人即支付票款,偿还投资人。这样,商业票据与商品劳务相分离,从而演变成为一种在货币市场上流通的金融工具,发行人与投资者之间成为一种单纯的债权、债务关系。凡是买入商业票据的投资者,即为持票人,他既可将商业票据持有至到期日,凭票取款,也可在到期日以前到市场出售,买卖方便,自由灵活。

(二) 银行承兑汇票市场

在这个市场上流通的银行承兑汇票,由于其风险小、流动性强,因而深受投资者的欢迎。银行承兑汇票是货币市场上的一种重要交易工具。经银行承兑后的汇票可以在银行承兑汇票市场上以贴现方式获得现款,如果贴现机构自身急需资金,则也可凭贴进来的未到期汇票向其他金融机构转贴现,或向中央银行申请再贴现。贴现、转贴现与再贴现,形式上是汇票的转让与再转让,其实质是短期金融市场的金融交易行为。

银行承兑汇票市场的参与者有三类:

一是汇票的承兑金融机构。如英国有专门的承兑所,而美国、日本的商业汇票通常是由银行承兑的。银行通过承兑汇票,既为持票人融通了资金,又能收取一定的承兑手续费。另外,由于承兑是贴现不可缺少的一环,从而为汇票的转让流通提供了条件。

二是贴现机构。一类是普通银行参与贴现;另一类是专营机构,如美国的12家票据贴现所、日本的短资公司,它们根据市场资金的供求状况,以议定的贴现率购进汇票,随时再以稍高于购进的价格卖出汇票,从中赚取一定差价,并创造了一个银行承兑汇票的连续市场。

三是银行承兑汇票的投资者。如银行、保险公司、信托公司等,它们根据自身的资金状况和货币市场其他工具的利率状况,通过经纪人市场,踊跃投资于银行承兑汇票。

(三)大额可转让定期存单市场

大额可转让定期存单是由商业银行发行的、可以在市场上转让的存款凭证。CD 是大额可转让定期存单(Negotiable Certificate of Deposit)的简称,其特点是面额大,期限固定,可以自由流通转让。投资于 CD,既可以获得定期存款利息,又可以像活期存款一样具有较高的流动性,随时都可以将其转让,获得现款。大额可转让定期存单市场,简称 CD 市场。

CD 的期限为 1~18 个月,最普遍的为 4 个月。票面金额各国规定不一致,但一般都有对最低发行单位的限制,如美国的最低发行单位为 10 万美元。

从投资者的观点看,由于 CD 的上市性强、流动性大,在到期前可以变现,因而比无息的支票存款强;从签发 CD 的银行的观点看,CD 为它提供了和定期存款流动性一样的资金,即在到期前不能提取,而且利率具有多样性,有固定利率也有浮动利率。[①] 因此,CD 市场成为货币市场中发展最快的市场之一。

(四)政府短期债券市场

政府短期债券是一国政府为解决短期资金需要而发行的有价证券,主要是国库券。期限在 1 年以内,以 3~6 个月居多。

国库券市场由发行市场和流通市场组成。发行市场是由中央银行和各种金融机构以及证券经销商组成的,即由中央银行按照当时货币市场的利率情况向各种银行及银行金融机构进行拍卖。流通市场是由各种金融机构和证券经销商及广大投资者所组成,这个二级市场一方面为商业银行的资金运用提供场所,保证其容易换成现金;另一方面为许多公司、个人提供高收益、无风险的投资资产,使其闲置资金能获得理想的投资。

国库券投资风险小、期限短,既可以贴现,也可以在市场上出卖变现,因而流动性极强,有"仅次于现款的凭证"之称。另外,国库券又是一种可以产生利润的资产,发行时打折扣买入,到期十足还本,两者的差额就是持有人的收益,有"有利息的钞票"之称。由于国库券本身的这些优点,使它成为各国货币市场上最重要的信用工具。

(五)回购协议市场

回购协议指的是在出售证券的同时,与证券的购买商达成协议,约定在一定期限后按预定的价格购回所卖证券,从而获取即时可用资金的一种交易行为。因此,回购协议基本上是以证券为担保品的短期资金融通。回购协议是美国近十几年发展起来的新的货币市场上的信用工具。回购协议市场是一种当场买卖与远期交易相结合的短期证券交易市场。

参与回购协议市场的资金需求者主要是商业银行与证券经纪人。商业银行在其资产

---

① 蒋先玲. 货币金融学[M]. 2 版. 北京:机械工业出版社,2017:106.

中经常拥有大量政府债券,可以通过回购协议出售债券,筹集资金。证券经纪人可通过回购协议取得资金投资于其他收益高的证券,进行套利活动,同时又无须出售原来持有的证券。资金的供给者则包括一些大企业和地方政府的闲置资金,期限可以随需要来安排,到期可以收回,而且带来一定的收益,即获得利息。

三、贴现市场

贴现市场(Discount Market)是银行以买进未到期票据的方式,对持票人融通短期资金的市场。贴现是商业银行在票据未到期时买进票据,从票面金额中扣除自贴现日起到票据期满日止的利息,将所余金额付给贴现人。假设票据的面额为5 000元,3个月后到期,贴现率为6%,则银行要从票据面额中扣除75元(5 000×6%×90÷360),而只付给持票人4 925元。假如该银行也等不及到期取款,它可向中央银行申请再贴现,据此向中央银行借款。贴现率是商业银行的主要贷款利率之一,它一般低于信用贷款利率。再贴现率则是中央银行稳定金融的三大法宝之一。中央银行通过调高或降低再贴现率,就可以收放银根,调节对商业银行的贴现贷款量,进而控制商业银行的信贷规模,调节市场货币供应量。此外,贴现市场还是银行间票据买卖市场的基础,商业银行卖出票据,都要以买进的商业票据为基础。

第三节 资本市场

资本市场是经营1年以上中长期资金借贷的市场。其主要职能是为企业及政府筹集所需要的中长期资金,以及为私人的中长期投资提供场所及便利的机会。资本市场除了银行长期放款以外,就是证券市场(包括债券市场和股票市场)。证券市场分为发行市场和流通市场。

一、证券发行市场

证券发行市场也称"初级市场"或"一级市场",它是政府、金融机构、企业直接或通过发行单位发行新的债券和股票的场所,是企业和政府筹集资金的重要渠道。

证券发行按发行主体划分,可以分为直接发行和间接发行。直接发行是指由发行主体自己办理有价证券发行所必要的一切事务手续,直接从投资者那里筹措资金的发行方式。间接发行是指发行主体不是自己直接向投资者办理发行,而是通过证券商作为受托机构,由其牵头,组织承购集团来推销发行证券,间接地从投资者手中筹措资金。间接发行又可分为三种情况:一是代销,承购集团仅仅是代发行主体销售,承购集团没有自购的义务,如销售不完,剩余证券退还给发行主体;二是包销,由承购集团买下,而不能退还给发行主体;三是全额认购,由承购集团与发行主体签订契约,用承购集团的资金将证券发行总额一次全部购入,然后再根据情况在市场上售出。

二、证券流通市场

证券流通市场也称二级市场,是已发行的证券买卖交易的市场。二级市场可以分为两种类型。

(一) 证券交易所

证券交易所是对已核准发行的债券、股票进行买卖并形成有价证券行市的市场,是高度组织化的二级市场,也是最重要、最集中的证券买卖场所。

1. 证券交易所的功能

证券交易所作为证券集中竞价交易市场中的组织者,又处于一级监管地位,本身不参加证券交易。其主要功能是:

(1) 创造连续性市场。证券交易所创造了在价格极小变动范围内迅速买卖证券的市场,称为连续性市场。它具有交易频繁、进出报价差距甚微、买卖极易完成、出售时价格波动甚微的特征,具有完全的市场性,这是"完全竞争"市场的一个典范。

(2) 形成公平合理的价格。由于证券交易所内买卖双方公开讨价还价和以竞争的方式形成价格,这种价格可谓公平合理的"均衡价格"。

(3) 协助企业筹措长期资金。证券交易所协助证券上市的公司筹措长期资金,而且证券上市就意味着公司的信誉好,使得上市公司能比较容易地发行新证券来筹措长期资金。

(4) 预测经济动态。证券交易所的股票价格指数灵敏地反映经济周期,是经济变动的"晴雨表"。股价周期一般总是先于经济周期发生,所以从证券交易所的行市变动就能预测经济动态。

(5) 有助于减少投资风险。由于证券价格涨落起伏较大,因此证券投资要担风险,但是,由于证券交易所信息灵,能促使投资者尽量投资于安全的企业;由于证券交易所汇集了大量证券,因此使投资者能较容易地进行选择和分散投资对象;由于证券交易所具有严格的管理制度和机构,因此可以保证证券交易有秩序地进行,还可以防止欺诈行为。

(6) 促进资金的有效利用和分配。在证券交易所内,交易者最关心的是证券价格。当某些企业盈利增加、发展潜力较大时,就能吸引更多的证券投资者。与之相反,如果某些企业经营不好,盈利下降,那么证券投资者就会采取两种态度:一是转换投资;二是敦促该企业迅速扭亏为盈。

2. 证券交易所的组织形式

从世界各国证券交易所的情况看,证券交易所一般采用公司制和会员制两种形式。

公司制证券交易所，即由投资者组织一个股份公司，以营利为目的，供给交易场地、设施和服务人员，以便利证券商的证券交易与交割，并收取发行公司的上市费与证券成交的佣金，但证券交易所人员不得参与证券买卖。会员制证券交易所是由各证券商组成的，它与公司制不同，参与证券交易所经营的各证券商（会员）可参与证券交易所中证券的买卖与交割。会员制证券交易所由会员自治自律，互相约束，而不以营利为目的。

两种组织制度各有利弊，公司制交易所经营人员本身不直接参与证券买卖的行为，在证券买卖中持中立态度，这样保证了证券交易的公正性，且不易形成垄断。会员制交易所采取券商会员自治制，所以佣金及上市费均较低，能防止上市证券的场外交易；公司制则相反，以盈利为目的，主要收入来自上市费和佣金，证券买卖者为逃避高昂的上市费和佣金，有可能将上市证券在场外进行交易。

3. 证券上市

证券上市是证券在交易所登记注册，并有权在交易所挂牌买卖的行为。在交易所上市的证券就是所谓的上市（或挂牌）证券。公司要在某一交易所注册上市，必须符合上市注册的条件，并且遵守该交易所的规章制度。从申请上市程序来讲，申请上市有两种情况：一种是由证券交易主管机关予以认可，即授权上市；另一种是由证券交易所同意，即认可买卖。一般政府债券可以豁免申请而直接在证券交易所买卖。各证券交易所对申请上市条件的规定不一，但都包括申请上市公司的资本额、获利能力、资本结构、偿债能力、股权分散情况。一般情况下，公司要使证券上市需经过以下几个步骤：

（1）申请。申请书上，公司应比较详细地介绍其经营、财务以及申请上市证券的情况。

（2）提交申请书的同时，以书面形式保证遵守有关证券的上市规定。

（3）证券交易所初审。

（4）证券管理委员会核定。

（5）订立上市契约。

（6）发行公司缴纳上市费。

（7）确定上市日期和挂牌买卖。

4. 证券交易方式

证券交易是指证券持有人依照交易规则，将证券转让给其他投资者的行为。证券交易所的交易方式主要有以下几种：

（1）现货交易。现货交易是指证券买卖成交后即时履行交割的交易。这里的"即时"是指成交的当天，也可能是市场习惯所指的日期。如纽约证交所指成交后第5个营业日内交割，东京证交所指成交后第4个营业日内交割。这是一种现货与价款同时收付和履行交割的交易方式。

（2）期货交易。期货交易是指证券买卖成交后，在约定时期（一般为30天、60天或

90 天)进行交割的一种交易方式。期货交易将订约与履约的时间隔离开来,买卖双方先签订合同,并就买卖证券的数量、成交的价格及交割时期达成协议,买卖双方在规定的交割时期履行交割。

在证券交易所做期货交易,可以是"卖空",做空头,也可以是"买空",做多头。如果投资人或投机者预计价格下跌,则可先卖后买,做空头;如果预计价格上涨,则先买后卖,做多头。两者都期望赚取价差利润。

(3) 期权交易。期权交易亦称选择权交易,它交易的是买卖某种证券的特权。期权购买人与交易商(经纪人)达成一种契约,规定在期权购买人支付一定费用(期权费)后,在一定时期内按双方协定价格,期权购买人有权买入或卖出一定数量的证券。期权购买人可以在契约规定期限内的任何时候行使这个权利,也可以到期不行使这个权利,任其作废。是否行使这个权利,期权购买人要看买入或卖出一定数量的证券所得收益与期权费的比较。

(4) 信用交易。在信用交易中,投资人只交付一部分价款或称保证金,其余部分由经纪人垫付,所以也叫"垫头"交易。经纪人则要向银行借款,这种借款往往以所买的证券作抵押。经纪人向证券购买人所收取的利息要高于他向银行借款所支付的利息,这个差额就是经纪人的收益。当投资人不能按期偿还证券的差额垫款时,经纪人有权处理这些证券。

(二) 场外交易市场

场外交易市场是指在证券交易所以外进行证券交易的市场,主要是指店头交易市场。这是指证券经纪人或证券自营商不通过证券交易所,把没有在证券交易所登记上市的证券——有时也包括一部分上市的证券,直接和顾客进行买卖的市场。

与证券交易所市场相比,店头交易市场具有以下特点:第一,它是一个没有组织的、没有固定场所的、分散的市场。第二,它是一个以买卖没有在证券交易所登记上市的证券为主的市场。在店头交易市场上交易的证券主要是债券,也有股票,特别是金融业和保险公司的股票。第三,在店头市场上交易的主体以自营商为主,成交的证券价格不是以竞价拍卖方式得出来的,而是通过买卖双方协议确定的。在店头交易市场上交易证券的品种和数量远远超过证券交易所。

场外交易市场除了店头交易市场外,还包括:

(1) 第三市场。第三市场是指非证券交易所成员,进行已在证券交易所登记的普通股的场外交易的场所。参加这一市场交易的主要是金融机构、大证券经销商和大投资者。这一市场的好处是买卖证券可以直接进行,从而可以节省巨额佣金、费用等。而且已登记的股票也可以在这里进行交易,并可以不经过经纪人直接进行,因此目前这一市场也很活跃。

(2) 第四市场。大金融机构之间相互直接买卖或交换证券,从而形成第四市场。这一市场出现的原因是为了获得更好的价格,节省佣金,以及不必在证券交易所和交易委员会登记就可以进行证券交易。

中国股市对外开放的里程碑:A 股纳入 MSCI

2017 年 6 月 21 日凌晨 4 时 30 分,摩根士丹利资本国际公司(MSCI,又称明晟公司)通过官网宣布,决定将中国 A 股纳入 MSCI 新兴市场指数和全球基准指数(ACWI)。

公告显示,MSCI 计划初始纳入中国 A 股的 222 只大盘股,基于 5% 的纳入因子,这些 A 股约占 MSCI 新兴市场指数 0.73% 的权重。

MSCI 计划分两步实施这个初始纳入计划,以缓冲沪股通和深股通当前尚存的每日额度限制。第一步预定在 2018 年 5 月半年度指数评审时实施,第二步则在 2018 年 8 月季度指数评审时实施。倘若在此预定的纳入日期之前沪股通和深股通的每日额度被取消或者大幅度提高,MSCI 不排除将此纳入计划修改为一次性实施的方案。

MSCI 董事总经理暨 MSCI 指数政策委员会主席 Remy Briand 指出:"国际投资者广泛认可了中国 A 股市场准入状况在过去几年里的显著改善。如今 MSCI 迈出纳入中国 A 股第一步的时机已然成熟。中国内地与香港互联互通机制的发展完善为中国 A 股市场的对外开放带来了革命性的积极变化。"

交银国际董事总经理、研究部负责人洪灏表示,第四度闯关终有突破,这是中国股市对外开放之路的又一里程碑。他在接受澎湃新闻记者采访时说:"A 股在 MSCI 中国指数和 MSCI 新兴市场指数的权重将分别为 1.7% 和 0.5%,意味着境外资金在 A 股的配置规模将在 600 亿~700 亿元人民币,相对于 A 股 40 万亿元的流通市值份额极少,带给市场的更多是一种情绪上的提振。"

MSCI 指数是多数国际机构的投资标的,其客户涵盖全球 90% 以上的基金公司。据不完全统计,全球有超过 750 只 ETF 基金直接追踪 MSCI 指数,所投资的资金规模高达 10 万亿美元。正因如此,一旦 A 股市场跻身 MSCI 新兴市场指数,国际投资者就可以通过追踪指数来配置 A 股,意味着 A 股市场也将迎来境外资金的涌入。

资料来源:澎湃新闻 2017 年 6 月。

本章小结

1. 金融市场是指由货币资金的供需双方以金融工具为交易对象所形成的市场。金融市场的原动力为信用活动;金融市场的交易对象为资金,其所使用的交易工具为各种金融工具;交易价格表现为资金的合理收益率;交易场所表现为有形或无形。

2. 金融市场最主要的参加者是金融中介机构,它也是组织者。另外,还有中央银行、政府部门、企业和个人。

3. 金融工具是金融市场的交易工具,也是金融市场的客体。金融工具的经济功能在于将资金盈余单位的剩余资金转移给不敷单位使用,把社会上的剩余资金吸引到生产投资中去。

4. 金融市场通过组织金融资产、金融产品的交易,发挥着"融通资金、优化资源配置、传递信息、调节经济及分散和转移风险"等重要功能。

5. 货币市场即期限在1年以内的短期金融市场。货币市场的功能主要是为了保持资金的流动性,以便随时可以变为现实的货币。货币市场按交易的内容和方式不同可分为银行同业拆放市场、短期证券市场和贴现市场。

6. 资本市场是经营1年以上中长期资金借贷的市场。其主要职能是为企业及政府筹集所需要的中长期资金,以及为私人的中长期投资提供场所及便利的机会。资本市场除了银行长期放款以外,就是证券市场(包括债券市场和股票市场)。证券市场分为发行市场和流通市场。

复习思考题

1. 解释下列概念:金融市场、金融工具、直接融资、直接金融工具、间接融资、间接金融工具、商业票据、债券、股票、普通股、优先股、大额可转让存单、货币市场、银行同业拆放市场、上海银行间同业拆放利率、回购协议、贴现、资本市场、证券发行市场、直接发行、间接发行、公募发行、私募发行、证券流通市场、公司制证券交易所、会员制证券交易所、注册制、核准制。
2. 请分析金融市场的基本构成。
3. 你认为发展金融市场的必要性是什么?
4. 参与金融市场活动的机构主要有哪些?
5. 短期资金市场上的金融工具有哪些?
6. 为什么说短期资金市场是联结金融机构的主要纽带?
7. 证券市场的基本功能是什么?其主要组织形态有哪些?
8. 请分析说明我国金融市场发展的目标。
9. 请分析货币市场发展的作用与意义。
10. 资本市场的发展对企业融资的作用是什么?

第九章 货币供求

学习目标

1. 了解货币需求、货币供给的含义。
2. 了解传统货币数量论的基本内容与特点。
3. 掌握凯恩斯货币需求理论的三种动机。
4. 掌握弗里德曼货币数量论的主要内容。
5. 掌握货币供给的形成和主要内容。

本章导读

经济学家对货币理论的研究同其他经济理论一样,也是分别从需求和供给两个方面展开的。货币需求理论所要研究和解决的问题是:什么是货币需求?决定货币需求的因素是什么?对此,不同的经济学流派给予了不同的解释。同时,货币供给的研究是要回答:货币是如何投放的?哪些因素影响货币供给的变动?中央银行并不能完全控制货币供给量。货币供给是一个涉及各个经济主体行为的错综复杂的过程。其中,商业银行体系在货币创造过程中发挥了极大的作用,商业银行体系创造的货币构成了货币供给的绝大部分。在本章我们将对上述问题予以解答。

第一节 货币需求

一、货币需求概述

(一) 货币需求的含义

经济学意义上的"需求"不仅是指人们希望得到或拥有某种东西的欲望,而且是指一种有支付能力的需求。① 人们的欲望是无限的,而需求却是有限的。货币需求也是如此,它包括两个基本要求:一是人们持有货币的愿望;二是必须有持有货币的能力。因此,货币需求的含义可以表述为:当经济主体拥有一定量的财富总额时,其可以选择以多种形式来持有该笔财富,而其愿意以货币这种资产形式来持有的那部分财富就构成其对货币的需求。货币需求实际上是一种资产形式选择,是人们把货币作为一种资产而持有的行为。

(二)货币需求量的含义

货币需求量是指在一定时期内,社会各部门(包括政府、企业和个人)在既定的社会经济和技术条件下需要的货币数量的总和。货币需求量是一个重要的货币理论概念,为了更好地把握货币需求量的含义,需要区别以下几组概念。

1. 微观货币需求量与宏观货币需求量

微观货币需求量是指个人、家庭或企业在既定的收入水平、利率水平和其他经济条件下所需要的货币量。宏观货币需求量是指一个国家在一定时期内经济发展和商品流通所需要的货币量。研究微观货币需求量的出发点是某一经济主体的经济行为,研究宏观货币需求量的出发点则是整体经济运行。

2. 名义货币需求量与实际货币需求量

名义货币需求量是指一个社会或一个经济部门在不考虑价格变动时的货币需求量,即用现行的价格水平或名义购买力表示的货币需求量。实际货币需求量则是在扣除通货膨胀因素以后的货币需求量,即用货币的实际购买力表示的货币需求量。如果从名义货币需求量中剔除物价变动的影响,就可得出实际货币需求量。

二、货币需求理论

(一)马克思的货币需求理论

马克思的货币需求理论又被称为马克思的货币必要量理论。马克思以完全的金币流通为假设前提,提出执行流通手段职能的货币的必要量取决于商品价格总额和货币流通速度②,即

$$\text{执行流通手段职能的货币必要量} = \frac{\text{商品价格水平} \times \text{流通中的商品数量}}{\text{货币流通速度}}$$

马克思的货币需求理论认为,一个国家在一定时期内需要多少货币,主要取决于以下因素。

1. 商品交换规模

商品交换规模也就是一个时期内进行交换的商品价格总额。它是由两个因素决定的:商品的数量和各种商品价格。假如价格已定,流通的商品量愈大,需要的货币量也就

---

① 曾红燕,李绍昆. 货币银行学[M]. 2版. 中国人民大学出版社,2017:138.
② 刘智英,刘福波. 货币银行学[M]. 北京:清华大学出版社,2014:222.

愈大。如果投入流通的商品量是已定的,那么流通中所需要的货币量就取决于商品的价格水平。价格愈高,所需要的货币量也就愈多。所以,流通中所需要的货币量总是与商品的价格总额成正比,也就是同商品数量和商品价格这两个因素的变化成正比。

2. 货币流通速度

它是指同一货币在一定时期内转手的次数。流通中所需要的货币量与货币的流通速度成反比,即货币的流通次数增加,流通中所需要的货币量就会减少;货币的流通次数减少,流通中所需要的货币量就会增加。正是由于货币流通速度这一因素的作用,流通中实际所需要的货币量总是小于商品的价格总额。

需要指出的是,马克思的货币流通规律是在金属货币流通的条件下提出的,且其假设在该经济中存在着一个数量足够大的黄金储藏。当流通中需要较多的黄金时,黄金从储藏中流出;当流通中有一些黄金不需要时,多余的黄金退出流通,转化为储藏。因此,流通中需要多少货币,就有多少货币存在于流通之中。但在不兑现的纸币流通条件下,因纸币本身没有内在价值,过多的纸币不会自动退出流通,因此,在社会商品可供量和货币流通速度一定时,商品价格水平会随纸币数量的增减而涨跌。

(二) 古典学派的货币需求理论

古典学派的货币需求理论也叫货币数量理论,是一种关于货币数量与货币价值或物价水平之间关系的货币理论,它以货币数量的变化来解释货币价值或一般物价水平的变动。① 这种学说认为,在其他条件不变的情况下,一个国家的物价水平或货币价值,取决于这个国家向流通中投放的货币数量,货币数量的增减必将引起物价水平同方向、同比例的变动。

古典学派的货币数量理论是相对于弗里德曼的现代货币数量理论而言的,这种理论产生得很早,流派也很多,其中有代表性的主要有现金交易数量学说和现金余额数量学说。

1. 现金交易数量学说

现金交易数量学说由美国经济学家费雪在1911年的《货币购买力》一书中提出。假定以 M 表示货币的流通数量,V 表示货币的流通速度,P 表示各类商品的加权平均价格,T 表示各类商品交易的总量,费雪提出了著名的交易方程式,也叫费雪方程式:

$$MV = PT$$

这个方程式是一个恒等式,其中 P 的值取决于 M、V、T 这三个变量的相互作用。不过,费雪分析,在这三个经济变量中,M 是一个由模型之外的因素所决定的外生变量;V 由制度、技术、产业结构、文化传统等因素决定,在短期内不变,因而可视为常数;交易量 T 对产出水平常常保持固定的比例,也是大体稳定的。因此,只有 P 和 M 的关系最重要。所

---

① 李雅丽. 金融学(货币银行学)[M]. 上海:上海财经大学出版社,2013:109 - 110.

以，P 的值主要取决于 M 的变化。

虽然费雪关注的是 M 对 P 的影响，但是反过来，从这一方程式中也能导出一定价格水平之下的名义货币需求量。也就是说，由于 $MV = PT$，则

$$M = \frac{PT}{V} = \frac{1}{V}PT$$

这说明，仅从货币的交易媒介功能考察，全社会一定时期一定价格水平下的总交易量与所需要的名义货币量具有一定的比例关系。这个比例是 $1/V$，即货币流通速度的倒数。

2. 现金余额数量学说

现金交易数量学说没有考虑微观主体动机对货币需求的影响。许多经济学家认为这是一个缺陷。以马歇尔和庇古为代表的剑桥学派，在研究货币需求问题时，重视微观主体的行为。他们认为，处于经济体系中的个人对货币的需求，实质是选择以怎样的方式保持自己资产的问题。人们持有货币的多少由个人的财富水平、利率变动以及持有货币可能拥有的便利等诸多因素所决定。但是，在其他条件不变的情况下，对每个人来说，名义货币需求与名义收入水平之间总是保持着一个较为稳定的比例关系，对整个经济体系来说也是如此。因此，有：

$$M_d = kPY$$

式中，Y 为总收入；P 为价格水平；k 为以货币形态保有的财富占名义总收入的比例；M_d 为名义货币需求。这就是有名的剑桥方程式。

根据剑桥学派的分析，在短期内，k 和 Y 都是相对稳定的。同时，货币数量的变动不会对这两个变量产生任何影响。如果令 $k = 1/V$，把 k 看成一个常数，则该方程式和费雪方程式的形式基本一致。因此，与上述费雪的基本结论一样，剑桥学派也认为，货币数量的任何变动必将使一般物价水平做同方向、等比例的变动。

但是剑桥学派在考察货币的作用时，选取了和现金交易数量论不同的角度。首先，费雪方程式强调货币的交易手段职能，剑桥方程式则强调货币作为一种资产的功能。其次，费雪方程式把货币需求与支出流量联系在一起，重视货币支出的数量和速度，而剑桥方程式则是从以货币形式持有资产存量的角度考虑货币需求，重视这个存量占收入的比例。最后，费雪方程式从宏观角度分析货币需求，剑桥方程式则从微观角度分析货币需求。显然，剑桥方程式中的货币需求的决定因素多于费雪方程式，尽管没有明确表述出来，但利率、对未来价格水平的预期等因素对微观主体持币动机的影响已经隐含在对 k 的分析中。

（三）凯恩斯的货币需求理论

1. 货币需求动机

凯恩斯在其所著的《就业、利息和货币通论》中系统地提出了他的货币需求理论。凯恩斯认为，货币需求是人们在一定时期能够而且愿意持有的货币量。人们持有货币的原因是人们在心理上普遍存在流动性偏好的倾向，而货币是具有完全流动性的资产，正好满足这种要求。因此，凯恩斯的货币需求理论也被称为"流动性偏好理论"。

凯恩斯认为人们的流动性偏好有三种动机:交易动机、预防动机和投机动机。

(1)交易动机。交易动机是指企业或个人为了应付日常的交易而需要持有货币的动机。凯恩斯认为,在个人收入的取得与支出的发生之间,或者在企业销售收入的实现与各项费用的支出之间,总有一定的时间间隔。在此时间间隔中,为了应付日常交易的需要,个人和企业都必须保持一定数量的货币。

(2)预防动机。预防动机是指人们为了应付不测之需而持有货币的动机。凯恩斯认为,未来的收入和支出是不确定的,为了防止未来收入减少或支出增加的意外变化,人们除了日常交易所必需的货币外,还必须经常性地保持一定数量的用于意外、紧急需要的货币。

(3)投机动机。投机动机是指人们为了在未来某一适当的时机进行投机活动而愿意持有的一部分货币。

这是凯恩斯货币需求理论的创新之处,它引入了对货币需求动机的分析,从而强调了利率对货币需求的影响。凯恩斯假设,人们只能在货币和债券这两种资产间选择其财富持有形式。凯恩斯认为微观主体愿意持有货币还是债券取决于他们对现行利率水平的估价。如果人们认为现行的利率水平高于正常值,就会预期利率水平将会下降,从而债券价格将会上升,人们就会把货币换成债券,以期在债券价格上升时获得利息收入和资本溢价的双重收益;如果人们有相反的预期,则人们会抛出债券而持有货币,以避免损失并在将来债券价格下降时再获得投机机会。

2. 货币需求函数

凯恩斯认为,为了满足交易动机和预防动机所需要的货币量,主要取决于国民收入水平,是收入的递增函数。而用于满足投机动机的货币需求主要受利率影响,是利率的递减函数。

凯恩斯用 M_1 代表为满足交易动机和预防动机所持有的现金数量,Y 为收入,L_1 为收入 Y 与 M_1 之间的函数关系,则 $M_1 = L_1(Y)$。用 M_2 代表为满足投机动机所持有的现金数量,r 为利率,L_2 为利率 r 与 M_2 之间的函数关系,则 $M_2 = L_2(r)$。由于货币总需求等于货币交易需求、预防需求和投机需求之和,所以货币总需求的函数式为:

$$M = M_1 + M_2 = L_1(Y) + L_2(r)$$

(四)弗里德曼的货币需求理论

1. 弗里德曼货币需求理论的主要内容

第二次世界大战后,发达国家经济快速增长,但滞胀的局面接踵而来。美国经济学家弗里德曼在1956年发表的《货币数量说的重新表述》一文中,对影响人们货币持有量(即货币需求量)的各种因素进行了深入分析,提出了现代货币数量论。弗里德曼认为,影响人们货币需求的因素主要有以下四个方面:

(1)财富的总额。弗里德曼认为,持有货币是持有财富的一种方式,所以影响货币需求的首先是财富总额。但是在实际生活中,财富总额很难估算,所以弗里德曼使用收入作为财富的代表变量。而现期收入又常受各种因素的影响,经常发生变动,于是他提出了恒久性收入的概念,作为财富的代表。所谓恒久性收入就是一个较长时期的平均收入,在实际计算中,可以用现在及过去年份实际收入的加权平均数来加以估测。一般而言,恒久性收入越高,货币需求就越大;反之,货币需求就越小。

(2) 财富比例。弗里德曼把财富分为人力财富和非人力财富两类。人力财富是指个人获得收入的能力,包括一切先天的和后天的才能与技术,又叫人力资本。非人力财富是指物质财富,如房屋、机器、设备、耐用消费品等各种财产。一般只有少数人才拥有一定量的非人力财富,而大多数人只拥有人力财富。人力财富给人们带来的收入是不稳定的,如失业时人力财富就无法取得收入。所以,在总财富中人力财富所占的比例越大,出于谨慎动机的货币需求就越大;而非人力财富所占的比例越大,则货币需求就相对较小。所以,非人力财富占个人总财富的比例与货币需求呈负相关关系。

(3) 货币及其他资产的收益。弗里德曼所指的货币包括现金和存款,因此持有货币的收益可以有三种情况:持有购买力稳定的现金时,收益为零;持有生利的存款时,收益为正;持有购买力下降的现金时(如在通货膨胀的情况下),收益为负。显然,货币需求量与持有货币的预期收入成正比。其他资产指的是债券、股票以及实物资产。在其他条件不变时,债券和股票的收益率越高,货币需求量就越小;反之,货币需求量就越大。实物资产的收益率就是物价水平的变动率。在其他条件不变时,物价变动率越高,实物资产的保值性就越得以体现,货币需求量也就越小;反之,货币需求量就越大。

(4) 影响货币需求的其他因素。除了以上三大因素外,弗里德曼认为还有其他很多因素对货币需求产生影响,如制度因素、技术因素及人们的心理因素等。

在以上分析的基础上,弗里德曼提出了如下货币需求函数:

$$M^d/P = f(Y_p, \omega, r_m, r_b, r_e, 1/P \cdot dP/dt, \mu)$$

式中, M^d 为名义货币需求;P 为价格水平;M^d/P 为实际货币需求;Y_p 为实际恒久性收入;ω 为非人力财富占个人总财富的比例;r_m 为货币预期收益率;r_b 为债券预期名义报酬率,包括债券的资本利得;r_e 为股票预期名义报酬率,包括股票的资本利得;$1/P \cdot dP/dt$ 为预期物价变动率,也就是实物资产的预期名义报酬率;μ 代表影响货币需求的其他因素。

2. 弗里德曼货币需求理论和凯恩斯货币需求理论的区别

虽然都是从资产选择角度来讨论货币需求,但是弗里德曼的货币需求理论和凯恩斯的货币需求理论有着明显的不同。

首先,凯恩斯考虑的仅仅是货币和债券之间的资产选择,而弗里德曼选择的范围要比其大得多,它不仅包括货币、有价证券,还包括实物资产,并且弗里德曼将货币视作有价证券、实物资产的替代品。

其次,凯恩斯的货币需求理论中认为货币收益率为零,而弗里德曼的货币需求理论扩大了考察的货币口径,这类大口径的货币中有相当部分是有收益的。

以上这两点不同使他们对于货币需求函数的观点也截然不同。凯恩斯认为货币需求对利率敏感,货币流通速度是不稳定的。而弗里德曼则认为货币需求对利率并不敏感,货币流通速度是稳定的。弗里德曼认为,货币需求解释变量中的四种资产——货币、债券、股票和非人力财富的总和即是人们持有的财富总额,其大致可以用恒久性收入 Y_p 来作为代表性指标。因此,影响货币需求的主要因素是恒久性收入,而恒久性收入的变化是缓慢的,所以,货币需求及其函数都是比较稳定的。

米尔顿·弗里德曼的学术贡献

米尔顿·弗里德曼,美国经济学家,以研究宏观经济学、微观经济学、经济史、统计学及主张自由放任资本主义而闻名。1976 年获得诺贝尔经济学奖,以表扬他在消费分析、货币供应理论及历史和稳定政策复杂性等领域的贡献。弗里德曼是《资本主义与自由》一书的作者,该书在 1962 年出版,提倡将政府的角色最小化以让市场自由运作,以此维持政治和社会自由。他的政治哲学强调自由市场经济的优点,并反对政府的干预。他的理论成了自由意志主义的主要经济根据之一,并且对 20 世纪 80 年代开始美国里根政府以及许多其他国家的经济政策都有极大影响。

弗里德曼最知名的理论,是他提出的货币供给作为决定生产价值基准的因素,通货膨胀在根本上源自货币供给量的主张。货币主义是现代经济学在货币数量理论领域的重要观点之一,这种理论的根源可以追溯至 16 世纪西班牙的萨拉曼卡学派,弗里德曼的贡献则是现代化了这种理论,将其推广为现代经济学的主流货币学说。他在 1963 年与 Anna Schwartz 合著的 *A Monetary History of the United States* 一书中检验了美国历史上货币供给和经济活动之间的关联。他们得出了惊人的结论:货币供给一向是经济活动起伏的唯一影响来源。如同美国联邦储备系统主席本·伯南克在 2002 年庆祝弗里德曼 90 岁生日时所描述的:"有关大萧条,你是正确的,我们(联邦储备系统)当时的确做错了。我们真的很抱歉。"David Meiselman 在 20 世纪 60 年代进行的几次研究显示了货币供给在决定经济投资以及政府开销在决定消费及生产总额上的角色是至高无上的。弗里德曼的观察研究和一些学说进一步扩展了这种结论,主张货币供给的改变是影响经济的首要原因,但长期的影响则是由物价水平决定的。

弗里德曼对于消费层面的分析也相当知名,亦即他在 1957 年提出的恒常所得假说(Permanent Income Hypothesis)。这个理论被一些经济学者视为是他在经济学方法论上最重要的贡献。弗里德曼其他重要的贡献还包括对菲利普斯曲线的批评,以及他提出的失业率的自然比率的概念(1968 年)。这些学说都与货币和金融政策对经济的长期及短期影响有关。在统计学上,他则创造出了知名的弗里德曼测试。

弗里德曼的论文 The Methodology of Positive Economics(1953年)则替他稍后几十年的研究方法架构了模型,并且也成为芝加哥经济学派的主要框架之一。他主张经济学作为一种学科,应该免于客观的价值衡量。除此之外,一个经济理论有用与否,不应该是以它对现实的描述(例如头发颜色)作为衡量标准,而是应该以它能否有效地对未来情况进行预测为基准。

资料来源:李雅丽. 金融学(货币银行学)[M]. 上海:上海财经大学出版社,2013:114.

第二节　货币供给

一、货币供给概述

(一) 货币供给与货币供给量

货币供给是指货币供给主体向货币需求主体供给货币的经济行为。货币供给是一个经济过程,即银行系统向经济中注入或抽离货币的过程,货币供给必然会在实体经济中形成一定的货币量,即通常所说的货币供给量。货币供给量是指在企业、个人以及各金融机构中的货币总存量。它是一个时点数,是一定时刻的货币存量。①

关于货币供给和货币供给量,需要说明以下几点:

(1) 货币供给不等于现金发行。流通中的货币是由现金和存款货币共同构成的,不能仅将现金发行视同货币供给。

(2) 货币供给量是一个存量概念,它是一个国家在某一时点上实际存在于整个经济中的货币量。各国的中央银行都定期地公布货币供给量,并根据具体的经济形势和经济政策需要对其进行调节和控制。

(3) 货币需求量是一个预测量,而货币供给量却是实实在在地反映在银行(包括中央银行和商业银行)资产负债表上的一定时点上的银行负债总额。

(4) 研究货币供给的目的,是为了使社会实际提供的货币量能够与商品流通和经济发展对货币的需求量(即预测的货币需求量)相吻合。所以,对货币供给有重要研究价值的不是实际的货币供给量,而是合理的货币供给量,即指由银行通过各项资产业务实际投放的货币量与社会对货币的正常需求量相一致。

(二) 货币供给层次的划分

1. 货币层次划分的意义

货币层次划分有利于中央银行进行宏观经济运行监测和货币政策操作。对货币供给

---

① 曾红燕,李绍昆. 货币银行学[M]. 2版. 北京:中国人民大学出版社,2017:146.

内容的确定是执行货币政策的前提。比如说,货币当局在讨论控制货币供给指标时,既要明确到底控制哪一层次的货币以及这个层次货币与其他层次货币的界限所在,同时还要回答实际可能控制到何种程度。否则,就谈不上货币政策的制定,制定了也难以贯彻。

2. 货币层次划分的依据

各国中央银行在确定货币供给的统计口径时,都以货币的流动性的大小即货币作为流通手段和支付手段的方便程度为标准。流动性较高,即在流通中周转较便利,相应地,形成购买力的能力也就较强;流动性较低,即周转不方便,相应地,形成购买力的能力也就较弱。显然,这个标准对于考察市场均衡、实施宏观调节具有重要意义。

3. 货币层次的划分

国际货币基金组织对货币层次的划分:

(1) $M_0 = C$(现钞)。它是指流通中的现钞。由于这部分货币可随时作为流通手段和支付手段,因而具有最强的购买力。

(2) $M_1 = C + D$(狭义货币)。由 M_0 和商业银行的活期存款构成。由于活期存款可以随时签发支票而作为直接的支付手段,所以它是同现金一样最具流动性的货币。各种统计口径中的"货币"通常是指 M_1。M_1 作为现实的购买力,对社会经济生活有着最广泛而直接的影响,因此许多国家都把控制货币供给量的主要措施放在这一层,使之成为货币政策调控的主要对象。

(3) $M_2 = M_1 +$ 准货币(广义货币)。所谓准货币,一般由银行的定期存款、储蓄存款、外币存款以及各种短期信用工具(如银行承兑汇票、短期国库券等)构成。准货币本身虽非真正的货币,但它们在经过一定的手续后,能比较容易地转化为现实的货币,加大流通中的货币供给量。显而易见,广义货币相对于狭义货币来说,范围扩大了,它包括了一切可能成为现实购买力的货币形式。M_2 层次的确立,对研究货币流通整体状况具有重要意义,特别是对金融制度发达国家货币供给的计量以及对货币流通未来趋势的预测均有独特的作用。

我国对货币层次的划分:

(1) M_0:流通中的现金。

(2) M_1(狭义货币):M_0 和能开支票进行支付的单位活期存款。

(3) M_2(广义货币):M_1 和准货币(居民储蓄存款、单位定期存款、单位其他存款、证券公司客户保证金、住房公积金中心存款和非存款类金融机构在存款类金融机构的存款)。

中国货币供给量统计方案的三次修订

1. 第一次修订

1994年后,随着我国股票市场的迅速发展,其新股申购资金对货币供给量统计产生了显著影响。2001年6月,经国务院批准,中国人民银行对货币供给量统计进行了第一次修订,将证券公司客户保证金计入M_2,因为证券公司客户保证金主要来自居民储蓄和企业存款,认购新股时,大量的居民活期储蓄和企业活期存款转为客户保证金,新股发行结束后,未中签资金又大量流回上述存款账户。将客户保证金计入M_2,有利于准确监测货币供给量。

2. 第二次修订

2002年年初,随着我国金融统计机构范围的拓展,中国人民银行对货币供给量统计进行了第二次修订。按照目前我国各层次货币供给量的统计原则,将在中国的外资银行、合资银行、外国银行分行、外资财务公司以及外资企业集团财务公司有关的人民币存款业务,分别计入不同层次的货币供给量中。

3. 第三次修订

尽管我国货币供给量统计已经修订了两次,但它仍未全面反映金融市场的变化。1994年以来,我国金融市场发展较快,市场交易主体、交易工具和交易量不断扩大。我国中央银行的宏观调控机制逐渐由直接调控向间接调控转变,金融工具在整个金融市场中的地位不断得到提高,交易更趋活跃;并且一些原有的金融机构和金融交易有了新的含义,或是机构业务范围发生变化,或是流动性变强。这些变化中的一部分已对现行的货币供给量统计和货币政策产生了一定的影响。所以,中国人民银行于2003年12月17日公布了《关于修订中国货币供应量统计方案的研究报告》,并公开向社会各界征求意见。

考虑到非存款类金融机构在存款类金融机构的存款和住房公积金存款规模已较大,对货币供给量的影响较大,从2011年10月起,中国人民银行将上述两类存款纳入广义货币供给量(M_2)的统计范围。

资料来源:曾红燕,李绍昆. 货币银行学[M]. 北京:中国人民大学出版社,2013:149.

二、货币供给的形成

在现代信用货币制度下,货币供给是由中央银行、商业银行等金融机构通过信用程序创造的。在二级银行体制下(即一个国家的银行由中央银行和商业银行两部分构成的体制),货币供给的全过程就是由中央银行供给基础货币,基础货币形成商业银行的原始存款,商业银行在原始存款的基础上通过信用创造职能创造派生存款(现金漏损部分形成流通中的现金),最终形成货币供给的过程。货币供给是通过银行的各项资产业务向经济社会投放出去的,因此,货币供给量的多少要由银行系统资产业务规模的大小决定。但这并不是说一定时期的货币供给量可以由银行系统随意创造,恰恰相反,货币供给要受诸多因素的影响与制约,特别是中央银行的宏观调控。

(一) 中央银行提供基础货币

1. 基础货币的含义

基础货币又称为强力货币或高能货币,通常是指流通中的现金与商业银行的存款准备金之和。可用公式表示为:

$$B = C + R$$

式中,B 代表基础货币;C 代表流通中的现金,包括公众持有的现金和商业银行的库存现金;R 代表商业银行的存款准备金,包括商业银行在中央银行的法定存款准备金和超额存款准备金。

从基础货币的构成看,C 和 R 都是中央银行的负债,中央银行对这两部分都有直接的控制力。基础货币的改变对商业银行的信用规模的影响直接且巨大,它直接决定了商业银行的信用创造能力。基础货币是商业银行创造存款货币的源泉,所以称为基础货币。从实践上看,中央银行对货币供给量的调控很大程度上都是通过调节基础货币来实现的。

2. 基础货币的决定因素

既然基础货币由现金和存款准备金两部分构成,而现金是中央银行对社会公众的负债,存款准备金是中央银行对商业银行的负债,两者都是中央银行的负债,那么通过中央银行的资产负债表就能考察影响基础货币变动的因素。表9-1是高度简化的中央银行资产负债表。从表中可以看出,基础货币的增减变化主要取决于四个因素,即国外净资产、持有政府债券净额、对商业银行债权和其他项目净值,其中以对商业银行债权的变化最为重要。

表 9-1 中央银行资产负债表

资产	负债
国外净资产	流通中的现金
持有政府债券净额	存款准备金
对商业银行债权	财政金库存款
其他项目净值	
资产合计	负债合计

(1) 外汇、黄金储备对基础货币决定的影响。国外净资产由外汇、黄金占款和中央银行在国际金融机构的净资产构成。中央银行通过收购黄金、外汇来增加外汇储备,形成中央银行的资产。如果是向居民、企业直接收购,则要么是通货投放增加,要么是居民或企业在商业银行的存款增加,从而使商业银行在中央银行的存款准备金增加。如果是直接向商业银行收购外汇、黄金,则会直接引起商业银行的存款准备金增加。以上各种情况都意味着基础货币的增加。相反,如果中央银行出售黄金、外汇而使此项资产减少,则会引起基础货币相应减少。

(2) 政府债券和财政借款对基础货币决定的影响。无论是中央银行直接对财政贷款或直接贴现国债,还是通过公开市场业务使持有的国债资产增加,都是中央银行扩大了对财政的资产业务,并同时使财政金库存款相应增加。财政金库存款被使用时,在中央银行的财政金库存款减少,商业银行的存款准备金相应增加。也就是说,中央银行对财政的资产业务成为商业银行存款准备金增加的来源,从而影响着基础货币的增减变化。

(3) 再贴现及再贷款对基础货币决定的影响。中央银行资产业务中对基础货币影响更为主要的还是中央银行对商业银行的资产业务,其主要形式是票据再贴现和再贷款。在再贴现业务中,中央银行增加了其资产负债表中以票据形式持有的资产;在再贷款中增加了对商业银行的债权。无论是哪种业务,都相应增加了中央银行的负债——商业银行在中央银行的存款准备金,从而使基础货币等额增加。若中央银行收回再贷款或者减少对商业银行的票据再贴现,则会导致基础货币相应缩减。

(4) 其他项目(净值)主要指固定资产的增减变化以及中央银行在资金清算过程中应收应付的增减变化。它们都会对基础货币量产生影响。

(二)商业银行创造存款货币

1. 存款货币创造的前提条件

现代商业银行采用部分准备金制度和非现金结算制度,它们构成商业银行创造信用的基础,也是商业银行存款创造的前提条件。

部分准备金制度又称存款法定准备金制度,是指国家以法律形式规定存款机构的存款必须按一定比例,以现金和在中央银行存款形式留有准备的制度。对于吸收进来的存款,银行必须按一定比例提留存款准备,其余部分可以用于放款。在全额准备金制度下,银行不可能用吸收的存款发放贷款,也就没有创造存款的可能。部分准备金制度的建立,是银行信用创造能力的基础。对一定数量的存款来说,准备比例越大,银行可用于贷款的资金就越少;准备比例越小,银行可用于贷款的资金就越多。所以,部分准备金制度是银行创造信用的前提条件。

非现金结算制度使人们能通过开出支票进行货币支付,银行之间的往来通过转账结算,无需用现金。如果不存在非现金结算,银行不能用转账方式去发放贷款,一切贷款都必须付现,则无从派生存款,银行就没有创造信用的可能。非现金结算制度也是商业银行创造信用的前提条件。

2. 存款货币的创造过程

为了简要说明商业银行存款货币的创造过程,现假设:(1) 所有银行都将其超额准备金用于发放贷款或者购买证券,而不持有任何超额准备金;(2) 没有现金从银行系统中漏出,即公众不从他们的存款账户上提取现金,或者提取现金用以支付以后,收款的一方又立即将它存入银行;(3) 没有从支票存款向定存或储蓄存款的转化;(4) 法定存款准备金率为20%。

假设 A 企业将 10 000 元现金存入第一家银行,则该银行增加原始存款 10 000 元,按 20% 的比例提留 2 000 元法定存款准备金后,将其余 8 000 元全部贷给 B 企业。B 企业又把这笔钱存入第二家商业银行,该银行按 20% 的比例提留 1 600 元法定存款准备金后,将其余 6 400 元全部贷给 C 企业。C 企业又把这笔钱存入第三家商业银行,该银行又继续贷款。如此循环下去,在部分准备金制度下,10 000 元原始存款,可使商业银行共发放贷款 40 000 元,并使活期存款总额增加到 50 000 元,如表 9-2 所示。

表 9-2 存款货币的创造过程

银行名称	存款增加数	法定存款准备金数	放款增加数
第一家银行	10 000	2 000	8 000
第二家银行	8 000	1 600	6 400
第三家银行	6 400	1 280	5 120
第四家银行	5 120	1 024	4 096
…	…	…	…
所有银行合计	50 000	10 000	40 000

通过上述分析我们可以看出,存款增加数构成一个无穷递减等比数列,即 10 000, 10 000 × (1 − 20%), 10 000 × (1 − 20%)^2, …,根据无穷递减等比数列的求和公式,可以得出整个银行系统的存款增加额为:

$$10\ 000 + 10\ 000 \times (1 - 20\%) + 10\ 000 \times (1 - 20\%)^2 + \cdots = 10\ 000 \times \frac{1}{1 - (1 - 20\%)} = 50\ 000(元)$$

派生存款为:

$$50\ 000 - 10\ 000 = 40\ 000(元)$$

如果以 R 表示原始存款,D 表示存款增加总额,C 表示派生存款,r 表示法定存款准备金率,则有以下公式成立:

$$D = R/r$$
$$C = D - R$$

我们将 $1/r$ 称为存款扩张倍数或存款乘数,即有:

$$存款扩张倍数 = 1/r$$

3. 影响商业银行存款创造的因素

上文我们先做了几个假设,而实际上这几种假设是不存在的。在现实经济中商业银行存款货币的创造除了受法定存款准备金率影响外,还受到其他一系列因素的影响和制约。

(1) 法定存款准备金率。法定存款准备金率是指一国中央银行规定的商业银行和存款金融机构必须缴存中央银行的法定准备金占其存款总额的比率。在法定存款准备金制度下,金融机构不能将其吸收的存款全部用于发放贷款,必须保留一定的资金即法定存准备金,以备客户提款的需要,因此法定存款准备金制度有利于保证金融机构对客户的正常支付。随着金融制度的发展,法定存款准备金制度逐步演变为重要的货币政策工具。当中央银行降低法定存款准备金率时,金融机构可用于贷款的资金增加,社会的贷款总量和货币供应量也相应增加;反之,社会的贷款总量和货币供应量将相应减少。

(2)超额存款准备金率。在实际工作中,商业银行为了安全和结算的需要,实际拥有的存款准备金总是大于法定存款准备金,两者之间的差额就是超额准备金。超额准备金可以是库存现金,也可以是在央行的存款。超额存款准备金的多少,会影响商业银行的存款货币创造能力。

(3)现金漏损率。现金漏损率也称提现率。客户从银行提取或多或少的现金,从而使一部分现金流出银行系统,出现所谓的现金漏损。现金漏损与存款总额之比即为现金漏损率。现金漏损会减小银行创造派生存款的能力。

(4)定期存款准备金。在商业银行的存款中,事实上既有活期存款也有定期存款。当活期存款被转化为定期存款时,银行对定期存款也要按一定的法定准备金率提取准备金。因此,活期存款被转化为定期存款的多少也会影响商业银行的存款货币创造能力。

(5)客户对贷款的需求。银行贷款能否增加,不仅取决于银行,还要看客户是否有贷款需求。若客户没有贷款需求,即使银行想增加贷款,理论上派生存款规模也不能增加。

(三)货币乘数与货币供给量

乘数是指两个经济变量之间的倍数。货币乘数则是货币供给量与基础货币的倍数。在货币供给过程中,中央银行的初始货币供给量与社会最终形成的货币供给量之间存在着数倍扩张或收缩的效果,即所谓的乘数效应。基础货币由流通中的现金 C 和存款准备金 R 构成,货币供应量由现金 C 和存款货币 D 构成,从而基础货币 B 与货币供应量 M 之间的乘数 m 可以表示为:

$$m = M/B = (C+D)/(C+R)$$

将上式适当变形可得:

$$m = (C/D + 1)/(C/D + R/D)$$

式中,C/D 称为存款—通货比率;R/D 称为存款—准备金比率。这两个比率决定了货币乘数,货币供应量则是基础货币和货币乘数的乘积。

货币乘数是从央行角度进行分析的,关注的是中央银行提供的基础货币与全社会货币供应量之间的倍数关系;而存款货币扩张倍数是从商业银行角度进行分析的,主要揭示银行体系如何通过吸收原始存款、发放贷款和办理转账结算等信用活动创造出数倍的存款货币。

本章小结

1. 货币需求的含义可以表述为：当经济主体拥有一定量的财富总额时，其可以选择以多种形式来持有该笔财富，而其愿意以货币这种资产形式来持有的那部分财富就构成其对货币的需求。

2. 货币需求量是指在一定时期内，社会各部门（包括政府、企业和个人）在既定的社会经济和技术条件下需要的货币数量的总和。

3. 货币需求受多种因素影响。货币需求理论研究有着悠久的历史，其中以马克思的货币需求理论、现金交易数量论、现金余额数量论、凯恩斯的货币需求理论和弗里德曼的货币需求理论最具代表性。

4. 货币供给是指货币供给主体向货币需求主体供给货币的经济行为。在二级银行体制下，货币供给是由中央银行与商业银行共同完成的。

5. 货币供给量按照一定标准划分成不同的层次。货币供给量取决于基础货币与货币乘数，而这两者又受多种因素影响。

复习思考题

1. 解释下列概念：货币需求、名义货币需求量、实际货币需求量、货币流通速度、货币数量论、交易动机、预防动机、投机动机、恒久性收入、货币供给、货币供给量、基础货币、存款扩张倍数、货币乘数。
2. 试述凯恩斯的货币需求理论的主要观点。
3. 货币层次划分的意义和依据是什么？我国是如何划分货币层次的？
4. 简述商业银行是如何创造存款货币的。
5. 影响商业银行存款货币创造的因素有哪些？
6. 基础货币和货币乘数由哪些因素决定？两者又是如何影响货币供给量的？

第十章　货币政策

学习目标

1. 理解货币政策的最终目标。
2. 明确货币政策的最终目标、中间指标与货币政策工具之间的联系。
3. 理解货币政策的传导机制。
4. 认识影响货币政策有效性的主要因素。

本章导读

货币政策是一国中央银行通过对货币与信用的控制与调节来改变总需求，进而影响宏观经济运行的经济管理政策。其主要构成要素有：货币政策目标、货币政策工具、货币政策效果。同时，由于从确定最终目标到运用具体的工具乃至最终达到预期的政策效果，这中间存在着一定的作用环节，因此，货币政策实际上还包含中间指标的选择和传导机制等内容。本章就货币政策的有关主要内容进行逐一阐述，从中可以了解货币政策从确定目标到实现最终目标的全部运行过程。

第一节　货币政策目标

一、货币政策的含义

货币政策是指中央银行为实现一定的经济目标，运用各种工具调节和控制货币供给量，进而影响宏观经济的方针、政策、措施的总称。货币政策在国家的宏观经济政策中居于十分重要的地位，同财政政策一起构成国家调节经济的两大宏观政策。实施货币政策调节,首要的问题是确定货币政策调节的目标。

二、货币政策目标的内容

货币政策的最终目标,简称货币政策目标,是指中央银行通过货币政策操作而最终想要达到的宏观经济目标。货币政策最终目标的具体内容及侧重点因不同国家和经济发展的不同时期而有所不同,而其共同点主要有四个方面,即物价稳定、充分就业、经济增长和国际收支平衡。

(一) 物价稳定

这一目标是绝大多数国家货币政策的首要目标,也是最早出现的货币政策目标,其含义是指将一般物价水平的变化控制在一个比较小的范围内,在短时间内不发生大的波动。由此可见,物价稳定并不是要使物价水平不发生任何变动,而是控制一般物价水平,以防止通货膨胀。在现代经济社会,将物价水平冻结在一个绝对不变的水平上是一种不正常的现象,一是不可能,二是违背了经济规律,因为在市场经济条件下没有价格的变动,经济就失去了活力。

那么,中央银行究竟应该把一般物价控制在什么水平上才算稳定呢?这要依各国的实际情况及人们的承受能力而定。从各国的实际情况来看,在制定货币政策时,中央银行一般都要求将物价上涨率控制在2%~3%。物价增长过快(即通货膨胀)会增加经济生活中的不确定性,而这种不确定性可能会阻碍经济增长。例如,当整体物价水平不断变动时,商品和劳务的价格所传递的信息会更难解释,这使消费者、企业和政府的决策更加错综复杂,从而可能导致金融体系的低效率。另外,通货膨胀也会增加未来规划的难度,例如,在通货膨胀的环境中,父母很难决定到底需要多少储蓄以供子女将来接受大学教育。

(二) 充分就业

充分就业通常指任何有能力并且自愿参加工作的劳动者,都能在比较合理的条件下找到适当的工作。充分就业并不意味着消除失业,按照西方经济学的观点,一方面经济生活中存在着摩擦性失业,即工人和企业为实现合意的雇佣关系而进行搜寻的过程中出现的失业。例如,一个决定找一份更好的工作的工人,在求职期间可能会失业一段时间,这对经济是有利的。另一方面,存在着结构性失业。由于这两种失业在任何经济制度下都难以避免,所以失业率为零是不可能实现的。

经济学家认为,如果非自愿失业已消除,失业仅限于摩擦性失业和结构性失业,就可以认为实现了充分就业。根据近20年来西方主要国家的实际经验,失业率水平若能被控制在4%左右,即可视为充分就业。

(三) 经济增长

经济增长是指在一定时期内一国或地区所生产的商品和劳务总量的增加,通常用国民生产总值(GNP)或国内生产总值(GDP)的年增长率或人均年增长率来衡量。一般而言,货币政策是通过保持通货的稳定增加、降低实际利率水平、保持较高的投资率,为经济运行创造良好的货币环境来刺激经济增长的。

然而,经济增长并不是越快越好,因为经济增长常常会带来一些负面效应,如环境污染、资源浪费等。只有建立在生态环境的充分保护和自然资源的有效利用之上的经济增长才是中央银行货币政策的最终目标,各国不仅应重视经济增长的"量",更应强调经济增长的"质",追求资源最优配置下的"集约型经济增长"。

(四)国际收支平衡

国际收支是指一定时期(通常为一年)内一国与其他国家之间由于政治、经济、文化往来所引起的全部国际经济交易的系统记录。国际收支平衡是指一国对其他国家的全部货币收入和货币支出大致相等,略有顺差或略有逆差。

在实际操作中,国际收支平衡是一个不容易达到的目标,要使一国每一年的国际收支都实现平衡是不可能的,只能是在一个较长的时期内基本保持稳定和平衡。短期的不平衡不一定就是坏事,例如,某年一国出现逆差,可能意味着该年度多进口了先进的技术设备和稀缺资源,促进了本国经济的增长。

但是,如果长期出现巨额顺差或巨额逆差,这就有问题了。长期巨额逆差可能会使本国外汇储备急剧下降、本币大幅贬值、本国的债务和利息负担加重;而长期巨额顺差往往又会造成本国外汇资源闲置、本国出口商品国际竞争力减弱,特别是如果因大量购入外汇而增发本币,则可能引起或加剧国内通货膨胀。

运用货币政策调节国际收支,主要是通过利率和汇率的变动来实现的。在资本完全流动的前提下,提高利率能吸引国际资本的流入,改善资本与金融项目余额,但不利于经常性项目的平衡。本币贬值能促进出口、抑制进口,改善经常性项目余额,但不利于资本和金融项目的平衡。因此,货币政策的目标之一,就是要使内外政策相互协调,实现国际收支平衡。

三、货币政策目标之间的矛盾

理论分析和政策实践表明,货币政策的四大目标很难同时实现。这些目标中,有的目标能够兼容协调,比如经济增长和充分就业之间;而有的目标则存在着矛盾和冲突,不能同时兼顾。货币政策目标之间的矛盾主要有如下表现。

(一)物价稳定和充分就业之间的矛盾

根据菲利普斯曲线,失业率和通货膨胀率之间存在着此消彼长的替代关系。为了稳定物价而紧缩银根和信用,可以降低通货膨胀率,但会抑制社会总需求,导致经济衰退、失业率上升。相反,宽松的银根和信用可以增加社会总需求,提高就业率,但结果会导致物价上涨、通货膨胀加剧。总之,降低失业率常常要以承受较高的通货膨胀率为代价,而要降低通货膨胀率则往往要承受较高的失业率,物价稳定和充分就业两个目标不能同时实现。

(二) 物价稳定和经济增长之间的矛盾

各国实践表明,经济增长往往伴随着物价上涨。一方面,在经济衰退时,中央银行通常采取扩张性政策,以刺激总需求、促进经济增长和减少失业,但这常常会造成流通中的货币数量相对过多,导致物价上涨;另一方面,中央银行治理通货膨胀也通常要牺牲经济增长,因为在这种情况下采取的紧缩性货币政策,会抑制投资和消费、阻碍经济增长并减少就业机会。

但是理论界也有不同的观点,即物价稳定可以为经济发展提供良好的金融环境和稳定的货币尺度,从而能促进经济稳定增长;而经济的增长又使物价的稳定有了坚实的物质基础。因此,理论上讲可以通过稳定物价来发展经济,也可以通过发展经济来稳定物价。

(三) 物价稳定和国际收支平衡之间的矛盾

从理论上来说,如果一国的经济和物价相对稳定,而其他国家发生通货膨胀,则会造成本国的物价水平相对地低于其他国家的物价水平,从而使本国的出口商品价格相对地低于其他国家的商品价格,这必然使本国商品输出增加、输入减少,国际收支发生顺差。同时,顺差增大,国家外汇储备增加,又会增加本国货币投放,结果影响本国物价稳定。

一般来讲,只有各国都维持基本相同的物价稳定程度,并且贸易状况不发生大的变动,物价稳定和国际收支平衡才能同时并存,但事实上这是不可能的。

(四) 经济增长和国际收支平衡之间的矛盾

一般来说,国内经济增长、国民收入增加和支付能力的增强,会带来对进口商品和一部分本来用于出口的商品需求的增加,此时,如果出口贸易不能相应增长,贸易收支可能恶化,出现逆差。为了平衡国际收支,消除贸易逆差,需要紧缩信用和银根,减少货币供给,以抑制国内总需求,从而导致生产规模萎缩,经济增长速度放缓。因此,经济增长和国际收支平衡之间也难以共存。

第二节 货币政策中间指标

一、货币政策中间指标的选择

货币政策中间指标是指为实现货币政策目标而选定的较短期、数量化的金融指标,是政策工具和政策目标之间的中介和桥梁。中央银行为实现既定的货币政策目标,需要运用一系列的货币政策工具,但从这些工具的运用到一系列目标实现之间有一段相当长的作用过程。为了及时了解政策工具是否发挥了应有的作用,预估政策目标能否实现,中央银行就需要盯住这些中间指标,及时测定和控制货币政策的实施程度。因此,中间指标是货币政策作用过程中十分重要的环节,对它们的选择关系到货币政策目标能否最终实现。一般认为中间指标的选取要符合如下条件[①]。

（一）可测性

其含义包括两个方面:一是中央银行能够迅速获取有关中间指标的准确数据;二是有较明确的定义且便于观察、分析和监测。

（二）可控性

它是指中央银行能够运用各种政策工具,对所选的金融变量进行有效的控制和调节,控制其变动状况和变动趋势。

（三）相关性

它是指货币政策中间指标与最终目标之间必须有密切的、稳定的关系,相关程度越高越好。

（四）抗干扰性

它是指中间指标应较准确地反映政策效果,且较少受经济运行本身的干扰。

二、货币政策中间指标

根据以上四个条件结合各国中央银行的传统操作习惯,一般常用的有以下几个中间指标。

（一）利率

作为中间指标,利率的优点是:第一,可控性强。中央银行可直接控制再贴现率,而通过公开市场业务或再贴现政策,能调整市场利率走向。第二,可测性强。中央银行在任何时候都能观察到市场利率的水平和结构。第三,相关性强。货币当局能够通过利率影响投资和消费支出,从而调节总供求。

但是,利率作为中间指标也有不足之处,主要表现为:利率本身是一个内生变量,它的变动与经济周期循环是一致的。当经济繁荣时,利率随信贷需求增加而上升;当经济停滞时,利率随信贷需求减少而下降。然而,当被用来作为政策变量时,利率也与经济循环一致。当经济过热时,中央银行需要提高利率降低通货膨胀;当经济疲软时,中央银行需要降低利率刺激需求。于是,当利率发生变动时,中央银行很难区分究竟是内生变量还是外生变量引起的,也就无法确定其货币政策是否有效。

（二）货币供应量

作为中间指标,货币供应量的优点是:第一,可控性强。中央银行可通过控制基础货币和货币乘数来间接控制货币供应量。第二,可测性强。无论是哪个层次的货币供应量,

---

① 曾红燕,李绍昆. 货币银行学[M]. 2版. 北京:中国人民大学出版社,2018:195.

随时都反映在中央银行和商业银行及其他金融机构的资产负债表上,易于进行测算和分析。第三,相关性强。货币供应量的变动直接影响社会经济活动。第四,与利率相比,抗干扰性强,即不会产生内生变量与外生变量之间的相互干扰。作为内生变量,货币供应量的变动是顺经济周期的。当经济繁荣时,商业银行会增加信贷资金投放,增加货币供应量;当经济萎缩时,商业银行会减少信贷资金投放,减少货币供应量。但是,货币供应量作为外生变量则是逆经济循环的,当经济繁荣时,中央银行为防止通货膨胀会紧缩货币供应量;当经济萎缩时,中央银行会扩张货币供应量以复苏经济。因此,以货币供应量为中间指标,中央银行能够明确区分政策性因素和非政策性因素引起的结果,从而确定其货币政策是否有效。

然而,货币供应是分层次的,将货币供应量作为中间指标,就必须首先确定究竟应将哪一层的货币供应量作为指标。从发展趋势来看,越来越多的国家已将控制的重点从 M_1 转向 M_2,而有的国家如美国已经放弃了将货币供应量作为中间指标。

(三) 超额准备金

超额准备金的高低,反映了商业银行等金融机构的资金紧缺程度,进而影响商业银行的信用创造能力和资产业务规模,中央银行的各种政策工具都是通过影响超额准备金水平而发挥作用的。超额准备金还具有良好的可测性,中央银行可以随时掌握超额准备金数额的大小。

但是,作为中间指标,超额准备金的高低取决于商业银行的意愿和财务状况,中央银行不易直接控制。另外,超额准备金作为内生变量是逆经济周期的,作为政策变量也是逆经济周期的,所以在具体运用这一指标时,中央银行不易区分政策性因素和非政策性因素引起的结果,易使其误以为货币政策业已奏效。[①]

(四) 基础货币

基础货币包括流通中的现金和商业银行等金融机构在中央银行的存款准备金,它构成了货币供应量倍数伸缩的基础。基础货币直接由中央银行控制,表现为中央银行的负债,反映在中央银行的资产负债表中,因此具有良好的可控性及可测性。而且,货币供应量是基础货币和货币乘数的乘积,中央银行通过对基础货币的调控,就能实现对社会货币供应量的调节,进而实现货币政策的最终目标,可见,基础货币的相关性也很好。

但是,货币乘数会受到各种非政策性因素的影响而不断出现短期波动,使总需求变动的规模与中央银行的预期不相符,从而使得中央银行对总需求的调控能力下降。

---

① 曾红燕,李绍昆. 货币银行学[M]. 2 版. 北京:中国人民大学出版社,2018:197.

第三节 货币政策工具及传导机制

货币政策传导机制是指中央银行运用一定的货币政策工具,引起中间指标的相应变化,进而实现货币政策最终目标的途径或具体过程。

一、货币政策工具

有了明确的货币政策目标,中央银行就要使用合适的货币政策工具调节货币的供求,以实现这些目标。货币政策工具按性质可分为一般性货币政策工具、选择性货币政策工具和其他货币政策工具。

(一) 一般性货币政策工具

一般性货币政策工具能对整个经济运行产生影响,是中央银行最常使用的货币政策工具,主要包括法定存款准备金政策、再贴现政策和公开市场业务三大类,俗称"三大法宝"。

1. 法定存款准备金政策

法定存款准备金率是指商业银行必须向中央银行缴存的存款准备金与存款总额的比率。法定存款准备金政策是指中央银行在法律规定的权利范围内,通过规定或调整法定存款准备金率,引起商业银行准备金数量和货币扩张乘数的改变,从而达到控制其信用创造能力和货币供应量的目的。

货币供应量是基础货币与货币乘数的乘积。法定存款准备金政策正是从影响基础货币与货币乘数两个方面来发挥作用的。一方面,由于商业银行的超额准备金与法定存款准备金率呈反方向变化,因此,调整法定存款准备金率直接影响商业银行持有的超额准备金量,从而影响其信用创造能力,最终达到调控货币供应量的目的。例如,在经济衰退时,中央银行执行扩张性货币政策,降低法定存款准备金率,商业银行缴存中央银行的法定存款准备金减少,超额准备金相应增加,可用于放款和投资的资金增加,商业银行的信用创造能力增强,市场货币供应量增加,利率下降;相反,在经济过热时,中央银行执行紧缩性货币政策,会产生紧缩银根、缩减货币供应量的效果。另一方面,法定存款准备金率是货币乘数的一个因子,二者呈反方向变化,中央银行可以通过提高或降低法定存款准备金率来改变货币乘数,进而收缩或扩张市场货币供应量,实现宏观调控的目的。

法定存款准备金政策效果迅速而显著,被认为是货币政策最猛烈的工具之一。其优点是对所有银行的影响是平等的,且对货币供应量有很强的影响。但是,该政策也存在一系列的缺陷:第一,由于各商业银行持有的超额准备金数量不同,因此,该政策对各银行的影响是不一样的。对于持有超额准备金量较多的银行而言,中央银行提高法定存款准备金率,这些银行可将一部分超额准备金转为法定存款准备金,而不必收缩信贷规模,中央银行就难以实现紧缩银根的目的;而对于超额准备金数量较少的银行来说,中央银行提高法定存款准备金率,则可能会使其面临流动性风险。第二,法定存款准备金率每调整一个百分点,就会引起货币供应量成百上千亿的变化,对经济的冲击力很大,不宜作为中央银行日常的调控工具频繁加以使用,只有当需要大规模调节货币供应量或者要对货币政策做重大调整时,才会采用该政策工具。

2. 再贴现政策

再贴现政策是指中央银行通过制定和调整再贴现率来影响市场利率,促使商业银行的信贷规模发生变化,从而调控货币供应量的一种政策工具。再贴现率是指中央银行对商业银行持有的未到期的各种合格票据(如国库券、短期公债、短期商业票据等)进行再贴现的利率。中央银行通过调整再贴现率来影响商业银行向中央银行融资的成本,以影响其借款意愿,从而达到扩张或紧缩银根的目的。通常,当中央银行提高再贴现率时,商业银行借入资金的成本上升,于是就会减少向中央银行再贴现,收缩信贷规模或提高贷款利率,从而带动整个市场利率上涨,实现紧缩银根的目的。

再贴现政策能够较为温和地调节货币供应量,对信贷结构的调整也有一定的效果。同时,再贴现率的变动一定程度上反映了中央银行的政策意向,对市场利率有强烈的告示效应。如再贴现率提高,意味着国家判断市场过热,有紧缩意向;反之,则意味着有扩张意向。这对短期市场利率常常能起到导向作用。除此之外,再贴现政策还有一个非常重要的作用,那就是中央银行可以利用它来履行最后贷款人的职能,防止金融恐慌。在银行危机时期,中央银行凭借强大的资金实力向银行体系提供贷款,常常是一种最为有力的救助手段。

但是,再贴现政策也存在着如下的缺陷:第一,中央银行处于被动地位。再贴现主动权不在中央银行手中,商业银行是否再贴现或再贴现多少,取决于商业银行根据市场情况、自有资金情况和筹资渠道做出的自主选择。第二,缺乏弹性和灵活性。再贴现率频繁调整,会引起市场利率的经常性波动,使商业银行和公众无所适从,增加人们对未来预期的不确定性。第三,再贴现政策的作用是有限度的。在经济繁荣时期,提高再贴现率不一定能够抑制商业银行的再贴现需求;在经济萧条时期,降低再贴现率,也不一定能够刺激商业银行的融资需求。

发放贴现贷款,防止金融恐慌

被称为"黑色星期一"的1987年10月19日,将被当作迄今为止股价下跌幅度最大(道琼斯工业平均指数下降超过了20%)的一天写入历史,在1987年10月20日星期二,金融市场几乎停止了运转。费利克斯·罗哈廷是华尔街最著名的人士之一,他平静地说道:"星期二是50年来我们经历的最危险的一天。"在黑色星期一之后,大量用来防止市场崩溃的信贷融资要求被放到时任美联储主席艾伦·格林斯潘面前。

在10月19日星期一的股价暴跌期间,维持市场正常运转存在着巨大压力,这意味着许多经纪机构和专家经纪商(维持交易所交易有序进行的交易商和经纪商)急切地需要额外的资金来保障其交易活动。然而,可以料想到,纽约的银行界以及国外和地方性银行,都对证券公司的财务稳健情况变得高度紧张起来,在证券业最需要资金的时候却开始削减对其贷款。危机一触即发。一家大型经纪公司的主席在星期一评论道:"从下午2点开始,所剩的就只有绝望。整个投资界都逃离了市场,只有我们孤零零地留在战场上。"该轮到美联储像骑士一样出来拯救世界了。

一知道证券业的困境,艾伦·格林斯潘和杰拉尔德·科里根——当时的纽约联邦储备银行行长且和华尔街保持最密切联系的美联储官员,就担心会发生大范围的证券公司倒闭。为了防止这种事情发生,格林斯潘在10月20日即星期二股市开盘之前宣布,联邦储备体系"愿意充当支持经济和金融体系所需的流动性的来源"。除了这个特别的宣布外,美联储还明确表示,它会向任何愿意向证券业贷款的银行提供贴现贷款。虽然这种做法并不必然发生,但正如一位纽约银行家所说,美联储的信号是"我们在这儿,无论你需要什么,我们都会给你"。美联储及时行动的结果是,金融危机被遏制了。市场在星期二继续运行,市场当天得以重振士气,当天道琼斯工业平均指数爬升了100多点。类似的一次最后贷款人行动发生在2001年9月11日星期二,美国历史上最可怕的恐怖事件——世贸中心遭到毁灭以后。由于世界最重要的金融中心突然崩溃,金融体系的流动性需求猛增。为了满足这些流动性需求,并使金融体系不至于陷入瘫痪,事件发生后几个小时内,美联储发布了同1987年危机类似的讲话:"联邦储备体系是开放的、正常经营的。贴现窗口可以满足一切流动性需求。"接着,美联储通过贴现窗口向银行提供450亿美元贷款,比前一周增加200倍。以上这一行动以及通过公开市场操作将800亿存款准备金注入银行系统,使得金融体系继续发挥作用。当股市于9月17日重新开放时,交易有序进行,尽管道琼斯指数下跌了7%。

资料来源:米什金. 货币金融学[M]. 蒋先玲等,译. 4版. 北京:机械工业出版社,2016:355.

3. 公开市场业务

公开市场业务是指中央银行在金融市场上公开买卖有价证券,吞吐基础货币,以此调节货币供应量和利率的政策方法。公开市场业务的作用效果体现在两个方面:第一,当金融市场上资金短缺时,中央银行通过在金融市场上买进有价证券,向社会注入基础货币,通过货币乘数的作用,引起信用扩张和货币供应量的成倍增加。第二,公开市场业务还可以影响利率水平和利率结构。当中央银行买入有价证券时,一方面使证券需求增加,证券价格上升,收益率下降;另一方面使商业银行超额准备金增加,货币供给增加,利率水平下降。此外,中央银行可以根据需要同时买入或卖出不同期限的有价证券,以改变各期限的有价证券的供求状况,进而实现调整利率结构的目的。

与前两项货币政策工具相比,公开市场业务的优点比较明显,主要体现在:第一,主动性强。中央银行始终处于积极主动的地位,操作规模大小及方向完全受中央银行自己控制。第二,灵活性高。中央银行可以进行经常性、连续性的操作,并且,买卖证券的数量及方向可根据需要随时调整。第三,操作迅速。当中央银行决定改变银行储备和基础货币时,只要向公开市场交易商发出买入或卖出指令,即可进行交易。第四,调控效果和缓。公开市场业务对经济社会和金融机构的影响比较平缓,不像法定存款准备金政策那样震动较大。由于以上优点,许多经济金融学家都十分推崇公开市场业务这项货币政策工具,部分学者甚至将其视为唯一有效的货币政策工具。

但是,公开市场业务有效发挥作用必须具备一定的前提条件:第一,中央银行要有强大的,足以干预和控制整个金融市场的实力;第二,要有一个发达的、完善的、证券种类齐全的全国性的金融市场;第三,该国的金融体系和市场应当全面独立于其他国家的金融体系和市场。如果这些条件不具备或不完善,其公开市场业务的效果将受到影响。

(二) 选择性货币政策工具

传统三大货币政策工具都属于对货币总量的调节,以影响整个宏观经济。但是,这些工具不能影响商业银行体系的资金用途与流向,中央银行还需要采用另一些选择性货币政策工具来调节货币供给结构,引导资金流向。常见的选择性货币政策工具主要有①:

1. 消费者信用控制

消费者信用控制是指中央银行对消费者的不动产以外的各种耐用消费品的消费融资予以控制的一种调控措施。其主要内容是在消费者使用信用方式购买耐用消费品时,规定首次付款的最低金额、偿还期限以及可购买消费品的种类。中央银行可根据宏观经济状况具体运用该项政策,如在经济过热以及通货膨胀时期,中央银行须通过提高首付比例、缩短分期付款期限等措施加强对消费者信用的控制;在经济低迷或需求不足时,中央银行可通过放松消费者信用控制以刺激耐用消费品的消费,进而带动经济增长。

2. 证券市场信用控制

证券市场信用控制是指中央银行对有价证券的交易规定应支付的保证金比率,目的在于限制用借款购买有价证券的比重。这种工具存在的前提是证券市场上存在信用交易,即保证金交易。保证金比率为购买者在买进证券时必须支付现款的比率。例如,在保证金比率为50%时,证券购买者就必须支付50%的现款,其余50%才能向银行借款。中央银行根据金融市场及经济形势,有权随时改变证券保证金比率,以控制证券市场的信用规模,稳定证券市场价格,抑制过度投机。

---

① 李雅丽. 金融学(货币银行学)[M]. 上海:上海财经大学出版社,2013:154.

3. 不动产信用控制

不动产信用控制是指中央银行对金融机构向客户提供不动产抵押贷款的管理措施。主要是规定不动产贷款的最高额度、最长期限及首次付款的最低金额等。这一政策旨在打击房地产投机、稳定房价和经济以及保护正常的房地产消费。

4. 优惠利率

优惠利率是指中央银行对国家确定的重点发展部门、行业和产品规定较低的利率,以鼓励其发展,这有利于国民经济产业结构和产品结构的调整与升级换代。

(三) 其他货币政策工具

1. 直接信用控制

直接信用控制是指中央银行依据有关法令对商业银行及其他金融机构的业务活动进行直接干预的各种措施的总称。

(1) 信用配额。中央银行根据市场资金供求状况及经济发展的实际需要,对各个商业银行的贷款规模加以合理分配和控制,从而达到控制社会信用规模的目的。信用配额是一种计划控制手段,在资金紧张的多数发展中国家,这一工具经常被采用。

(2) 直接干预。直接干预是指中央银行直接对商业银行的信贷业务加以干预。如直接干预商业银行对活期存款的吸收,明确规定各家商业银行的贷款或投资的范围等。

(3) 利率最高限额。中央银行规定商业银行的定期及储蓄存款所能支付的最高利率,旨在防止商业银行之间为争夺存款而竞相抬高利率,从而控制商业银行的放款能力和限制货币供应量。

(4) 流动性比率管理。中央银行为了限制商业银行的信用扩张,保证其支付能力,规定商业银行流动资产与流动负债或总资产的比率,从而使商业银行不能任意将流动性资产用于长期性商业贷款。

2. 间接信用控制

间接信用控制是中央银行采用非直接的控制办法,利用行政手段间接影响商业银行等金融机构行为的措施。

(1) 道义劝告。即中央银行利用自己在金融体系中的特殊地位和威望,通过对商业银行及其他金融机构发出情况通报、书面文件指示以及与负责人面谈等,劝告金融机构遵照中央银行的意图开展信用活动,进而影响其贷款和投资的数量和方向的一种政策。道义劝告不具有强制性,可以避免强制性信用控制给商业银行所带来的逆反心理,有利于加强中央银行与商业银行等金融机构的长期密切合作关系。

(2) 窗口指导。即中央银行根据金融市场状况、宏观经济走势以及前一年度同期贷款的情况,以指导的方式要求商业银行将贷款增加额限制在适当的范围内。有时,窗口指导也暗示贷款的使用方向,以保证经济优先发展部门的资金需要。如果商业银行不接受中央银行的窗口指导,中央银行便削减甚至取消向商业银行再贷款。

我国货币政策工具的创新

近年来,中国人民银行着眼于完善流动性供给机制、建立政策利率体系,对货币政策工具进行了一系列创新。

2013年1月,中国人民银行创设了短期流动性调节工具(Short-term Liquidity Operations,SLO),作为公开市场常规操作的必要补充。SLO通常在非公开市场例行交易日操作,以7天内短期回购为主。人民银行根据货币调控需要,综合考虑银行体系流动性供求状况、货币市场利率水平等因素,灵活决定操作时机、操作规模及期限品种等。这一工具的及时创设,既有利于央行有效调节市场短期资金供给,熨平突发性、临时性因素导致的市场资金供求大幅波动,促进金融市场平稳运行,也有助于稳定市场预期和有效防范金融风险。

同年初,为满足金融机构短期的临时性流动性需求,中国人民银行创设了中央银行借贷便利类工具常备借贷便利(Standing Lending Facility,SLF)。SLF期限以隔夜和7天为主。人民银行根据需要适时调整SLF利率水平,探索常备借贷便利利率,发挥货币市场利率走廊上限的功能。2014年,人民银行在10省(市)试点分支行常备借贷便利操作,2015年,在全国范围推广分支行常备借贷便利操作。分支行常备借贷便利试点以来,货币市场利率波动明显减小。

2014年9月,中期借贷便利(Medium-term Lending Facility,MLF)创设,MLF是提供中期基础货币的中央银行借贷便利类工具。MLF利率发挥中期政策利率作用,通过调节向金融机构中期融资的成本影响其贷款利率,促进降低社会融资成本,同时引导金融机构向符合国家政策导向的实体经济部门提供资金支持。

资料来源:中国人民银行网站,http://www.pbc.gov.cn。

二、货币政策传导机制

如何运用货币政策工具来实现既定的货币政策目标,既与中间指标有关,又涉及货币政策的传导机制问题。

(一) 凯恩斯学派的货币政策传导机制理论

凯恩斯学派的货币政策传导机制用公式表示为:

$$M \to i \to I \to E \to Y$$

凯恩斯认为,货币供应相对于货币需求突然增加后,首先产生的影响是利率下降;利率下降后,通过资本边际效益的影响又促成投资支出增加;增加的投资支出最终会导致总支出E和总收入Y增加,即

$$M\uparrow \to i\downarrow \to I\uparrow \to E\uparrow \to Y\uparrow$$

但是,这种效果的取得是以社会未达到充分就业为前提的。当经济处于非充分就业

状态时,货币供应量增加所带来的总需求的增加会直接增加社会的产量、就业与收入,物价上涨幅度较小;经济一但达到充分就业状态,生产资源和劳动力趋于饱和,随着总需求的增加,物价水平随之同比上涨,即会引发通货膨胀。

上述分析被称为局部均衡分析,只显示了货币市场对商品市场的初始影响,并没有反映它们之间循环往复的作用。考虑到货币市场和商品市场的相互作用,凯恩斯学派进一步进行了一般均衡分析,其基本观点如下:

(1)假定货币供应量增加,若产出水平不变,利率会相应下降;下降的利率刺激投资,并引起总支出的增加,总需求的增加推动产量上升。这与之前的分析是一致的。

(2)产量的上升会产生更多的货币需求;若没有新的货币供给投入,货币供求的对比会使下降的利率回升。这是商品市场对货币市场的作用。

(3)利率的回升又会使投资下降,从而导致总需求减少、产量下降;下降的产量又会使货币需求减少,利率又会回落,如此循环往复。

(4)最终会逼近一个均衡点,这一点同时满足了货币市场和商品市场的均衡要求。在这个点上,可能利率较原来的均衡水平低,而产出量较原来的均衡水平高。[①]

实际过程中的货币政策传导机制是非常复杂的,所以凯恩斯学派还不断增添一些内容,主要集中在货币供给到利率之间和利率到投资之间的更具体的传导机制以及一些约束条件,但不论进展如何,凯恩斯学派的传导机制理论始终对"利率"这一环节特别重视。

(二)货币学派的货币政策传导机制理论

与凯恩斯学派不同,以弗里德曼为代表的货币学派认为,利率在货币政策的传导机制中不起重要作用,他们强调的是货币供应量在整个传导机制中的直接效果。具体来说,货币供应量 M 的变动无需通过利率加以传导,而是直接引起总支出 E 的变化,变化了的支出会被用于各种投资,从而使投资支出 I 发生变动,并最终导致总收入水平 Y 的变化。用公式表示为:

$$M \rightarrow E \rightarrow I \rightarrow Y$$

$M \rightarrow E$ 表明货币供应量的变化直接影响总支出水平。这是因为货币需求具有内在稳定性,当货币供应量增加时,由于货币需求并不改变,公众手持货币量就会超过他们愿意持有的货币量,因此必然会增加支出。

$E \rightarrow I$ 表明变化了的支出用于投资的过程。超过意愿持有的货币可能被用于投资,包括金融资产投资和非金融资产投资;不同的投资取向会引起不同资产的收益率和价格的变动,从而引起资产结构的调整;在这一调整过程中,不同资产收益率之比又会趋于相对稳定状态。

最后是名义收入 Y,Y 是价格和实际产出的乘积,M 作用于支出,导致资产结构调整,

[①] 张留禄.货币银行学[M].北京:北京大学出版社,2017:260.

最终会引起名义收入 Y 的变化。若金融资产投资较多,就会使得金融资产价格上涨,收益率下降,从而刺激非金融资产投资增加,最终导致产出增加及产品价格上涨,总收入 Y 上涨;反之则相反。

第四节 货币政策的效果

货币政策的效果是指中央银行实施一定的货币政策之后,最终取得的实际效果,即货币政策的有效性问题。从各国中央银行运用货币政策的实践来看,中央银行货币政策的效果有效力大小和收效迟早之分。

一、货币政策时滞对货币政策效果的影响

货币政策从制定到获得主要的或全部的效果,需要经过一段或长或短的时间,这段时间即称为时滞。时滞由内部时滞与外部时滞两部分组成。

内部时滞是指从制定政策到采取行动所耗费的时间。它又可以分为认识时滞和决策时滞两个过程。认识时滞是指从经济现象发生变化到中央银行认识到经济现象发生变化需要中央银行采取行动所耗费的时间。决策时滞是指从中央银行认识到需要行动到实际采取行动所耗费的时间。内部时滞的长短取决于中央银行对经济形势发展的预见能力、中央银行的独立性、中央银行制定对策的效率和行动的决心等因素。只要中央银行对经济活动的动态能随时、准确地掌握,并对今后一段时期的发展趋势做出正确的预测,就能对经济形势的变化迅速做出反应,并采取相应措施。因此,内部时滞一般较短,也易于解决。

外部时滞是指从中央银行采取行动开始直到对货币政策目标产生影响为止的时间间隔。它又可以分为操作时滞和市场时滞两个过程。操作时滞是指从实施货币政策工具到其对中间指标发生作用的时间间隔。市场时滞是指从中间指标发生反应到其对最终目标发生作用的时间间隔。外部时滞受客观经济条件及各微观经济主体行为因素的影响较大,而较少受中央银行的控制。由于微观经济主体的行为因素是不稳定和不可预测的,所以外部时滞的长短就难以掌握。因此,外部时滞便成为货币政策有效性的主要影响因素,是货币政策时滞的主要部分。

时滞是影响货币政策有效性的重要因素。货币时滞的存在,使中央银行的相机抉择政策常常不能实现预期目标,在货币政策出台后的一段持续期间内,如果客观经济条件发生变化而货币政策又难以做出及时调整,就有可能出现货币政策效应下降甚至失效的情况。因此,以弗里德曼为代表的货币主义学派主张用"简单规则"取代相机抉择的货币政

策,即消极地维持一定的货币供给增长率,以避免人为错误造成经济的不稳定。

二、货币流通速度对货币政策效果的影响

货币流通速度是影响货币政策有效性的另一个重要因素。货币流通速度越快,流通中所需要的货币数量就越少,反之则越多。中央银行在制定货币政策时,如果忽视了货币流通速度的变动,或者未能预测到其变动的幅度,则可能会使货币政策的效果受到严重影响,甚至有可能使本来正确的政策走向反面。

在现实经济中,影响货币流通速度的因素有很多,如产业结构、收入水平、金融创新、支付习惯及通货膨胀预期等,这些因素错综复杂地交织在一起,很难准确估算货币流通速度,从而限制了货币政策的有效性。

三、微观主体的预期对货币政策效果的影响

对货币政策有效性或效应高低构成影响的另一个因素是微观主体的预期。当一项货币政策提出时,各微观经济主体立即会根据所获得的各种信息预测政策的后果,从而很快地形成对策,这些对策会削弱甚至抵消货币政策的效果。例如,政府拟采取长期的扩张政策,人们通过各种信息预期货币供应量会大幅增加,社会总需求会增加,物价会上涨。这种情况下,工人会通过与雇主谈判提高工资,企业预期工资成本增加而不愿扩大经营,或人们为了使自己在未来的通货膨胀中免受损失而提前抢购商品,最后的结果是只有物价的上涨而没有产出的增长。

鉴于微观主体的预期,似乎只有在货币政策的取向和力度没有完全为公众所知晓的情况下才能生效或达到预期效果。但是这样的可能性不大,中央银行不可能长期不让公众知道它要采取的政策。即使采取非常规的货币政策,不久之后也会落在人们的预期之中。当然,不能过分地夸大公众预期对货币政策效果的影响,因为这种预期不一定完全正确,即使有了完全正确的预期,要实施对策也需要一个过程。这就是说,货币政策仍可奏效,但公众的预期行为会使其效应大打折扣。

四、其他因素对货币政策效果的影响

除上述因素外,货币政策效应还会受到其他因素的影响。例如,中央银行实施紧缩的货币政策以期改善市场供求的对比状况,但在实施过程中若出现企业开工率低、经济效益下滑过快的现象,则说明在紧缩需求的同时,供给也减少,改善市场供求对比的目标也不能实现。

政治因素对货币政策效应的影响也是巨大的。因为任何一项政策的实施都会对不同阶层、集团、部门或地方的利益带来影响,这些利益主体如果在自身利益受损时做出较强烈的反应,就会形成一定的政治压力,当这些压力足够大时,就可能迫使中央银行对货币

政策做出调整。

本章小结

1. 货币政策的最终目标包括物价稳定、充分就业、经济增长和国际收支平衡。这些目标中,有的目标能够兼容协调,如经济增长和充分就业之间;而有的目标则存在着矛盾和冲突,不能同时兼顾。

2. 货币政策中间指标是货币政策作用过程中十分重要的环节,对它们的选择关系到货币政策目标能否最终实现。中间指标的选取要符合可测性、可控性、相关性、抗干扰性等标准。各国采用的中间指标主要是利率、货币供应量、超额准备金和基础货币。

3. 货币政策传导机制是指中央银行运用一定的货币政策工具,引起中间指标的相应变化,进而实现货币政策最终目标的途径或具体过程。不同理论学派的传导机制是不同的。凯恩斯学派重视利率在货币政策传导机制中的重要作用,而货币学派强调的是货币供应量在整个传导机制中的直接效果。

4. 货币政策的效果是指中央银行实施一定的货币政策之后,最终取得的实际效果,即货币政策的有效性问题。货币政策执行的效果如何受货币政策时滞、货币流通速度、微观主体的预期等因素的影响。

复习思考题

1. 解释下列概念:货币政策、货币政策目标、物价稳定、充分就业、经济增长、国际收支平衡、货币政策中间指标、货币政策工具、货币政策传导机制、货币政策效果、内部时滞、外部时滞。
2. 简述货币政策目标之间的关系。
3. 简述货币政策中间指标的选择标准。
4. 常见的货币政策中间指标有哪些?这些中间指标各自的优缺点是什么?
5. 简述货币政策的一般性政策工具的内容。
6. 试比较凯恩斯学派和货币学派的货币政策传导机制理论。
7. 试分析影响货币政策效应的因素。

第十一章　通货膨胀和通货紧缩

学习目标

1. 掌握通货膨胀和通货紧缩的基本概念。
2. 了解通货膨胀的衡量标准。
3. 理解通货膨胀和通货紧缩的成因、治理对策和对经济社会各方面的影响。
4. 了解货币政策调整的动机。

本章导读

通货膨胀是各国经济发展中普遍出现过的现象,而对通货膨胀问题的研究也是西方经济理论中一个重要的组成部分。现代各国的通货膨胀一般都是一种货币现象,表现为过多的货币追逐过少的商品,是货币市场供求关系失衡的结果。通货膨胀,尤其是恶性通货膨胀会严重损害一国经济的稳定发展与货币供求市场的健康稳定。因此,各国的货币政策也高度重视物价稳定和反通货膨胀问题。作为与通货膨胀相对的另一种问题,通货紧缩在近年来也屡屡引起人们的关注。通货紧缩表现为一国物价的持续下降和经济发展的停滞,许多国家都受到其危害。本章将主要分析通货膨胀的定义、成因、经济社会效应及治理,同时也将简要分析通货紧缩的原因与治理。

第一节　通货膨胀

一、通货膨胀的含义与度量

"通货膨胀"是当代经济学和日常生活中使用频率很高的词汇,也是各国先后都出现过的普遍性的问题,对各国经济发展与稳定带来了极大危害。尽管人们大多知道,通货膨胀是与物价上涨有关的经济现象,但它具体的、内在的含义是什么,我们又应该用怎样的标准来测度通货膨胀,这是研究通货膨胀首先必须搞清楚的问题。

(一) 通货膨胀的定义

经济学家对通货膨胀的解释因人因时而异,目前,理论界并不存在一个唯一的、被普遍接受的定义。弗里德曼认为,物价普遍上涨就叫通货膨胀。哈耶克认为,通货膨胀是指货币数量的过度增长,这种增长会合乎规律地导致物价的上涨;但由于其他原因(如农业歉收、能源短缺等)引起的物价上涨则不能称之为通货膨胀。可见,哈耶克认为通货膨胀只限于因货币数量增加而引起的物价上涨。萨缪尔森则用时期的概念来解释,认为通货膨胀是物品和生产要素的价格普遍上涨的时期。这里强调的"普遍上涨",显然并不是指个别的、偶然的、暂时的物价上涨。罗宾逊则从生产成本的角度对通货膨胀进行了解释,认为通货膨胀是由于同样经济活动的工资报酬率的日益增长而引起的物价的直线运动。

经济学家之所以对通货膨胀的定义产生颇多分歧,实际上涉及通货膨胀的成因及治理这两个更深层次的问题。而一个被普遍接受的描述性的定义是:通货膨胀是在一定时期内一般物价水平持续上涨的现象。这个概念看起来很简单,但是掌握时需要注意以下几点:首先,这种价格上涨不是某一类商品或服务价格的上涨,而是大部分商品或服务价格水平的上涨,如某种商品由于供不应求而价格不断上涨,则不能称为通货膨胀。其次,这种上涨也不是一次性的,也就是说,即使某一时期内大部分商品价格都一次性提高,而之后不再变化,也不能称为通货膨胀。通货膨胀必须是价格持续不断地上涨,至于说要持续多久才能称为通货膨胀,并没有一个明确的界限,一般认为需要三个月以上。最后,通货膨胀中价格的上涨必须是明显的,某些微小的上涨,如一年上涨 0.5%,则不能被视为通货膨胀,人们常常把 3% 以上的价格上涨称为通货膨胀。

津巴布韦和德国的恶性通货膨胀案例

当非洲的津巴布韦在 1980 年成为一个独立的国家时,津巴布韦元(Zimbabwedollar)实际上比美元的价值还要高,津巴布韦元兑美元的汇率为 1∶1.25。由于没有节制地印发纸币和部族冲突造成的强征土地,津巴布韦元在 21 世纪初开始经历恶性通货膨胀。到 2004 年,通货膨胀率达到了前所未有的 624%,在 2005 年低于三位数,而到 2006 年又飙升到了 1 730%。2006 年 8 月,新的津巴布韦元以 1 比 1 000 的兑换率取代了旧货币。到 2007 年年中,在一年的时间里通货膨胀率达到了 11 000%。到 2008 年 5 月,1 亿面值和 2.5 亿面值的新津巴布韦元被发行出来,而在不到两周的时间里,5 亿面值的货币就出现了(大约值 2.5 美元)。一周不到,25 亿和 50 亿面值的津巴布韦元被发行出来,之后,到了 7 月,又出现了 100 亿面值的货币。2008 年 8 月,政府从货币上勾掉了 10 个零,100 亿津巴布韦元相当于1新津巴布韦元。据估计在这一年里,年通货膨胀率达到了百分之五乘以十的十八次方,月通货膨胀率为百分之一百三十亿。

1922年年底,德国发现它没有财力继续支付《凡尔赛条约》的战争赔款,作为报复,法国和比利时派军队占领了德国最富饶、产值最高的工业区。德国的工业巨头们随即命令工人们罢工,这对本已岌岌可危的经济来说是雪上加霜。面对经济危机,德国政府开动印刷机,开始凭空印出没有任何商品作保证的纸币,打算以此来支付工人的福利和拖欠的战争债务。供需失衡的情况马上出现了,市场上流通了太多的钱,不久纸币就变得没有任何价值。在1922年,纸马克(Papiermark)的最大面值为50 000。一年以后它变成了100万亿。这意味着到1923年12月,纸马克兑美元的汇率变成了4.2万亿:1。据估计,到1923年11月底,德国的年通货膨胀率为325 000 000%。这意味着在这一年里,物价每两天就翻了一倍。故事的结局是,地租马克(Rentenmark)出现了,以1比1万亿的兑换率来取代纸马克;战争赔款还得继续,作为交换,法国和比利时军队同意撤离德国领土。

资料来源:曾红燕,李绍昆. 货币银行学[M]. 2版. 北京:中国人民大学出版社,2017:164.

(二) 通货膨胀的度量

既然通货膨胀是物价总水平的持续上涨,通货膨胀的程度也就可以用物价上涨的幅度来衡量。各国经济学家常把物价上涨率视为通货膨胀率,而反映物价水平变动的相应指标是物价指数。常见的物价指数如下。

1. 消费价格指数(CPI)

消费价格指数(Consumer Price Index)也被称为零售物价指数或生活费用指数,它反映消费者为购买消费品而付出的价格的变动情况。这种指数是由各国政府根据本国的主要食品、衣物和其他日用消费品的零售价格以及水、电、居住、交通、医疗、娱乐等服务费用加权平均计算出来的。有些国家进一步根据不同收入阶层的消费支出结构,编制不同的消费价格指数。

消费价格指数的优点是能及时反映消费品供给与需求的对比关系,资料容易搜集,公布次数较为频繁(通常每月一次),能够迅速而直接地反映影响居民生活的价格趋势。缺点是包括的商品和服务范围较窄,只包括消费品价格而不包括各类资本品和中间品价格变动,因此不能准确而全面地反映消费物价水平以及一般物价水平。

2. 生产者价格指数(PPI)

生产者价格指数(Producer Price Index)是根据生产企业所购买的商品和劳务的价格变化状况而编制的指数。它反映了包括原材料、中间产品及最终产品在内的各种商品批发价格的变化。由于生产者价格指数反映了企业的生产经营成本的变化,所以为企业所广泛关注。同时,由于企业经营成本的上升最终会在消费品的零售价格中反映出来,所以,生产者价格指数在一定程度上预示着消费者价格指数的变化。它的缺点是无法涵盖所有的商品和劳务的价格变化,不能反映出直接与人民生活相联系的物价变动。

3. 国内生产总值平减指数（GDP deflator）

GDP 平减指数是一个涵盖面更广的价格水平指标，它综合反映了一国生产的各种最终产品（包括消费品、资本品以及劳务）价格变化的情况。它等于按照当期价格计算的国内生产总值（即名义值）与按基期价格计算的国内生产总值（即实际值）的比例，即 GDP 平减指数 = 名义 GDP/实际 GDP × 100。该指数的优点是能够全面反映总体物价水平的变动趋势，因此，近年来许多西方经济学者把它视为衡量通货膨胀的最好的尺度。但是编制该指数所需的大量数据不易搜集，因此，难以经常性地统计公布，一般只能一年公布一次。

二、通货膨胀的分类

按照不同的划分标准，通货膨胀可以进行如下分类。

（一）按通货膨胀的程度划分

爬行式通货膨胀：指价格总水平年平均上涨率不超过 2%～3%，并且在经济生活中没有形成通货膨胀的预期，是可以为社会所接受的、正常的物价上涨。

温和式通货膨胀：物价总水平上涨比爬行式通货膨胀高，一般在 3% 以上，但尚未达到两位数的通货膨胀。

奔腾式通货膨胀：指物价年上涨率在两位数以上，且发展速度很快，已经对经济和社会产生重大影响，甚至出现挤兑银行存款、抢购商品等引发市场动荡的现象。如果不坚决控制，就会导致物价进一步大幅上涨，酿成恶性通货膨胀的后果。

恶性通货膨胀：又称超级通货膨胀，指物价上涨特别猛烈，一般月上涨率超过 50%，且呈加速趋势。恶性通货膨胀将严重破坏正常的生产流通秩序和生活秩序，并动摇社会安定的基础，甚至可能导致整个货币制度的崩溃。

（二）按市场机制的作用划分

公开型的通货膨胀：又称开放型通货膨胀，是指完全通过一般物价水平上涨形式反映出来的通货膨胀。在这种类型的通货膨胀过程中，政府对物价水平不加管制，价格随市场供求变化而自由涨落，只要出现通货膨胀，就表现为价格水平的明显上升。

隐蔽型的通货膨胀：又称抑制型通货膨胀，是指政府通过价格控制、定量配给以及其他一些措施来抑制物价的上涨，表面上货币工资没有下降，物价总水平也没有上升，但居民实际消费水平却在下降。隐蔽型的通货膨胀通过市场排队抢购、凭证购买、有价无货以及产品质量下降等形式表现出来，苏联、东欧和中国都曾出现过这种隐蔽型通货膨胀。比如，我国实行计划经济体制的时期，当时的物价指数并不反映真实的通货膨胀程度；而改革开放初期国家放开价格，被压抑的通货膨胀得到释放，物价水平随之大幅上升。

（三）按通货膨胀的形成原因划分

需求拉动型通货膨胀：指由于社会总需求过度增加，超过社会总供给而拉动物价总水平上升。

成本推动型通货膨胀:指由于生产成本提高而引起的物价总水平上升。

结构型通货膨胀:指由于国民经济的部门结构不适应变化了的需求结构而引起的通货膨胀。

预期型通货膨胀:指通货膨胀的过程被经济主体预期到了,并且由于这种预期,经济主体采取各种补偿性行动进一步推动了物价上涨运动。

三、通货膨胀的形成原因

关于通货膨胀的成因,各国经济学家解释众多,但主要是从供给和需求两个方面进行解释的。

（一）需求拉动说

需求拉动型通货膨胀是由于社会总需求过度增加,超过社会总供给而拉动物价总水平上升的一种通货膨胀。换而言之,就是对商品和劳务的需求超出了现行价格条件下可得到的供给,从而导致一般价格水平上涨。需求拉动型通货膨胀,可以用图11-1进行解释。

图中,AS表示总供给曲线,AD_0表示初始总需求曲线,其交点决定了均衡价格水平P_0和均衡产出水平Y_0。当总需求增加,即总需求曲线不断向右上方移动至AD_1、AD_2、AD_3时,均衡价格水平也不断上升至P_1、P_2、P_3,这就是所谓需求拉动的通货膨胀。值得注意的是,当经济处于潜在产生水平(Y_F点)以下,远离充分就业状态时,总供给曲线AS较为平坦,越是接近潜在产出水平,AS曲线越陡峭。经济达到潜在产出水平,实现了充分就业时,AS曲线变为垂直线,这时总需求增加的效果几乎全部表现为物价的上涨(由P_2到P_3),这也就是凯恩斯所说的"真正的通货膨胀"。

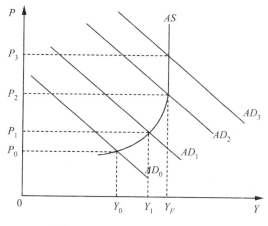

图 11-1　需求拉动型通货膨胀

由图11-1可知,无论经济是否达到充分就业,总需求的增加都将导致通货膨胀的产生,只不过价格上涨的程度不同从而使通货膨胀的程度也不相同。另外,总需求增加对产出的影响不同,在实现充分就业之前,总需求增加在导致价格上涨的同时也使国民收入增加;而在实现充分就业之后,总需求增加只能导致价格上涨,却不能使国民收入增加。

对总需求增加的原因,经济学家们存在分歧。货币学派认为,货币供应量的增加是总需求增加的主要原因;而且,充分就业是一种常态,所以由货币供给增加所产生的总需求增加必然形成需求拉动型的通货膨胀。与此不同,凯恩斯学派则认为,总需求由消费支出、投资支出和政府支出构成,总需求各部分的增加是总需求增加的原因;而且,充分就业并不是一种经济常态,非充分就业才是常态。当经济处于非充分就业水平时,总需求的增加部分推动价格上涨,部分引起总供给的增加;只有当经济达到充分就业状态时,总需求的增加才全部通过价格上涨反映出来。

(二) 成本推动说

成本推动型通货膨胀是指在社会商品和劳务需求不变的情况下,由于生产成本增加而引起物价总水平持续上涨的现象。这种理论认为,通货膨胀的根源在于总供给,而不是总需求。成本推动说的理论分析可通过图11-2加以说明。

图中,AD表示总需求曲线,AS_0表示总供给曲线的初值,并假定二者的交点为经济充分就业条件下的供求均衡点,由此得到初始的均衡价格水平P_0和均衡产出水平Y_F。当成本上升时,企业会在同等产出水平上提高价格,或在同等价格水平上减少产出,因而总供给曲线会向左上方移动。如图所示,成本持续上升,总供给曲线便由初始状态AS_0不断上移至AS_1、AS_2,导致产量由Y_F下降至Y_1、Y_2,同时价格水平由P_0上升至P_1、P_2。这样,在总需求不变的情况下,由于供给方面的原因就产生了通货膨胀。

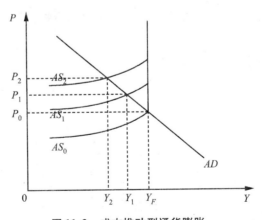

图11-2 成本推动型通货膨胀

在商品和劳务需求不变的情况下,生产成本提高的主要原因在于:其一,工资与物价螺旋上升。工资的增长引起成本的增加,使商品价格上涨;物价上涨后,消费支出增加,要求工资再次增长,生产成本继续提高,物价继续上涨。如此工资与物价呈刚性上涨,最终导致通货膨胀。其二,垄断产品的价格垄断。当垄断企业操纵某些垄断产品及其价格后,往往造成以该产品为原材料的企业生产成本的增加,在通货膨胀预期的作用下,带动了其他产品价格的上涨,从而引起物价总水平的上升。其三,追求高额利润。成本推动的另一因素是追求高额利润,其前提条件是存在着商品和服务销售的不完全竞争市场。在完全竞争市场上,商品价格由供求双方共同决定,没有哪一方能任意操纵价格。但在垄断存在的条件下,卖主就有可能操纵价格,使价格上涨速度超过成本支出的增加速度,以赚取高额利润,如果这种行为的作用达到一定程度,就会形成利润推动型通货膨胀。

(三)供求混合推动说

供求混合型通货膨胀是指由总需求和总供给两方面因素共同作用引起物价水平持续上涨而产生的通货膨胀。该理论认为,任何实际的通货膨胀过程很少只是由需求拉动或者只是由成本推动的,而是包含了供需两方面的共同作用。无论是需求拉动型通货膨胀还是成本推动型通货膨胀,单方面的作用都只会暂时引起物价上涨,并不能带来物价总水平的持续上涨,只有总需求与总供给共同作用时,才会导致持续性的通货膨胀。

例如,一方面,通货膨胀可能从过度需求开始,但由于需求过度所引起的物价上涨会促进工资的增长(工会等强烈要求),因而转化为成本推动的因素;另一方面,通货膨胀也可能从成本方面开始,如迫于各方面的压力而提高工资等。但如果不存在需求和货币收入的增加,这种通货膨胀过程是不可能持续下去的,因为工资上升会使失业增加或产量减少,结果将会使成本推动型通货膨胀过程终止。可见,"成本推动"只有加上"需求拉动"才有可能产生一个持续的通货膨胀。①供求混合型通货膨胀,可以用图11-3进行解释。

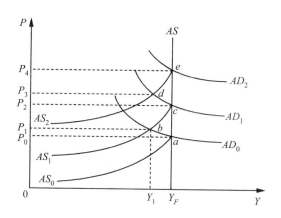

图11-3 供求混合推进型通货膨胀

图中,AS_0和AD_0的交点为初始经济的供求均衡点。当总供给曲线由AS_0移至AS_1时,物价水平上升至P_1。为保持经济增长和充分就业,政府不得不增加支出,总需求增加,由AD_0移至AD_1,物价水平则上升至P_2,从而形成物价螺旋式上涨的通货膨胀。

(四)结构型通货膨胀说

一些经济学家认为,即使在总供给和总需求相对平衡的条件下,某些结构性因素也可

---

① 曾红燕,李绍昆. 货币银行学[M]. 2版. 北京:中国人民大学出版社,2017:169.

能导致通货膨胀,即结构型通货膨胀。结构型通货膨胀是指由于社会经济结构方面的因素引起的物价水平在一定时期内持续上涨的现象。它通常是由部门结构之间的某些特点引起的,当一些部门在需求方面或成本方面发生变动时,往往会通过部门之间相互看齐的过程而影响其他部门,从而导致一般物价水平的上涨。具体来说,结构型通货膨胀可以分为以下三种类型。

1. 需求转移型

在总需求不变的情况下,由于消费者偏好的变化,某些部门的需求转移到其他生产部门,而各种生产要素却不能及时转移,于是,需求增加的部门的工资和产品价格上涨,而需求减少的部门的工资和产品价格由于"刚性"的特点又未能下降,因此导致物价总水平上升。

2. 外部输入型

这种理论把一国经济分为两大部门,即开放部门和非开放部门。在国际贸易中,小国一般是国际市场价格的接受者,世界通货膨胀会通过一系列机制传递到小国的开放经济部门,引起这些部门的物价上涨,然后又引起非开放部门的物价上涨,进而导致全面的通货膨胀。

3. 部门差异型

在一个国家的国民经济中,总有些部门劳动生产率提高较快,而另一些部门的劳动生产率提高较慢。当前者因劳动生产率提高而货币工资增加时,后一类部门的货币工资由于向前者看齐而提高,就会引起工资推动的通货膨胀。

(五) 通货膨胀预期说

通货膨胀预期说主要通过对通货膨胀预期心理作用的分析来解释通货膨胀的发生。该理论认为,在完全竞争的市场条件下,如果人们普遍预期一年后的价格将高于现在的价格,就会在出售和购买商品时将预期价格上涨的因素考虑进去,从而引起现行价格水平提高,直至其达到预期价格以上。这种在市场预期心理作用下发生的通货膨胀被称为预期型通货膨胀。

预期心理引致或加快通货膨胀的作用主要表现在三个方面:一是加快货币流通速度。当人们产生对通货膨胀的预期后,会尽快地购买实物资产,而不愿意持有货币,因此货币流通速度加快,相当于增加了货币流通数量,从而引起通货膨胀。二是提高名义利率。当储蓄者有了通货膨胀预期时,为了保证实际利息收入不变,会要求按照其预期通货膨胀的幅度提高名义利率,名义利率的提高进一步增加了商品生产者的成本,为转嫁成本或维持利润,厂家将提高商品价格,从而导致通货膨胀。三是提高货币工资。在通货膨胀预期的作用下,工人或企业经营者会要求提高工资和其他福利待遇,从而导致生产成本和产品价格上涨。

经济学家对通货膨胀预期的形成原理有两种不同的观点。一种观点认为,人们在形成预期时是"向后看"的,即主要根据以往的经验来形成对未来的预期,这种观点被称为"适应性预期假说";另一种观点则认为,人们在形成预期时是"向前看"的,即主要根据各方面的信息,分析有关变量发展变化的可能,从中形成对未来的预期,这种观点被称为"合理预期假说"。实际上,人们在形成通货膨胀预期时是二者兼而有之的。在物价持续上涨时期,一旦人们形成通货膨胀预期,就会在各种经济活动中将预期的通货膨胀考虑进去,政府也会根据预期的通货膨胀率制定财政、货币政策,从而使通货膨胀产生惯性。这种由于通货膨胀预期的作用而持续存在的通货膨胀被称为"惯性通货膨胀"。预期通货膨胀率会随着市场供求关系的变化和政府调控政策的实施而相应调整。其惯性的大小主要取决于预期形成的方式。适应性预期会导致通货膨胀有较大的惯性,而合理预期则会使通货膨胀有较小的惯性。

四、通货膨胀的经济社会效应

通货膨胀对社会经济的影响是多方面的,具体表现为以下几个方面。

(一)储蓄效应

一般情况下,经济当中家庭、企业和政府三部门的储蓄分别有各自的形成规律:家庭储蓄为收入剔除消费支出后的剩余部分;企业部门的储蓄由用于扩张生产的利润和折旧基金构成;政府部门的储蓄来源则比较特殊。如果政府用增加税收的办法来筹集生产性投资,那么,这部分储蓄是从其他两部门的储蓄中挤出的,从而全社会的储蓄总量不变。如果政府通过向中央银行借款弥补财政赤字的办法形成储蓄,就会造成直接或间接增加货币发行,强制增加全社会的储蓄总量,由此引发的通货膨胀降低了家庭和企业所持有的实际货币余额,而这部分失去的货币价值实际上转移到发行货币的政府部门,形成了所谓的"通货膨胀税"。[①]

(二)收入分配效应

在通货膨胀时,人们的名义货币收入与实际货币收入之间会产生差距,只有剔除物价的影响,才能看出人们实际收入的变化。由于各社会成员收入增长幅度并不一致,因此,在物价总水平上升时,有些人的实际收入水平会下降,有些人的实际收入水平反而会提高。由此,物价的上涨实际上导致了社会再分配,这就是通货膨胀的收入分配效应。

一方面,在通货膨胀下,债权人、出租者、工薪阶层、离退休人员和社会保险金领取者是主要的受害者。因为在通货膨胀下,他们基于通货膨胀自动补偿而增加的收入必然慢于一般物价水平的上升;而由于他们一般都是中低收入者,其财富积累的数量很少,因此,由于通货膨胀而导致的财产增值也比较小。

另一方面,在通货膨胀下,产品售价的提高一般都要快于其成本的上升,尤其在总需

---

① 赵阿平.货币银行学[M].南京:南京大学出版社,2018:204.

求膨胀造成了许多提价的机会和条件时,由此使得从利润中得到的收入增长要快于一般物价水平的上升。因此,各种流通领域中的投机者、企业承包者和承租者、个体和私营工商业者是通货膨胀的最大受益者。通货膨胀的这种分配收入效应使我国居民业已存在的贫富差距更加扩大,对改革开放和社会稳定极为不利。

(三) 资产结构调整效应

资产结构调整效应也称财富分配效应,它是指通货膨胀会通过储蓄率和部分有形资产价格的变化而影响社会成员原有资产比例的现象。

在通货膨胀时期,面值固定的金融资产,如债券和票据等,其价值随着物价的上涨而下跌;而各种变动收益的证券和实物资产,如房地产等,其价值则随着物价的上涨而增大。因此,通货膨胀会使持有不同形式资产的人实际占有社会财富的价值发生不同的变化。一般来讲,债权人是通货膨胀的受害者,债务人是通货膨胀的受益者。房地产商常常将土地和房产抵押给银行以取得贷款,通货膨胀会使其房地产升值并减轻他们的债务负担。职能资本家往往利用大量贷款从事经营活动,通货膨胀也会减轻他们的债务负担。而一般人持有的各种金融资产则分别是社会其他部门的负债,如现钞和国库券是中央银行和政府的负债,各种存款是金融机构的负债,商业票据和公司债券是企业的负债等,因此,通货膨胀在减少这些金融资产实际价值的同时也减轻了政府、金融机构和企业的债务负担。最易受通货膨胀打击的往往是小额存款人和债券持有人。因为大的债权人不仅可以采取更多的措施避免通货膨胀的不利影响,而且他们通常同时是更大的债务人,可通过在债务上得到的好处抵消在债权上的损失。

(四) 产出效应

通货膨胀的产出效应实际上就是通货膨胀对经济增长的影响。恶性通货膨胀对社会经济的破坏作用,经济学家们已达成共识,而对于温和的通货膨胀的产出效应,却存在争议,其观点大体可以分为三类。

1. 促进论

促进论认为,温和的通货膨胀具有正的产出效应,可以促进经济的增长。其理由是:第一,政府可通过赤字财政和通货膨胀的货币政策增加政府实际投资,尽管存在"挤出效应",但只要私人投资不降低或者降低幅度小于政府投资,就能提高社会总投资水平,并通过投资的乘数效应促进经济的实际增长。第二,由于人们普遍存在货币幻觉,对通货膨胀的预期调整比较缓慢,在这个过程中,工资上涨率会低于物价上涨率,企业的利润会相应提高。在货币幻觉尚未破灭的情况下,通货膨胀会刺激私人投资的积极性,进而促进经济增长。第三,一般情况下,通货膨胀是一种有利于高收入阶层而不利于低收入阶层的收入再分配,由于高收入阶层的边际储蓄倾向比较高,因此,通货膨胀会促进社会储蓄率提高,从而促进经济增长。

2. 促退论

促退论认为,无论是温和的、奔腾式的或恶性的通货膨胀都是一种病态的货币现象,对经济增长有害无益,所不同的仅仅是破坏程度而已。该理论认为,通货膨胀必定会阻碍经济增长,降低经济效率。其理由是:第一,通货膨胀会动摇人们对货币的信心,使人们更多地持有那些价格随通货膨胀不断上涨的实物资产,囤积货物,抢购黄金,或从事房地产等投机活动,而不进行正常的生产经营活动,这不利于经济的长期增长。第二,长期的通货膨胀会增加生产性投资的风险和经营成本,使生产性投资下降。第三,长期的通货膨胀会损害市场价格机制。市场价格机制失灵会导致消费者和生产者做出错误的决策,引起经济资源的不合理配置和严重浪费,从而阻碍经济增长。

3. 中性论

中性论认为,通货膨胀对经济增长既无正效应也无负效应,它是中性的。在温和的通货膨胀环境中,公众会形成通货膨胀预期,并对物价上涨做出合理的行为调整,使有关通货膨胀的各种效应相互抵消,从而对经济增长不产生作用。

五、通货膨胀的治理

通货膨胀会对一国的经济和社会造成严重的冲击,因此各国对通货膨胀的治理和预防都予以高度重视。正如对通货膨胀的成因和效应有不同的理解一样,经济学家对通货膨胀的治理也有不同的对策,其中比较常见的是需求管理政策、供给政策、收入政策和结构调整政策。

(一)需求管理政策

通货膨胀往往是由总需求超过总供给引起的,因此,当经济面临通货膨胀的压力时,政府往往采用紧缩的财政政策和货币政策抑制过剩的总需求。

1. 紧缩性货币政策

紧缩性货币政策有时并不是指货币存量的绝对减少,而是减缓货币供应量的增长速度,以遏制总需求的急剧膨胀。货币主义学派主张将货币供给的增长速度控制在一个固定的能够保证价格水平长期稳定的比率,如弗里德曼提出的3%~5%的货币增长目标。弗里德曼说过:"正因为过多地增加货币量是通货膨胀的唯一原因,所以,降低货币增长率也是医治通货膨胀的唯一方法。"只有将货币增长率最终降到接近经济增长率的水平,物价才可能大体稳定下来。中央银行可以采取提高法定存款准备金率、提高再贴现率、加强公开市场业务等货币政策工具抽紧银根,紧缩市场货币供应量。

2. 紧缩性财政政策

常见的紧缩性财政政策包括:第一,削减财政支出。包括减少军费开支和政府采购、限制公共事业投资和公共福利支出等。第二,增加赋税。减少可支配收入,抑制私人企业投资和个人消费支出,降低需求。第三,发行公债。用发行公债代替发行货币,弥补财政赤字,减少货币供应量。

通过紧缩总需求来制止通货膨胀会导致经济增长率降低,失业率增加,这是一个公认的事实。并且,实行紧缩的力度越大,衰退就越严重,但是持续时间较短,通货膨胀率也能较快地降下来;反之,采取比较温和的措施,开始时的衰退也许并不严重,但拖延的时间长。因此,是付出较大代价以求迅速见效,还是使其成为一个较为漫长的过程,这成为政府面临的又一个选择。

(二) 供给政策

供给学派认为,虽然通货膨胀的直接原因是货币量过多,但从根本上说,货币过多所导致的需求膨胀是相对总供给过少而言的。因此,治理通货膨胀根本的方法在于增加生产和供给。增加供给不但能够满足过剩的需求,克服通货膨胀,而且可以避免单纯依靠紧缩总需求引起衰退的负面效应。

要增加生产和供给,一个最关键的措施就是减税。减税可以提高人们工作和储蓄的积极性,同时也会增加厂商投资的积极性。结果,产出、就业和总供给都会增加,并促使价格水平下降。同时,人们的预期通货膨胀率也会迅速下降,引起工资水平和价格水平增长率的下降及利率的下降。

(三) 收入政策

收入紧缩政策是指采取强制性或非强制性的手段,限制提高工资和获取垄断利润,其目的在于抑制成本推动的冲击,从而控制一般物价的上升幅度,而又不至于造成大规模的失业。具体措施一般包括工资管制和利润管制两个方面。

1. 工资管制

工资管制是指政府以法令或政策形式对社会各部门和企业工资的上涨采取强制性的限制措施。工资管制可阻止工人借助于工会的力量提出过高的工资要求从而导致产品成本和价格的提高。工资管制的办法包括:第一,道义规劝和指导。即政府根据预计的全社会平均劳动生产率的增长趋势,估算出货币工资增长的最大限度,即"工资—物价指导线",以此作为一定年份内允许货币工资总额增长的一个目标数值线来控制各部门的工资增长率。但政府原则上只能规劝、建议和指导,不能直接干预,因而该办法的效果往往不是很理想。第二,协商解决。即在政府干预下使工会和企业就工资与价格问题达成协议,其效果取决于协议双方是否认可现有工资水平并愿意遵守协议规定。第三,开征工资税,对增加工资过多的企业按工资增长超额比率征收特别税款。这一办法可使企业有所依靠,拒绝工会超额提高工资的要求,从而有可能与工会达成工资协议,降低工资增长率。

2. 利润管制

利润管制是指政府以强制手段对可获得暴利的企业的利润率或利润额实行限制措施。通过对企业利润进行管制可限制大企业或垄断性企业任意抬高产品价格,从而抑制通货膨胀。利润管制的办法包括:第一,管制利润率。即政府对以成本加成方法定价的产品规定一个适当的利润率,或对商业企业规定其经营商品的进销差价。采用这种措施应注意使利润率反映出不同产业的风险差异,并应使其建立在企业合理成本的基础上。

第二,对超额利润征收较高的所得税。这种措施可将企业不合理的利润纳入国库,对企业追求超额利润起到限制作用。但如果企业超额利润的获得是通过提高效率或降低成本实现的,则可能会打击企业的积极性。

(四)结构调整政策

如果通货膨胀的主要原因在于结构性失调,那么可采取的抑制政策就是结构调整政策。结构调整政策的目的在于使各产业部门之间保持一定的比例,从而避免某些产品因供求的结构性失调而导致价格上涨。采取的措施主要是微观财政政策和微观货币政策。

微观财政政策就是在保持税收总量的前提下,调节各种税率和施行范围;在保持财政支出总量的前提下,调节政府支出的项目和各项目的总额。微观货币政策包括利息率结构和信贷结构,中央银行通过对利息率结构和信贷结构的调整,影响存款和贷款的结构与总额,提高资金使用效率,鼓励资金流向生产部门。

第二节 通货紧缩

一、通货紧缩的含义

通货紧缩是与通货膨胀相反的概念,国外经济学家大多将其定义为物价水平普遍、持续的下降。美国经济学家希勒在《宏观经济学》教科书中将通货紧缩定义为"商品和服务的平均价格水平的下降"。萨缪尔森和诺德豪斯所著的《经济学》则认为,"与通货膨胀相反的是通货紧缩,它发生于价格总水平的下降中"。斯蒂格利茨在其《经济学》一书中将通货紧缩表示为"价格水平的稳定下降"。

国内经济学家对通货紧缩的定义存在三种观点。第一种是"单因素"论,该理论认为通货紧缩是物价水平普遍、持续的下降。这与西方经济学家的主流观点是一致的。第二种是"双因素"论,该理论强调通货紧缩是一种货币现象,是由于经济社会中货币供应量减少而引起的物价下跌。他们认为通货紧缩包括两层含义:一是通货供应紧缩,二是物价水平下降,二者缺一不可。第三种是"三因素"论,该理论认为通货紧缩不仅是物价持续下跌、货币供应量持续下降,而且伴随着经济的全面衰退。这种观点强调通货紧缩是经济衰退的货币表现。这三种理论的共同点在于基本上同意将通货紧缩定义为物价水平持续下降,只不过后两种定义不同意仅仅用价格水平下降简单地给通货紧缩下定义,又强调了货币供应量持续减少和经济全面衰退。

在实际经济中,判断某国经济是否出现了通货紧缩,一看通货膨胀率是否由正转变为负;二看这种下降是否超过了一定期限。这个期限有的国家以一年为界,有的国家以半年为界。

按照通货紧缩的程度不同,可将其分为轻度通货紧缩、中度通货紧缩和严重通货紧缩。轻度通货紧缩是指通货膨胀率持续下降,由正值变为负值的情况。通货膨胀率负增长超过一年且未出现转机的情况视为中度通货紧缩。中度通货紧缩继续发展,持续时间达到两年左右,或物价降幅达到两位数,这种情况就是严重通货紧缩。严重的通货紧缩往往伴随着经济衰退,20世纪30年代美国经济大萧条就是最典型的例子。

《欧兹国历险记》与通货紧缩

许多人都看过美国好莱坞电影《欧兹国历险记》(又译为《绿野仙踪》)。这是一部以美国作家弗兰克·鲍姆的一本儿童读物为依据改编的电影,讲述一个叫陶利丝的堪萨斯小姑娘在迷路之后如何与其朋友小狗托托、稻草人、铁皮人和胆小的狮子等战胜女巫回到家乡的故事。其实这个故事并不是一般的儿童读物,而是影射当时激烈争论的银币自由铸造问题。

从1880年到1896年,美国的物价水平下降了23%。这导致农民负担沉重,经济停滞。通货紧缩的发生是由于黄金供给短缺。于是当时的人民党就主张采用金银复本位制,呼吁让人们自由铸造银币,以摆脱通货紧缩。这种争论在19世纪末达到白热化的程度,在1896年的总统竞选中这是一个中心话题。在这次竞选中主张银币自由铸造的民主党总统候选人布赖恩输给了反对银币自由铸造的共和党人麦金莱。直到在阿拉斯加发现金矿,加拿大和南非的黄金产量增加之后,通货紧缩才算消失。《欧兹国历险记》的作者是支持银币自由铸造的,所以,在书中陶利丝靠着一双银拖鞋回到了家乡。可惜好莱坞改编时却不知其影射意义,把银拖鞋改成了红宝石拖鞋。

《欧兹国历险记》是影射一个世纪以前的事情,但是它关于货币量与物价水平的关系以及通货紧缩的危害性的含义在今天仍然有意义。

资料来源:李雅丽. 金融学(货币银行学)[M]. 上海:上海财经大学出版社,2013:141.

二、通货紧缩的危害

(一)抑制消费需求

通货紧缩会提高货币的购买力,使人们增加储蓄、减少支出(特别是耐用消费品的支出),从而抑制个人消费支出。同时,在通货紧缩的情况下,就业预期、工资收入及家庭资产都趋于下降,人们消费更加谨慎,消费总量趋于下降。随着消费需求的减少,物价则会进一步下降,从而使消费进一步减少。这样物价下跌—消费减少—物价下跌—消费减少,通货紧缩自我强化。

（二）抑制投资需求

在通货紧缩的情况下，物价的持续下跌会提高实际利率水平，即使名义利率下降，资金成本也仍然比较高，从而使企业的投资成本昂贵，投资项目变得越来越没有吸引力，企业因而会减少投资支出。与此同时，产品价格的非预期下降使企业的收益率随之下降，企业进一步扩大生产的动力也随之降低。

（三）加剧金融风险，使银行业面临困境

通货紧缩一旦形成，便可能形成"债务—通货紧缩陷阱"。此时，货币变得更为昂贵，债务会因货币成本上升而相应上升，最终难以偿还，导致银行出现大量坏账，并难以找到盈利的项目提供贷款，经营效益不断滑坡，甚至面临"金融恐慌"和存款人"挤兑"而被迫破产的局面，使金融系统濒临崩溃。同时，通货紧缩期间企业盈利能力下降，还将恶化上市公司的资产质量，使股票市场不断下挫。

（四）引起国际收支恶化

通货紧缩还会通过需求的持续下降使进口萎缩而传导到国外，引发全球性的通货紧缩，反过来又会削弱本国的出口，造成国际收支逆差扩大和资本外流，使国家外汇储备减少，偿债能力削弱，甚至发生债务危机。

三、通货紧缩的成因

（一）紧缩性的货币财政政策

一国当局采取紧缩性货币政策或财政政策，大量减少货币发行或削减政府开支以减少赤字，会直接导致货币供应不足，加剧商品和劳务市场的供求失衡，使"太多的商品追逐太少的货币"，引起物价下跌，出现政策紧缩型通货紧缩。

（二）经济周期的变化

经济周期达到繁荣的高峰阶段，生产能力大量过剩导致供过于求，引起物价下跌，出现经济周期型通货紧缩。

（三）投资和消费的有效需求不足

当预期实际利率进一步降低和经济走势不佳时，投资和消费会出现有效需求不足状况，导致物价下跌，形成需求拉下型通货紧缩。金融体系的效率降低或信贷扩张过快导致出现大量不良资产和坏账时，金融机构"惜贷"或"慎贷"引起信用紧缩，也会减少社会总需求，导致通货紧缩。

（四）体制和制度因素

体制和制度方面的因素也会加重通货紧缩，如企业制度由国有制向市场机制转轨时，精简下来的大量工人现期和预期收入减少，导致有效需求下降；住房、养老、医疗保险、教育等方面的制度变迁和转型，都可能影响到个人与家庭的收支和消费行为，引起有效需求不足，导致物价下降，形成体制转轨型通货紧缩。

（五）供给结构不合理

如果前期经济中的盲目扩张和投资造成了不合理的供给结构和过多的无效供给，那么当积累到一定程度时必然会加剧供求之间的矛盾，一方面，许多商品无法实现其价值会迫使价格下跌；另一方面，大量货币收入不能转变为消费和投资，减少了有效需求，这样就会导致结构型通货紧缩。

四、通货紧缩的治理

（一）扩张性的货币政策

从货币层面来说，通货紧缩就是货币需求大于货币供给，因此，治理通货膨胀的主要措施之一就是放松货币管制，采用扩张性的货币政策，以增加流通中的货币量。扩张性货币政策的具体措施如下：一是降低金融机构的法定存款准备金率，增强商业银行创造派生存款的能力；二是利用再贴现政策，降低再贴现率和贴现率，以减少商业银行的借款成本，进而降低市场利率，以刺激投资需求和消费需求；三是在公开市场买进政府债券，以相应增加经济体系中的货币量；四是扩大中央银行的基础货币投放，扩大信贷发放规模，增加社会货币供给量；五是强化国有商业银行的激励和约束机制，妥善处理防范金融风险与扩大信贷业务之间的关系，完善货币政策运作环境，不断完善货币市场建设，疏通货币政策传导渠道。

（二）扩张性的财政政策

所谓扩张性财政政策是指扩大政府财政支出、兴办公共工程、减免税收等。同货币政策相比，财政政策具有动员迅速、作用直接等优点。不过，扩张性的财政政策也有一定的副作用，最明显的就是政府赤字和债务加大，严重者甚至会陷入债务危机。

（三）结构性调整

扩张性的宏观经济政策只是治理通货紧缩的急救措施，真正能够使经济走出通货紧缩的仍然是实体经济出现新的增长点。在通货紧缩期间可以采用结构性调整的手段，即减少过剩部门或行业的产量，淘汰一批低生产效率、低收益的企业，鼓励使用新技术、生产率高的企业或行业发展。

（四）改变预期

经济主体的决策在很大程度上受到其预期的影响，通货紧缩期间政府应该通过各种宣传手段，增强公众对未来经济发展趋势的信心，避免居民"持币待购"、企业"慎借"和银行"惜贷"现象的出现。

（五）加强金融机构的监管，建立金融机构内部管理制度，完善金融风险防范措施

我国金融机构面临的市场环境日益复杂多变，金融风险有增无减，尝试通过建立金融机构存款保险制度，可稳固人们对金融机构的信心，这是维持金融机构的流动性和正常运转、扩大信贷和投资的重要保障。

本章小结

1. 对通货膨胀的概念,理论界并不存在一个唯一的、被普遍接受的定义。而一个被普遍接受的描述性的定义是:通货膨胀是在一定时期内一般物价水平持续上涨的现象。通货膨胀的程度可以用物价上涨的幅度来衡量。各国经济学家常把物价上涨率视为通货膨胀率,而反映物价水平变动的相对指标是物价指数。

2. 根据形成原因的不同,通货膨胀可分为需求拉动型、成本推动型、供求混合推动型和结构型通货膨胀。

3. 通货膨胀的经济社会效应有:储蓄效应、收入分配效应、资产结构调整效应以及产出效应。对于通货膨胀的产出效应,有"促进论"、"促退论"和"中性论"三种不同的意见。

4. 通货膨胀的治理一般采取紧缩需求的政策,包括紧缩性财政政策和紧缩性货币政策。此外,通货膨胀治理还有供给政策、收入政策、结构调整政策等。

5. 通货紧缩是与通货膨胀相反的概念,国外经济学家大多将其定义为物价水平普遍、持续的下降。通货紧缩会抑制消费和投资需求,阻碍国民经济的正常增长与发展,造成经济效益的全面下降,加剧金融风险,引起国际收支恶化。

6. 通货紧缩形成的原因有多种理论解释,主要有:紧缩性的货币财政政策;经济周期的变化;投资和消费的有效需求不足;体制和制度因素;供给结构不合理;等等。治理通货紧缩的主要手段有:实行扩张性财政政策、实行宽松的货币政策、经济部门的结构性调整、改变公众预期以及加强金融机构监管等。

复习思考题

1. 解释下列概念:通货膨胀、消费价格指数、生产者价格指数、国内生产总值平减指数、需求拉动型通货膨胀、成本推动型通货膨胀、供求混合推动型通货膨胀、结构型通货膨胀、收入政策、供给政策、通货紧缩。
2. 简述通货膨胀的衡量标准。
3. 比较需求拉动型、成本推动型和供求混合推动型通货膨胀的形成机理。
4. 简述通货膨胀的经济效应。
5. 简述如何治理通货膨胀。
6. 简述通货紧缩的主要危害。
7. 简述通货紧缩的主要治理手段。

第十二章 金融风险与金融危机

学习目标

1. 了解金融风险的概念、特征与成因。
2. 掌握金融风险的分类。
3. 了解金融危机的概念、特征及形成机制。

本章导读

20世纪以来,金融业对世界经济增长的促进作用愈来愈明显,金融体系已经成为现代经济体系的核心。但是,金融体系具有内在的不稳定性,而且随着金融创新的发展、全球金融一体化的深入,金融体系所面临的风险变得越来越复杂。近30年来,国际金融危机频频爆发。1990年的日本金融危机、1997年的亚洲金融危机、2007年的美国次贷危机以及随后爆发的欧债危机给各国的经济发展和人们的经济生活带来了巨大损失。这一系列金融危机使金融风险防范问题受到各国政府及金融管理当局前所未有的关注。

第一节 金融风险

一、金融风险的含义与特征

(一)金融风险的含义

风险是指由于各种不确定性因素导致行为人遭受损失的可能性,风险的本质特征是不确定性。然而存在不确定性并不意味着存在风险,所谓不确定性是指结果发生有多种可能的状态,而人们无法事先准确预知未来的结果。这种不确定性可能有利于行为主体,也可能不利于行为主体。而风险强调的是由不确定性造成的不利后果。同时,风险关注的是一种未来可能发生的、潜在的损失,是一种事前概念,一旦损失已经发生了,风险也就不存在了。

金融风险作为风险的范畴之一,是指经济主体在从事资金融通过程中遭受损失的可能性。金融风险是一个比较宽泛的概念。从广义上讲,它既包括居民家庭、非金融机构从事金融活动所产生的风险,也包括以国家部门为主体从事的金融活动所产生的风险。从狭义上讲,金融风险一般指金融机构从事金融活动产生的风险。[①]

（二）金融风险的特征

金融风险具有客观性、不确定性、隐蔽性、扩散性和可控性等特征。

1. 客观性

金融风险是客观存在的,又是无处不在的。不论是整个国家,还是金融行业、部门,乃至某个企业、个人都存在发生金融风险的可能。金融风险是金融体系自然和内生的,是不可避免的,只要是市场经济,只要有金融交易存在,金融风险就必然存在。

2. 不确定性

金融风险只是一种可能性,确定无疑的收益或损失不是金融风险。由于影响金融风险的因素复杂而多变,加之市场信息的非对称性和经济主体对事物认识存在局限,使金融活动必然存在不确定的因素。

3. 隐蔽性

由于金融机构具有一定的创造信用的能力,因而可以在较长时间内通过不断创造新的信用来维持、掩盖或补救已经出现的损失和问题。而当风险积聚到一定程度,超过金融体系所能承受的范围时,才会以金融危机的形式爆发出来。

4. 扩散性

金融以信用为基础,金融机构作为融资中介,实质上是由一个多边信用共同建立起来的信用网络,相互交织、相互联动,任何一个环节出现的风险损失都有可能通过网络对其他环节产生影响；任何一个链条断裂,都有可能酿成较大的金融风险,甚至引发金融危机。

5. 可控性

对于金融风险,经济主体可以依一定方法对风险进行识别、计量、监测、防范和事后的化解。可以根据金融风险的性质、产生条件等来识别各种可能导致风险损失的因素,可通过概率统计以及其他技术手段建立各种金融风险的技术参数来有效控制金融风险。

二、金融风险的种类

金融风险可以从多个角度、多个层次予以分类。

---

① 万解秋. 货币银行学通论[M]. 3 版. 上海:复旦大学出版社,2015:504.

（一）按照金融风险的性质划分

1. 系统性金融风险

系统性金融风险，是指使整个金融系统，甚至整个地区或国家的经济主体都有遭受损失的可能性的风险，如政策风险、经济周期性波动风险、利率风险、汇率风险、不可抗力的自然风险等。系统性金融风险主要是由一些不可控的因素所导致的，如政治、经济、自然灾害和突发事件等，其不利影响可能在整个金融体系引发多米诺骨牌效应，造成经济金融的大幅度波动，产生宏观层面上的金融风险。这种风险不能通过分散投资加以消除，因此又被称为不可分散风险。

2. 非系统性金融风险

非系统性金融风险，是指个别金融企业可能遭受的风险，如经营风险、财务风险、信用风险、道德风险等。非系统性风险的产生一般都是由于经济行为主体经营管理不善、客户违约等造成的，只是一种个别的风险，不会对市场整体发生作用。这种风险可以通过多样化投资来分散，即发生于一家公司的不利事件可以被其他公司的有利事件所抵消，因此非系统性风险又被称为可分散风险。

（二）按照金融风险的形态划分

1. 信用风险

信用风险是指由于交易一方当事人不愿意或不能够正常履行契约的责任，导致另一方遭受损失的风险。信用风险是银行业面临的最主要的风险之一。银行作为贷款人，可能因为借款人客观上丧失偿债能力或主观上缺乏还款意愿而受到损失。在贷款发放后至贷款收回前，银行都面临着遭受损失的威胁。除此以外，债券或股票的持有者也面临着发行方信用等级变化，不能按期还本付息造成损失的风险。

2. 市场风险

市场风险是指在市场交易中，由于基础金融变量，如汇率、利率、股票和债券价格、金融衍生产品价格、通货膨胀率等方面的变动引起的金融资产或负债的市场价值发生变化而给金融活动的行为主体带来损失的可能性。市场风险中以利率风险和汇率风险最为常见。

（1）利率风险。利率风险是指由于利率的不确定变动给相关金融主体带来经济损失的可能性。利率水平受到本国资金供求、经济形势、货币政策、市场主体心理预期以及其他国家或地区利率水平和国际金融市场资金供求等多种因素的影响，变动十分频繁。利率波动会导致现金流量不确定，从而使投资收益和融资成本不确定。利率敏感性资产或负债直接受到利率波动的影响。对于某一个时期被重新定价的资产来说，面临着利率下降、利息收入减少的风险；对于被重新定价的负债来说，面临着利率上升、利息支出增加的风险。经济主体在某一期间的利率敏感性资产和负债的差额，即利率敏感性缺口，是该主体的利率风险敞口。对于固定利率资产或负债而言，尽管其现金流量是确定的，利率的升降也可能会带来间接的机会成本损失。固定利率资产的持有者面临市场利率上升的风险,固定利率负债的承担者则面临市场利率下降的风险。①

(2) 汇率风险。汇率风险是指由于汇率的不确定变动给相关金融主体带来经济损失的可能性。汇率的变动可能导致外币收支的流量变化、外币资产负债账面价值的变化、经济环境和金融企业经营活动的不利变化,从而导致经济主体产生间接损失。1973 年以来,各国普遍实行浮动汇率制,一国货币汇率受到国际收支状况、通货膨胀、利率水平、经济增长水平、心理预期、政府对外汇市场的干预等多种因素影响。众多因素彼此之间的关系错综复杂并共同作用于外汇市场致使汇率走势变化莫测。

3. 流动性风险

流动性风险可以从金融资产和金融机构两个不同的层面去理解。一方面,流动性风险是指由于金融资产或金融产品流动性的不确定性带来损失的可能性。当金融产品的流动性下降时,可能导致产品的持有者无法及时变现,或即使能变现也不得不付出高昂的成本,这种风险被称为产品流动性风险。另一方面,流动性风险是指金融机构本身的资金流动出了问题。如果金融机构的流动性资产不能满足偿还流动性负债的要求,就会引起清偿问题,使其不得不以较低的价格变卖资产,甚至可能出现资不抵债的情况,这种风险又往往被称为现金流动风险。显然,流动性风险对于金融机构的影响很大,它以不确定性强、冲击破坏力大的特点,被称为"商业银行最致命的风险"。因此,流动性风险管理在金融机构的经营管理中占有非常重要的地位

4. 结算风险

结算风险是指不能按期收到交易对手支付的现金或其他金融工具而造成损失的可能。在银行之间,每天都有多达上万亿美元的交易,它们的结算必须由全世界范围内的货币转移、支票偿付来完成。而当一家或几家金融机构不能正常履行结算时,便会产生多米诺骨牌效应,造成其他金融机构出现流动性问题,甚至破产。

5. 操作风险

操作风险是指金融机构因信息系统或内控机制失灵而造成意外损失的风险,一般是由人为错误、系统失灵、操作程序发生错误或控制失效引起的。20 世纪 90 年代以来,一些银行由于没能有效地管理操作风险而蒙受了很大的损失甚至破产倒闭,操作风险开始受到越来越多的重视。例如,1995 年交易员尼克·里森利用巴林银行内控机制的漏洞,违规进行期货交易,造成了巨额损失,直接引起了这家英国著名银行的破产。

6. 法律风险

法律风险是指金融机构签署的交易合同因不符合法律或金融监管部门的规定而不能得到实际履行,或因法制环境不健全给金融机构造成损失的风险。它不仅包括合同文件

---

① 赵阿平. 货币银行学[M]. 南京:南京大学出版社,2018:261.

的签署是否具有可执行性方面的问题,而且还包括是否将自己的法律和监管责任以恰当的方式转移给对方或客户的问题。

巴林银行倒闭案例

1995年2月26日,具有230多年历史的英国巴林银行,因进行巨额金融期货投机交易,造成9.16亿英镑的巨额亏损,在经过国家中央银行英格兰银行先前一个周末的拯救失败之后,被迫宣布破产。后经英格兰银行的斡旋,3月5日,荷兰国际集团以1美元的象征价格,宣布完全收购巴林银行。

巴林银行创立于1762年,是英国政府证券的首席发行商,在证券、基金、投资、商业银行业务等方面取得了长足发展,成为伦敦金融中心位居前列的集团化证券商,连英国女王的资产都委托其管理,素有"女王的银行"美称。

28岁的尼克·里森1992年被巴林银行总部任命为新加坡巴林期货有限公司的总经理兼首席交易员,负责该行在新加坡的期货交易并实际从事期货交易。

1992年,巴林银行有一个账号为"99905"的"错误账号",专门处理交易过程中因疏忽而造成的差错,如将买入误为卖出等。1992年夏天,伦敦总部要求里森另行开设一个"错误账户",以记录小额差错,并自行处理,以省却伦敦的麻烦,此"错误账户"以代码"88888"为名设立。

之后,伦敦总部重新决定新加坡巴林期货公司的所有差错记录仍经由"99905"账户向伦敦报免,"88888"差错账户因此搁置不用,但却成为一个真正的错误账户留存在电脑之中。这个被人疏忽的账户后来就成为里森造假的工具。

1992年7月17日,里森手下一名刚加盟巴林的王姓交易员手头出了一笔差错:将客户的20份日经指数期货合约买入委托误为卖出。要矫正这笔差错就须买回40份合约。在种种考虑之下,里森决定利用错误账户"88888"承接40份卖出合约,以使账面平衡。数天以后这笔空头头寸的损失达到6万英镑。此后,里森便一发而不可收,频频利用"88888"账户吸收下属的交易差错。1993年,由于这些敞口头寸的数额越积越多,随着行情出现不利的波动,亏损数额也日趋增长至600万英镑,以致无法用个人收入予以填平。到1994年时,亏损额增加到5 000万英镑。

从1993年到1994年,巴林银行在新加坡国际期货交易所及日本市场投入的资金已超过1.1亿英镑,超出了英格兰银行规定英国银行的海外总资金不应超过25%的限制。1995年1月30日,里森以每天1 000万英镑的速度从伦敦获得资金,买进了3万口日经指数期货,并卖空日本政府债券。2月10日,里森以新加坡期货交易所交易史上创纪录的数量握有5.5万口日经期货及2万口日本政府债券合约。2月24日,当日经指数再次加速暴跌后,里森所在的巴林期货公司的头寸损失已接近整个巴林银行集团资本和储备之和。

融资已无渠道,亏损已无法挽回,里森畏罪潜逃。

巴林银行面临覆灭之灾,银行董事长不得不求助于英格兰银行,希望挽救局面。然而这时的损失已达 14 亿美元,并且随着日经 225 指数的继续下挫,损失还将进一步扩大。因此,在各方金融机构无人敢伸手救助时,巴林银行从此倒闭。

资料来源:张芳. 货币银行学[M]. 北京:对外经济贸易大学出版社,2015:257.

第二节　金融危机

一、金融危机的概念和特点

（一）金融危机的概念

金融危机是金融风险累积到一定程度并大范围爆发的结果。金融危机概念的界定很丰富,学术界至今还没有一个准确的定义,但通常认为金融危机是指:全部或绝大部分金融指标——短期利率、资产(证券、房地产、土地)价格、汇率、企业的偿债能力以及金融机构的破产数目均发生急剧的、短暂的、超周期的恶化。

（二）金融危机的特点

总的来说,金融危机具有以下特征:

1. 突发性

金融风险的不利后果有可能在当期被掩盖,金融危机就是金融风险积聚到一定程度才爆发的后果,因而金融危机的爆发往往都比较突然。金融风险在量上积聚时,只要没有突破一个临界点,就不会发生根本性变化,但是当风险隐患不断积聚达到一定程度时,就有可能"牵一发而动全身",即使小小的外在压力也会导致金融危机的大规模爆发。"二战"以后爆发的金融危机,如 1990 年的日本金融危机、1997 年的亚洲金融危机、2007 年的美国次贷危机都发生得非常突然,虽然也有一些先知先觉的人士在提醒大众,但是人们只把它当作一种"不切实际"的预期,没有引起应有的重视。

2. 传染性

随着计算机、网络、通信等信息技术的迅速发展,金融自由化、全球经济一体化的进程大大加快,在经济运行的过程中,银行、证券、外汇等各个金融市场之间的联系越来越紧密。一家金融机构出现问题或者破产,会迅速影响同其有信用联系的其他金融机构,产生连锁反应。同样的,如果一个国家或者地区发生了金融危机,那么将会通过贸易关系或者资金融通关系传递给其他国家,导致另外一个国家也发生危机。此外,由于信息的不对称,债权人不能像对其他行业那样根据公开信息来判断某个金融机构的清偿能力,从而将某一金融机构的困难或破产视为其他所有机构同时存在的风险,形成对金融机构的挤兑风险。

3. 可预测性

金融危机本质上是金融风险积聚爆发的结果,而金融风险是可以衡量和预测的,因此,从风险管理的角度来看,金融危机也就可以预测。通过合理地构建预警模型,运用预警指标对风险进行量化分析,在一定程度上,比如95%的置信度上,可以预测金融危机。但是金融危机的爆发还有突发性和传染性的特点,这使危机的预测,特别是爆发时间的预测变得更为困难。

4. 破坏性

金融系统一旦出现动荡,将严重影响资源配置的效率,并且对整个经济体系产生冲击,甚至引发社会动荡和政治危机。

东亚危机

1997年7月发生的一系列危机通常被称为"东亚危机"。

7月2日,泰国开始实行浮动汇率,而泰铢曾钉住美元长达13年之久。同一天,泰铢兑美元贬值17%以上。整个地区的货币都贬值了,包括韩国、马来西亚、印度尼西亚,甚至新加坡。对投资者损失和对全球贸易影响的担心使主要股票市场的股价下跌。香港恒生指数4天内下降25%,10月27日,道琼斯指数下降554点——一天内下降7.2%。

震动继续向全世界扩散。1997年11月,巴西的利率翻番,达到43%;韩国停止支持韩元,让它自由下跌;泰国施加外汇管制;11月27日,日本的第四大证券机构"山一证券"破产。

在这几个经受考验的月份里,国际货币基金组织插手帮助,提供一系列的援助计划:8月向泰国提供了172亿美元的援助,11月向印尼提供了423亿美元的援助,12月向韩国提供了584亿美元的援助。也有人担心国际货币基金组织实际能够用的钱到底有多少。如果国际货币基金组织想要提供的资金相对于会员方GDP值的水平同1945年的水平一样,它的基金应当是现在的3倍。

国际货币基金组织的钱显然也是需要的。国际清算银行的数据表明,银行向该地区的借款在1997年第三季度是220亿美元,而在第二季度的资本流出是320亿美元!

亚洲是日本的主要贸易伙伴,危机增加了人们对日本经济疲软的担心。1998年4月,穆迪公司降低了日本主权债券的信用级别,6月,美国和日本共同行动支持日元。

资料来源:斯蒂芬·瓦尔迪兹,朱利安·伍德. 国际金融市场[M]. 何为等,译. 4版. 北京:中国金融出版社,2005.

二、金融危机的分类

按照国际货币基金组织的看法,金融危机大致可以分为货币危机、银行业危机、债务危机以及系统危机。

(一) 货币危机

根据 IMF 的定义,货币危机是指投机冲击导致一国货币大幅度贬值,抑或迫使该国金融当局为保卫本币而动用大量国际储备或急剧提高利率。它既包括对该国货币的成功冲击(即导致该国货币的大幅贬值),也包括对其未成功的冲击(即只导致该国国际储备大幅下降而未导致该国货币大幅贬值)。由于汇率的急剧变动将对证券市场、银行业、国际收支以及整个国民经济产生强烈的冲击,因此,货币危机的爆发容易引起证券市场危机、银行业危机、债务危机甚至是整个经济危机的爆发。

(二) 银行业危机

银行业危机是指真实的或潜在的银行破产导致银行纷纷中止国内债务的清偿,抑或迫使政府提供大规模援助以阻止事态的发展。早期的银行业危机主要是由于某些原因导致存款人对银行失去信心,产生存款挤兑造成的。现在银行业危机则主要是由于某些经济因素的改变导致银行业内部金融资产质量下降,信用等级下降,进而引发一连串金融机构倒闭。新兴国家相对于工业化国家的金融体系更加不完善,内在的脆弱性表现得更为突出,因此新兴国家银行危机爆发的概率往往大于工业化国家。

(三) 债务危机

债务危机是指一国无力支付外债而发生的危机,无论这些债务是属于外国政府还是属于非居民个人。当过度借入外债,尤其是短期外债时,偿债期限过于集中,而自身的经济结构失调将导致对外支付手段的枯竭,引起债务危机。债务危机的发生常伴随着资金的外逃,而资金外逃又会导致国际借贷的条件进一步恶化,最终会引起货币汇率的贬值而引发货币危机。

(四) 系统危机

如前所述,金融系统是一个复杂的系统,银行与证券、外汇等市场有着千丝万缕的联系。一个市场发生危机,就会影响到其他市场。所谓系统性金融危机就是指金融市场出现严重的混乱局面。它削弱了市场有效性原则,会对实体经济产生极大的负面效应,一次系统性金融危机可能包括货币危机,但一次货币危机却不一定导致国内支付体系的严重混乱,也就不一定导致系统金融危机的发生。

欧洲主权债务危机

2007—2009年的全球金融危机不只导致了全球范围内的经济萧条,同时也导致了今天仍在威胁欧洲的主权债务危机。2007年以前,所有使用欧元的国家利率都在非常低的水平,但在金融危机之后,部分国家经济活动受冲击较大,这些国家降低税收并采取紧急救援计划,导致了政府赤字。人们担心这些受冲击较大的国家无法偿付它们的主权债务,这导致了利率难以控制的攀升。

希腊是欧洲沦陷中倒下的第一块多米诺骨牌。2000年9月经济疲软之下,希腊政府减少税收以刺激消费需求,其年预算赤字已达到6%,负债与GDP的比率已接近100%。然而,新政府上台后表示实际情况比这更遭:过去的政府虚报了赤字,实际至少是6%的两倍,比原来的数字多十个百分点。尽管采取了多重手段以快速减少政府支出并提高税收,但是希腊国债利率在2012年还是飞速攀升,最终接近40%,负债与GDP的比率达到160%。欧洲其他国家对其进行了紧急援助,同时欧洲央行也向其提供了流动性资助。希腊被迫将其在私人手中的国债减值一半以上,同时国家也经受着大规模罢工和总理辞职的内乱。

国家主权债务危机随后由希腊蔓延到冰岛、葡萄牙、西班牙和意大利。这些国家的政府不得不采取政策提高它们的公共财政收入,同时利率成倍攀升。只有欧洲央行主席马里奥在2012年7月演讲时说"要不惜一切代价拯救欧元"后,市场才逐渐冷静下来。然而,尽管这些国家的利率下降了,但迎来了严重的经济衰退,失业率成倍增长,西班牙的失业率甚至超过25%。欧洲主权债务危机给欧元区带来了严重压力,一些采用欧元的国家开始担心欧元的存亡。

资料来源:米什金. 货币金融学[M]. 蒋先玲,等译. 4版. 北京:机械工业出版社,2016:237.

三、金融危机的判断标准

货币危机爆发时,市场上的表现往往是该国货币大幅度贬值,或者该国的外汇储备大幅度下降,因此可以利用外汇市场压力指数来对货币危机进行量化。外汇市场压力指数是汇率月百分比变化和国际储备(用美元度量)的月百分比变化的加权平均数。该指数随着货币贬值和国际储备的损失程度加深而加大。当外汇市场上的实际压力指数与预期压力指数之差超过实际外汇压力指数标准差的3倍时,货币危机就出现了。相对而言,银行业危机比货币危机更难辨识。一般认为,当下述条件之一发生时,便可以认为发生了银行业危机:

第一,未履约资产占银行系统资产的比例超过10%;

第二,挽救银行的行动成本不低于GDP的2%;

第三,银行部门的问题导致银行大规模国有化;

第四,发生广泛的银行挤兑或者存款被冻结、银行"放长假",或者为对付危机政府对一般的存款实行保障。①

美国金融危机发展进程

发端于 2007 年 7 月的美国次贷危机,最初仅仅是特定金融产品的危机,之后迅速扩展到金融机构的危机,进而从金融机构扩展到全球金融市场,最后从金融体系向实体经济蔓延。以下是美国金融危机经历的四个演变阶段:

第一阶段:次贷证券衍生品危机。20 世纪 90 年代后期以来,美国经济和房地产金融市场经历了长达近 10 年的繁荣时期,与此同时,基于次级住房抵押贷款的金融衍生产品市场迅速扩张,在高达 15∶1 以上的杠杆作用下,次贷证券衍生品市场积累了巨大的风险。2006 年以后,随着房价的下跌和次贷市场的违约率上升,次贷证券的价格随之剧烈下滑,在高杠杆的作用下,持有者的损失被急剧放大,从而在 2007 年 7 月最终引发了次贷证券危机。

面对来自华尔街 174 亿美元逼债,美国第二大次级抵押贷款公司——新世纪金融在 2007 年 4 月 2 日宣布申请破产保护,裁减 54% 的员工。美国第十大抵押贷款机构——美国住房抵押贷款投资公司随后于 8 月 6 日正式向法院申请破产保护。2007 年 8 月 8 日,美国第五大投资银行——贝尔斯登宣布旗下两个基金倒闭,原因同样是由于次贷风暴。其后花旗集团也宣布,2007 年 7 月由次贷引起的损失达 7 亿美元,与此同时,美股大跌,道琼斯指数跌 2%、标普跌 2.04%、纳斯达克指数跌 2.15%,美国 2007 年 3 月份成屋销量下降 8.4%。

第二阶段:以投资银行等相关金融机构倒闭为代表的金融机构危机。次贷证券产品危机的爆发,使得一些深度卷入次贷业务的金融机构开始呈现显著的经营亏损,进而演化为金融机构危机。2008 年 3 月,贝尔斯登因濒临破产而被摩根大通收购。2008 年 9 月以后,由于房价持续下跌,美国次贷违约率继续上升,与次级抵押债券相关的各种金融资产风险开始加速暴露出来,受波及的金融机构范围也越来越大。2008 年 9 月 7 日,美国政府宣布接管"两房",随之,在不到一个月的时间里,华尔街五大投资银行相继破产或者被接管,包括商业银行、保险公司、投资银行、对冲基金等在内的金融机构大多遭受巨额损失。截止到 2009 年 8 月底,美国倒闭的银行达到 84 家,创下自 1992 年以来最多银行破产的纪录,与 2008 年全年破产银行数目比较,也多出 2 倍多。2009 年 10 月 23 日,美国又公布了 6 家破产银行。与此同时,信用卡违约率上升。占美国信用卡和银行卡销售额 1/4 的美国运通公司,坏账率到 2009 年 5 月达到 10.4%,发行万事达卡最多的花旗银行 2009 年

---

① 李雅丽. 金融学(货币银行学)[M]. 上海:上海财经大学出版社,2013:187.

的坏账率也达到了 10.5%。

第三阶段:资本市场剧烈下挫引发的金融市场危机。金融机构的危机特别是雷曼的倒闭,引发了全球对于金融机构倒闭的恐慌情绪,最终引发了资本市场的剧烈动荡,股票暴跌,市值大幅下降,道琼斯指数跌幅超过 40%,严重打击了投资者的信心。美国金融市场的深幅调整迅速向世界各国蔓延,欧洲、日本、新兴市场国家的金融市场随之也大幅下挫。更为严重的是,危机由最初的按揭贷款市场逐渐向消费信贷、信用卡、银行等其他金融市场蔓延,使得次贷危机蔓延成为信贷危机,推动整个美国经济陷入剧烈衰退。

第四阶段:从金融体系向实体经济蔓延。从国际经济环境来看,自 2008 年 10 月开始,伴随着次贷危机的进一步恶化,对各国实体经济的影响日益显现,各国经济增长出现明显减速,美国、欧盟等国家经济开始出现负增长。同时,失业率上升,消费者信心显著下降,美国失业率继 2008 年 10 月飙升至 6.5% 以后,11 月又创造了 6.7% 的 15 年来的最高纪录,引发了全球金融市场新一轮的大幅波动,到 2009 年 10 月,美国的失业率已经达到 9.8%,破产企业不断增加。

资料来源:李雅丽. 金融学(货币银行学)[M]. 上海:上海财经大学出版社,2013:187.

四、金融危机的形成机制

关于金融危机的形成机制,可以从金融交易行为、金融系统运行和政府政策影响三个方面展开分析。

(一) 金融交易行为

金融交易主体的行为有可能导致金融危机的产生。

1. 过度交易

以金德尔伯格为代表的经济学家认为,过度交易是引发金融危机的主要原因。随着经济的增长,人们会产生投机性需求,把货币转换为实物资产和金融资产,从而形成过度交易。过度交易会导致人们的恐慌和金融秩序的崩溃,形成金融危机。

2. 理性预期

奥布斯特菲尔德等人认为,理性预期也可能导致金融危机的爆发。他们从金融危机的预期自致性特征出发,指出公众对于金融体系的不同预期会产生不同的均衡结果。即使政府不采取与某种体制相抵触的宏观经济政策,如果人们预期这种体制将会崩溃,那么他们会采取相应的措施来避免自己的损失,这种行为恰恰可能会导致真正的崩溃。例如,在实施固定汇率制度的国家,政府根据成本-收益原则来决定是否继续坚持固定汇率。当人们普遍预期货币会贬值时,政府会发现坚持固定汇率制度的成本大于收益,从而放弃维持固定汇率制的努力,货币大幅度贬值,金融危机爆发。

(二) 金融系统运行

大部分经济学家认为,应当从金融系统内部的运行中来寻找金融危机的来源,认为金融的内在脆弱性的逐渐积累会由于某些因素的刺激而爆发,形成金融危机。①

1. 债务—通货紧缩

托宾认为,债务—通货紧缩在金融危机形成过程中发挥了重要作用。在经济繁荣时期,企业对未来充满信心,从而会过度借债进行投资。但是,当经济陷入衰退时期,企业归还债务的难度加大,很可能导致债权人遭受损失。因此,债权人为了自身的安全,不愿提供贷款,并且向债务人要求清偿债务。这将使得经济体陷入"经营困难—低价抛售—经营更加困难—更低价格抛售"的债务—通货紧缩的恶性循环,引起大量企业亏损甚至破产,并导致连锁反应,最终引起金融体系的崩溃。

2. 银行风险

经济学家戴蒙德和戴维格认为,银行经营中的风险是金融危机的直接源头之一。银行的基本功能是将流动性较差的资产转化为流动性较强的资产,为金融市场提供流动性。银行吸收的存款主要是人们的短期存款,而发放的贷款中大部分是面对企业的中长期贷款。因此,当某些借款人的经营陷入困境,从而对贷款的偿还发生困难时,将使银行的经营风险增大。这时存款人对银行的信心可能会发生动摇,一旦存款人对银行丧失了信心,就会向银行要求提款。其他存款人为了避免损失,也会争相涌向银行提款,从而形成挤兑。挤兑将使银行陷入流动性危机,甚至破产,并产生连锁反应,最终导致银行体系乃至整个金融体系陷入危机。

3. 信息不对称导致的金融体系的脆弱性

麦金农较早地提出了道德风险对金融危机的推进作用。经济学家米什金认为,信息不对称在金融危机的形成过程中起了关键作用,同时金融危机的爆发又会加剧信息不对称问题,从而造成了金融危机自我强化的特点。克鲁格曼则认为道德风险正是20世纪90年代末期亚洲金融危机爆发的原因之一。政府为了维护金融体系的稳定,会对银行提供显性或隐性的保险,因而银行更倾向于发放收益较高但风险也较高的贷款,存款人则放心地向银行提供存款。在封闭经济中,国内投资对资金的需求会使得利率升高,客观上抑制投资,避免过度投资。但是,当经济开放度提高后,国内的金融机构可以在世界市场上很方便地融资。由于世界市场容量巨大,国内金融机构的融资不会提高世界市场利率水平,因而无法抑制投资需求,很容易产生过度投资。这种情况将加大金融体系的风险,一旦条件满足,金融危机就会爆发。

(三) 政府政策影响

政府宏观经济政策对金融危机的作用也不可小视,有时甚至仅仅是政府的政策就可能使金融系统陷入危机。

1. 财政政策

政府的财政政策可能会引发货币危机,特别是在实行固定汇率制度的国家,财政赤字

---

① 万解秋. 货币银行学通论[M]. 3版. 上海:复旦大学出版社,2015:515.

更加容易引发货币危机。克鲁格曼认为,一个固定汇率制国家,如果存在着大量的财政赤字,中央银行必然增发货币为财政赤字融资。随着货币供应量的增加,本币贬值和外币升值的压力逐步上升。由于本外币的收益率出现差异,公众会调整资产结构,在外汇市场上抛售本币,买入外币。中央政府为了维持固定汇率,会利用外汇储备在外汇市场进行干预,买入本币,卖出外币,以缓解本币贬值的压力。当政府的外汇储备降低到一定程度时,投机者预期政府将无法继续维持固定汇率,于是对该国货币进行更加猛烈的攻击。此时,政府无力干预,不得不放任本币贬值,从而形成货币危机。

2. 货币政策

中央银行货币政策的失误极有可能引起金融危机特别是银行业危机。弗里德曼认为,货币政策失误是导致金融动荡的根本原因。由于决定货币需求的主要因素是持久性收入,而持久性收入是较为稳定的,因此货币需求也相对稳定。于是,货币供给就决定了物价和产出水平。货币供给由中央银行通过货币政策进行调节,所以金融动荡的根源在于货币政策。货币政策的失误可能会导致金融系统中的较小问题演化为金融危机,例如,1929年美国的大危机就是因为美联储错误地实施了紧缩性的货币政策所导致的。事实上,弗里德曼一向强调实施"单一规则"的货币政策的根源就在于此。

布鲁纳尔和梅尔泽尔同样从货币政策的角度对金融危机的生成机制进行了阐述,他们认为货币存量增加的速度可能会导致金融危机。突发性的货币大幅度紧缩会迫使银行为了维持流动性所需储备而大量出售资产,造成资产价格下降,同时利率上升。利率的上升又增加了银行的融资成本,使银行的偿付能力进一步减弱,存款人对银行丧失信心,甚至产生挤兑。由此导致的大批银行倒闭会降低银行体系的信用创造能力,使货币供给进一步紧缩,引发全面的金融危机。

(四)其他因素

以上观点只是从理论层面为金融危机的形成机制提供了解释,随着经济的快速发展,产生了许多新的因素,它们都能够引发局部或全面的金融危机。

金融创新过度也会引发金融危机。现代金融创新以衍生金融工具为主,这些工具的诞生一方面便利了风险管理,另一方面也为投机者提供了操纵市场的手段。过度的金融创新使金融机构表外业务的份额增大,这些表外业务在给金融机构带来高收益的同时,也无形中增大了经营的风险。由于衍生工具创造出了大量的金融杠杆,使得市场更容易被操纵,资产价格波动更为剧烈,从而严重影响了金融市场的稳定。

另一个导致金融危机的重要因素是虚拟经济。金融的结构是一个"倒三角"的形式:最下层是实际物质产品,第二层是商品和服务,第三层是名义金融资产,如债务、股票等,最上层则是金融衍生品和虚拟资本。在这个倒三角中,上一层的财富依靠下一层所提供的收入才能发展。因此,金融体系的稳定性最终就完全建立在对货币资产转变为实物是否具有信心的基础上。一旦下层的实物经济无力支持上层的虚拟经济,信心的丧失将使整个金融体系发生崩溃。

本章小结

1. 金融风险是指经济主体在从事资金融通过程中遭受损失的可能性。金融风险是一个比较宽泛的概念。从广义上讲,它既包括居民家庭、非金融机构从事金融活动所产生的风险,也包括以国家部门为主体从事的金融活动所产生的风险。从狭义上讲,金融风险一般指金融机构从事金融活动产生的风险。

2. 金融风险发生在货币信用领域,具有客观性、不确定性、隐蔽性、扩散性、可控性的特点。金融风险表现形式多样,按照金融风险的性质划分,可以分为系统性风险和非系统性风险;按照金融风险的形态划分,可以分为信用风险、市场风险、流动性风险、结算风险、操作风险和法律风险。

3. 金融危机是金融风险大规模积聚爆发的结果。通常认为金融危机是指全部或绝大部分金融指标——短期利率、资产(证券、房地产、土地)价格、汇率、企业的偿债能力以及金融机构的破产数目均发生急剧的、短暂的、超周期的恶化。

4. 金融危机具有突发性、传染性、可预测性、破坏性的特征。国际货币基金组织把金融危机分为货币危机、银行业危机、债务危机和系统危机。金融危机的爆发与金融交易行为、金融系统运行和政府政策等因素有关。

复习思考题

1. 解释下列概念:风险、金融风险、系统性风险、非系统性风险、市场风险、信用风险、流动性风险、金融危机、货币危机、银行业危机、债务危机。
2. 简述金融风险的概念和特征。
3. 简述金融风险的类型。
4. 简述金融危机的概念和特征。
5. 简述金融危机的类型。
6. 简述金融危机的形成机制。

参考文献

[1] 艾洪德,范立夫. 货币银行学[M]. 大连:东北财经大学出版社,2011.
[2] 巴曙松,刘晓依,朱元倩. 巴塞尔Ⅲ:金融监管的十年重构[M]. 北京:中国金融出版社,2019.
[3] 鲍静海,马丽华. 商业银行经营与管理[M]. 2版. 北京:高等教育出版社,2018.
[4] 鲍静海,尹成远. 商业银行业务经营与管理[M]. 2版. 北京:人民邮电出版社,2005.
[5] 贝政新,常巍,徐涛. 证券投资学[M]. 2版. 上海:复旦大学出版社,2012.
[6] 卜小玲. 金融学基础[M]. 北京:清华大学出版社,2012.
[7] 曹龙骐. 金融学[M]. 3版. 北京:高等教育出版社,2010.
[8] 曹龙琪. 金融安全与分析[M]. 北京:高等教育出版社,2005.
[9] 曾红燕,李绍昆. 货币银行学[M]. 北京:中国人民大学出版社,2013.
[10] 曾康霖. 资产阶级古典学派:货币银行学说[M]. 北京:中国金融出版社,1986.
[11] 戴国强. 货币金融学[M]. 4版. 上海:上海财经大学出版社,2017.
[12] 戴金平. 货币银行学[M]. 厦门:厦门大学出版社,2009.
[13] 冯科. 金融监管学[M]. 北京:北京大学出版社,2015.
[14] 胡庆康. 货币银行学教程[M]. 3版. 上海:复旦大学出版社,2008.
[15] 黄达,张杰. 金融学[M]. 4版. 北京:中国人民大学出版社,2017.
[16] 姜波. 商业银行资本充足率管理[M]. 北京:中国金融出版社,2004.
[17] 蒋先玲. 货币银行学[M]. 北京:中国金融出版社,2010.
[18] 蒋先玲. 货币金融学[M]. 2版. 北京:机械工业出版社,2017.
[19] 黎贤强. 商业银行综合柜台业务[M]. 北京:清华大学出版社,2010.
[20] 李杰. 通货膨胀和通货紧缩[M]. 北京:中国财政经济出版社,2003.
[21] 李雅丽. 金融学(货币银行学)[M]. 上海:上海财经大学出版社,2013.
[22] 刘建波. 金融学概论[M]. 北京:清华大学出版社,2006.
[23] 刘园. 国际金融实务[M]. 北京:高等教育出版社,2006.

[24] 刘智英,刘福波. 货币银行学[M]. 北京:清华大学出版社,2014.

[25] 陆静. 金融风险管理[M]. 北京:中国人民大学出版社,2019.

[26] 马君潞. 国际货币制度研究[M]. 北京:中国财政经济出版社,1995.

[27] 马亚. 商业银行经营管理学[M]. 3版. 大连:东北财经大学出版社,2017.

[28] 满玉华. 金融创新[M]. 北京:中国人民大学出版社,2009.

[29] 祁群. 商业银行经营管理[M]. 北京:北京大学出版社,2005.

[30] 乔桂明. 国际金融学[M]. 3版. 苏州:苏州大学出版社,2017.

[31] 秦菊香. 中央银行与金融监管[M]. 2版. 北京:高等教育出版社,2019.

[32] 斯蒂芬·瓦尔迪兹,朱利安·伍德. 国际金融市场[M]. 何为,等译. 4版. 北京:中国金融出版社,2005.

[33] 苏立峰. 商业银行经营与管理案例分析[M]. 上海:立信会计出版社,2019.

[34] 唐友清,吴华风. 货币银行学[M]. 北京:对外经济贸易大学出版社,2006.

[35] 万解秋. 货币银行学通论[M]. 3版. 上海:复旦大学出版社,2015.

[36] 汪祖杰. 现代货币金融学[M]. 北京:中国金融出版社,2003.

[37] 王广谦. 中央银行学[M]. 北京:高等教育出版社,1999.

[38] 王元龙. 中国金融安全论[M]. 北京:中国金融出版社,2003.

[39] 魏洋. 商业银行经营中的法律风险与防控[M]. 杭州:浙江大学出版社,2013.

[40] 奚道同,徐丽. 货币银行学[M]. 哈尔滨:哈尔滨工业大学出版社,2010.

[41] 夏丹阳. 货币银行学[M]. 北京:经济管理出版社,2010.

[42] 徐立平. 金融学[M]. 2版. 大连:东北财经大学出版社,2018.

[43] 许邦贵,黄旭东,罗开位. 金融监督管理:国外的经验与借鉴[M]. 长沙:中南工业大学出版社,1995.

[44] 许传华,杨学东. 货币金融学[M]. 2版. 北京:高等教育出版社,2018.

[45] 许鑫辉. 商业银行表外业务及风险管理实务手册[M]. 2版. 北京:中国知识出版社,2006.

[46] 薛澜. 商业银行资金管理[M]. 北京:清华大学出版社,2006.

[47] 薛誉华,郑晓玲. 现代商业银行经营管理[M]. 上海:复旦大学出版社,2012.

[48] 易纲. 货币银行学[M]. 上海:上海人民出版社,1999.

[49] 于殿江,胡世瑜. 货币银行学原理[M]. 北京:人民邮电出版社,2004.

[50] 张芳. 货币银行学[M]. 北京:对外经济贸易大学出版社,2015.

[51] 张吉光,梁晓. 商业银行全面风险管理[M]. 上海:立信会计出版社,2006.

[52] 张金清. 金融风险管理实务[M]. 上海:复旦大学出版社,2017.

[53] 张留禄. 货币银行学[M]. 北京:北京大学出版社,2017.

[54] 章迪诚,陈英. 金融学教程[M]. 杭州:浙江大学出版社,2018.

[55] 赵阿平. 货币银行学[M]. 南京:南京大学出版社,2018.

[56] 郑道平,张贵乐. 货币银行学原理[M]. 6版. 北京:中国金融出版社,2009.

[57] 周文贵,肖鹞飞. 国际货币制度论[M]. 广州:中山大学出版社,2003.

[58] 朱元倩. 货币政策与金融监管协调[M]. 北京:中国金融出版社,2018.

[59] 庄毓敏. 商业银行业务与经营[M]. 2版. 北京:中国人民大学出版社,2005.

[60] Mishkin, Frederic S. *The Economics of Money, Banking, and Financial Markets*[M]. 北京:中国人民大学出版社,2002.

[61] Cecchetti, Stephen G. & Kermit L. Schoenholtz. *Money, Banking, and Financial Markets*[M]. New York:McGraw-Hill, 2006.

后 记

货币银行学是经济学理论中既年轻又古老的理论,随着20世纪80年代后经济金融化与经济全球化的深入发展,货币银行学不断丰富与发展,并出现了众多的学术流派。在现代经济中,货币与银行的活动有着巨大的作用,对资源的有效配置、收入分配的公平、经济的稳定运行都有着重要影响。

"货币银行学"作为高等院校经济类专业的核心课程与金融学专业的基础必修课程,其主要目的是使学生掌握货币银行方面的基本概念、基本知识与基本理论,培养其分析金融问题的能力,为以后深入学习与研究金融问题打下坚实的基础。为了实现上述目标,本教材主要介绍了货币与货币制度、信用、利息与利息率、金融机构体系、商业银行、中央银行、银行监管、金融市场、货币供求、货币政策、通货膨胀和通货紧缩、金融风险与金融危机等内容。

本书适合作为经济类、管理类专业学生修读"货币银行学"课程的教材,也可作为投资者了解货币、银行知识的参考资料。

本书编写的分工如下:孙文基,第一章、第二章、第三章、第四章;郑晓玲,第五章;顾浩娟,第六章、第七章、第九章;赵玉娟,第八章;朱舒扬,第十章、第十一章、第十二章。丁义鲲同学参与了部分工作。

在本书的写作过程中,我们得到了苏州大学文正学院与苏州大学出版社的大力支持,也参考了相关教材,在此一并表示感谢。书中如有不恰当之处,敬请读者批评指正。

编者

2019 年 8 月